保育ニュー・スタンダード

子ども家庭支援論

—保育を基礎とした子ども家庭支援—

Family Support for Child-rearing

〔編著者〕
太田光洋

〔著者〕
佐藤純子・大元千種・小田進一・朝木 徹
金山美和子・滝澤真毅・菅原航平・春髙裕美
前田有秀・菅原 弘・品川ひろみ・中山智哉

JN101191

同文書院

【編著者】

太田光洋（おおた・みつひろ）／第1章，第14章
長野県立大学教授

【著者】執筆順

佐藤純子（さとう・じゅんこ）／第2章
流通経済大学教授

大元千種（おおもと・ちぐさ）／第3章
別府大学短期大学部特任教授

小田進一（おだ・しんいち）／第4章
北海道文教大学教授

朝木 徹（あさき・とおる）／第5章
精華女子短期大学教授

金山美和子（かなやま・みわこ）／第6章
長野県立大学准教授

滝澤真毅（たきざわ・まさき）／第7章
帯広大谷短期大学教授

菅原航平（すがはら・こうへい）／第8章
別府大学短期大学部准教授

春髙裕美（はるたか・ひろみ）／第9章
長野県立大学准教授

前田有秀（まえだ・ともひで）／第10章
尚絅学院大学准教授

菅原 弘（すがわら・ひろし）／第11章
仙台青葉学院短期大学准教授

品川ひろみ（しながわ・ひろみ）／第12章
札幌国際大学教授

中山智哉（なかやま・ともや）／第13章
長野県立大学准教授

はじめに

　2022（令和4）年現在の日本社会は，都市化や少子高齢化の波を止められないまま，それらの影響を受けて社会全体にさまざまな変化がもたらされているといえます。こうした社会の変化は，子どもの生育や子育てにも大きな影響を及ぼしています。とりわけ，就労と子育ての両立が求められ，親が子育てにゆとりを持って向き合う時間や環境は十分とはいえない状況です。このような状況を打破するためには，一方で，次世代を生み育て，社会を維持発展させていく社会全体のあり方の改善が求められます。そしてもう一方で，現在の子育てや子どもの育ちを支える取り組みが必要です。

　子ども家庭支援は，主に後者の観点から，子育て家庭が抱えるさまざまな課題に対して包括的な支援を担うものといえます。そしてこの支援の中心となる担い手となるのが保育所やこども園，幼稚園などの保育施設であり，そこで働く保育者です。支援者である保育者や管理職には，多様な知識や技術が求められ，新たに学ぶことや学び続けることが重要になっています。

　子育て支援が始まって30年ほどが経過する中で実践や研究が積み重ねられ，子育ての支援として求められる内容やその支援の方法，対象者の属性による違いなどについて明らかになってきました。また，新たな課題も見えてきています。本書ではこうした知見と課題をふまえ，子どもと子育て家庭を包括的に支援するために保育者に求められる内容をわかりやすく整理しました。

　読者の皆さんが本書から学び，また，その知見を踏まえて実践に取り組むことで，子育ちや子育ての課題を解決し，より良い子育て環境を実現する土台となれば幸いです。

著者を代表して

編著者　太田光洋

Contents

第1章 子ども家庭支援とは なにか

（学びのポイント）
- 子ども家庭支援の特徴を押さえ，それが目指しているものを理解する。
- 都市化，共働きの一般化，核家族化など，子ども家庭支援が必要とされる背景を捉える。
- 生態学的システムの理論を通じて，子育て家庭を取り巻く複雑な環境について考えを深める。
- 子育て支援の4つの窓を手がかりに，保育者による包括的な支援のあり方を学ぶ。

1 子ども家庭支援とは

1) 子ども家庭支援の特徴と習得すべき内容

　「子ども家庭支援」とは，子どもを育てる家庭に対する包括的な支援といえる。従来から使用され，一般化している「子育て支援」とほぼ同義と捉えることができるが，従来の「子育て支援」が「親（保護者）」に対する支援というニュアンスが強かったのに対して，第一次的な幸福（well-being[*1]）追求の集団である「家庭」を単位とした支援という点が特徴である。

　「子育て支援」においては，「子ども」と「親（保護者）」をユニットとして捉え，支援することが重要であるとされてきたが，「子ども家庭支援」は子育て中の家庭をそのターゲットとしており，「子ども」と「親」を包含する「子育て中の家庭」の成員すべてのwell-beingに目を向けた福祉的な観点からの支援と捉えることができよう。

　「子ども家庭支援」という用語は一般的に使用されているものではないが，保育士養成カリキュラムにおける必修科目の一つと位置づけられ，「子育て家庭に対する支援」について，次のような内容を習得することを目的としている。したがって，保育士がその専門性を生かしてどのようにして子育て中の家庭を包括的に支援していくかについて学ぶものである。

《子ども家庭支援論の学習目標》
①子育て家庭に対する支援の意義・目的を理解する
②保育の専門性を活かした子ども家庭支援の意義と基本について理解する

*1 well-being：1946年に世界保健機関（WHO）創設に際して，憲章の前文で述べる「健康」の定義の一節に用いられた。"Health is a state of complete physical, mental and social well-being and not merely the absence of disease or infirmity."日本語では満たされた状態，安寧な状態などと訳される。

③子育て家庭に対する支援の体制について理解する

④子育て家庭のニーズに応じた多様な支援の展開と子ども家庭支援の現状，課題について理解する

　本書では，これらに示された目標をふまえ，その具体的内容について各章で学んでいく。

2) 子ども家庭支援が目指すもの

①子どもの最善の利益の実現を目指す

　保育士が行う子ども家庭支援は，従来の子育て支援の概念とほぼ同義であると述べたが，その目標も共通である。

　子育て支援は，「親が子育ての主体として安心して子育てができる環境をつくり，子どもとの関わりを通して親としての成長を支えることによって，子どもの最善の利益を保障する健やかな成長を促す営み[*1]」と定義することができるが，子ども家庭支援もまた，子どもの最善の利益[*2]を目指し，最終的に子どもの健やかな育ちを支えることを目的とするものであることに留意しておきたい。

　これまでの子育て支援のあり方についての議論では，子どもとその養育者である親のニーズにしばしばズレが生じることが論じられてきた。支援を受ける対象をその受益者と捉えると，子育て支援の受益者は子どもと養育者の2者ということになるが，この2者の利害が一致しないことがある。具体的にいえば，「子どもにとって望ましいこと」と「親がしてほしいと望んだり，要求してくること」が食い違ってしまうことで，保育現場ではどのように支援したらよいか葛藤を抱えることが少なくない。このようなケースでは，「子どもにとって望ましいこと」だけを推し進めるのでは親を追い詰めてしまうことになってしまうため，当該の親の状況，子育ての状況を踏まえて，それぞれの家族にふさわしい支援を創出することが求められてきた。これが「親子をユニットとして捉える」支援ということであるが，こうした支援の考え方や姿勢は，子ども家庭支援においても同様に重要である。このような支援の姿勢を持ちつつ，それぞれの子育て家庭の各構成員それぞれが自分の力を発揮してより良く生きられる状況（well-being）を実現していくことが求められる。

②子育ての主体としての親育ちの支援

　子ども家庭支援において，子どもの最善の利益の実現を目指すことは重要である。その一方で，子どもの養育に「第一義的な責任を持つ」保護者が親として育ち，子育てだけでなく一人の人として充実感や満足感をもって生活できるようになる

＊1 太田光洋「子育て支援とはなにか」保育の実践と研究，スペース新社，Vol.6-4, 2002 , p.10-19

＊2 **子どもの最善の利益**：1989 年に国際連合が採択した児童の権利に関する条約（通称「子どもの権利条約」）の第3条第1項に定められ，子どもの権利を象徴する言葉として国際的に広く浸透する。保護者を含む大人の利益が優先されることを防ぎ，子どもの人権を尊重する重要性を表す。日本は1994(平成6) 年に条約批准。

ことをエンパワー[*1]し，支えることも重要である。子ども家庭支援や子育て支援は，親に代わって家庭の状況を改善したり，子育てを行うのではなく，子育ての主体として親が自ら育っていくことができるように支え，親自身が持っている力を発揮できるようにすることが大切といえる[*2]。

　これまでの支援の実践が明らかにしてきたことの一つに，他の親子のようすを見たり触れたりする交流の場などに参加することによって，自ら親として育つという事実がある。こうした親子の交流の場は，「何かを教える」，「何かをしてあげる」というのではなく，親子同士の交流を通して子育てについて自然と学ぶ場として，今日では子育て支援の中核的な取り組みとなっている。私たちが子どもの自ら育つ力を信じて環境による保育を実践しているのと同様に，親もまた自ら育つ力を持っていると捉えることが大切である。子育てについて学ぶ機会や環境がほとんどないまま親になる人が多いことを考えれば，子育て初期は親育ちの重要な時期であり，支援者の存在によって安心して子育てに向き合い，子育てについて学ぶことができる環境や，親自身が持っている力を引き出す環境を積極的につくっていくというスタンスが何より求められる。

　このような親理解に基づく共感的理解と関わりを基本として支援を行うことが求められる。保育士は，親がその準備期を含め「親として」成長するプロセスに寄り添い，必要な環境を整え，子育てについて自ら学び，それぞれの時期に抱える子育ての困難に向き合い，子育ての主人公として育つことを支えるという役割を担っている。

③現在の困難を支え，将来に課題を持ち越さないこと

　子ども家庭支援が目指すこととして，現在の子育てにともなう困難を支えることと合わせて，次世代に課題を持ち越さないように改善していくことが求められる。今，子育てをしている人と同じ悩みや困難のなかには，これから子育てをする人も同様に感じることがあるだろう。しかし，子どもと関わる機会や子育てに触れる機会がないまま親になることが，多くの困難の要因になっていることを考えれば，これらの問題を予防的に解決する具体的な方法を考え，実践していく必要がある。

2　子ども家庭支援が必要とされる背景

1）産業構造の変化と都市化

　日本では第二次世界大戦後，高度経済成長期を経て，第一次産業から第二次産業，第三次産業中心へと産業構造が大きく変化した。工業化が進むなかで，農村

*1 **エンパワー**：親が現在の自分の状況を改善しようと人間関係や社会的環境を変えていこうとすることを支援する取り組み。

*2 原田正文『子育て支援とNPO―親を運転席に！支援食は助手席に！』朱鷺書房，2002

部から都市部に多くの人々が移り住み，都市部を中心にサービス業などの第三次産業が発展したことは周知のとおりである。こうした産業構造の変化は，農業離れや農村部の過疎化をもたらしたほか，都市部に人口が偏ることとなった。都市化が進むにつれ，住環境が狭隘（きょうあい）になったり，安全に遊べる場所が少ないといった生活や子育て環境も悪化した。また，都市部で結婚し，家族を持つ人も多くなり，核家族化が進行した（**図1-1**）。

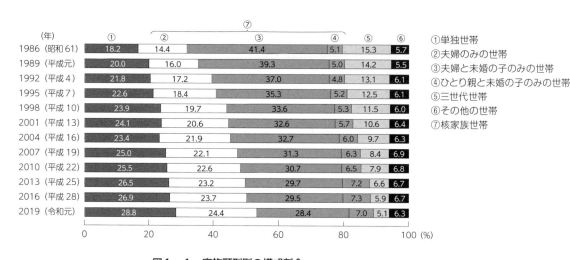

図1-1　家族類型別の構成割合

資料）厚生労働省「2019年 国民生活基礎調査の概況」2020より作成

　こうした社会の変化は，生活する基盤を大きく変化させた。子育てについていえば，家族や親類などの「血縁」といった，いわば「個人的な関係」に依存していた子育ての伝承や養育機能は失われることとなった。都市部では，核家族のなかで「夫は仕事，妻は家庭で子育て」というような性役割分業が進み，その後，「共働きで子育て」が一般化し，今日に至っている（**図1-2**）。従来の地域や個人的なネットワークにあった子育ての相談に乗ったり，子育てをサポートしてくれるコミュニティ機能や人的ネットワークは弱体化してきたといえ，それぞれの家庭が選択的にコミュニティをつくる「選択縁*1」によるつながりが広がってきている。子育ては，もはや個人的に対応できる状況にはなく，保育所などによる社会的支援が必要になっている。

　その一方で，核家族化は，社会的支援を求めない家庭においては家族の密室化が進み，不適切な養育*2，虐待やドメスティックバイオレンス（DV）などにつながることも懸念されるようになっている。

*1 地縁や血縁にもとづく人間関係が弱くなり，保護者が求めてつながる選択縁によるネットワークが子育てを支えることが多くなっている。

*2 **不適切な養育**：マルトリートメントともいう。虐待につながる可能性がある養育態度。第3章，p.47も参照。

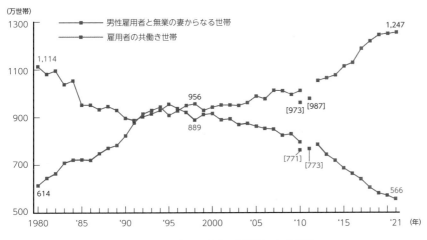

図1−2　共働きと片働き世帯数の年次推移

資料) 内閣府「男女共同参画白書 令和4年版」2022より作成
(備考)
1.1980〜2001年は総務省統計局「労働力調査特別調査」, 2002年以降は総務省統計局「労働力調査(詳細集計) (年平均)」より作成。「労働力調査特別調査」と「労働力調査(詳細集計)」とでは, 調査方法, 調査月数などが相違することから, 時系列比較には注意を要する。
2.「男性雇用者と無業の妻からなる世帯」とは, 2017年までは, 夫が非農林業雇用者で, 妻が非就業者(非労働力人口及び完全失業者) の世帯。2018年以降は, 就業状態の分類区分の変更に伴い, 夫が非農林業雇用者で, 妻が非就業者(非労働力人口及び失業者) の世帯。
3.「雇用者の共働き世帯」とは, 夫婦ともに非農林業雇用者の世帯。
4.2010年及び2011年の[ ]内の実数は, 岩手県, 宮城県及び福島県を除く全国の結果。

2) 少子・高齢化

　わが国の少子・高齢化は世界に類を見ないほど急速に進行し, 2021 (令和3) 年の出生数は約81万人, 合計特殊出生率*1は1.30となり, 少子化への対応・改善は, わが国の喫緊の課題となっている。

　少子化が一般に注目されるようになったのは, 合計特殊出生率が1966 (昭和41) 年のひのえうまの年の1.58を下回り, 1.57となった1989 (平成元) 年のことである*2 (図1−3)。

　少子化の主な要因としては, 晩婚化や非婚化, 夫婦の出生力低下などがあげられる。こうした背景には, 高学歴化や女性の社会進出が進んだことなどによってライフサイクルが変化し, 結婚や出産の時期が遅くなったり, 子どもを持たない選択をするといった価値観の変化がある。そしてこうした環境は, 子育てと仕事の両立を困難にするとともに, 子育ての経済的・精神的負担感を増大させていると考えられる。

　少子化は労働人口の減少につながり, 日本では深刻化する労働力不足を補うた

*1 合計特殊出生率：15歳〜49歳までの女性の年齢別出生率の合計。一人の女性が一生の間に産む子どもの数に相当する。

*2「1.57ショック」と呼ばれ, この後, 少子化対策としての子育て支援が急速に進められた。

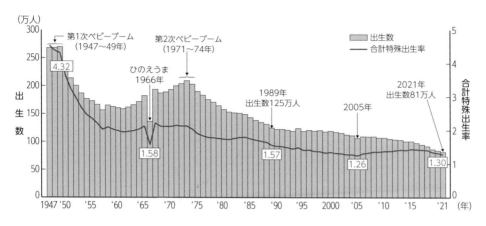

図1−3　出生数と合計特殊出生率の推移

資料）厚生労働省「令和3年(2021)人口動態統計(確定数)の概況」2022より作成

めに，女性の社会進出，外国人労働者の雇用拡大だけでなく，高齢者も働くように
なり，何かのときには祖父母に子どもを預かってもらうといったことも難しく
なっている。

　また，少子化は「子どもの過疎」といわれる状況を作り出しており，地域に子
どもが少なくなり，子ども同士や，同世代の子どもを持つ親の交流などが難しく
なっている。地域の人々にとっても「子どもがいる生活」が身近なものではなく
なっているのである[*1]。

　子どもを産み育てやすい環境，近い将来親になる世代が育つ環境づくりは，社
会的に取り組む喫緊の課題となっている。

＊1 現代の親が子育て困難を抱える要因の一つに「子どもと関わる経験がほとんどないまま親になった」ことが指摘されており，こうした環境は望ましいとはいえない。

3）家族形態の変容

　前述した核家族化に加え，家族形態の変容が著しい。その一つは離婚率の増加
である。離婚等によるひとり親家庭は日常的な子育ての負担が大きいことに加
え，いわゆる「子どもの貧困」といわれる経済的な課題を抱える家庭が多いこと
である（**図1−4**）。

　また，子どものいる親の再婚によるステップファミリー[*2]も増えており，連れ
子への愛情や家族としての生活の問題など，トラブルやストレスを抱えている
ケースもあり，その離婚率も高くなっている。

　また，国際結婚や日本で暮らす外国人家庭も増加している。異文化で子育てを
するこれらの家庭への支援は，文化的背景や習慣が異なることから依然として課
題は多いが，社会的に取り組まれるようになってきている。

＊2 ステップファミリー：子連れ再婚や事実婚により，血縁のない親子関係や兄弟姉妹関係を含んだ家族形態。

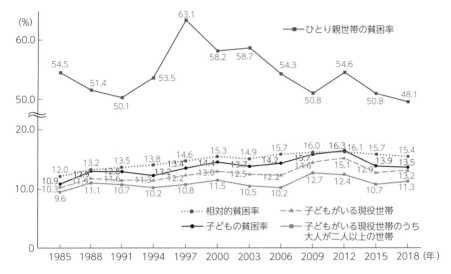

図1−4　世帯構造別の相対的貧困率の推移

資料）厚生労働省「2019年 国民生活基礎調査の概況」2020より作成

4）都市化・情報化

　都市部への人口集中による都市化の進行は，子育ちや子育てにもさまざま影響を及ぼしている。

　幼い子どもを連れて安心して遊ぶことができる場や，多様な経験ができる自然環境が身近でなくなり，子どもの生活や経験が矮小化（わいしょう）されている。近年では，都市部では園庭すらない保育所が多くなっており，園庭の代替となる近隣の公園ではいくつもの園が重なり，自由に活動できないケースもある。また，車が多く，歩行者の安全が保持されない道路も多く，保育園での散歩中に巻き込まれる事故が起きたり，ベビーカーを押して歩ける歩道すらない道路も少なくない。また，治安や衛生の問題もあり，近所の公園などで親子ともども自然と友だちができるといった機会や地域環境が乏しくなっている。

　都市化はまた，親の働き方や労働時間の多様化にも影響している。通勤は長時間化し，親子で過ごす時間を圧迫するだけでなく，心理的なゆとりも失わせる状況を生み出している。

　さらに，核家族化，都市化などの影響による子育ての個人化，情報化の進行などによって，親も子も知識や経験の不足を補うために，ICTやSNSなどの情報を頼りにすることが多くなり，子どもにとっては遊びや実体験の減少が懸念される状況になっている。

5）育児不安・子育て負担感

　子育てをするなかで親が感じるさまざまな不安は，昔から変わらず存在する。こうした育児不安は，かつては子育ての知恵，育児文化として世代間で受け継がれたり，身近な人間関係のなかで解決・解消していくのが一般的であった。きょうだいの多い時代には，姉の出産の頃になると年の離れた妹が手伝いに行くなど，家族や親族でケアしあうことも多く，そうした経験が幼い子どもと触れ，世話をする親としての学びの機会にもなっていた。

　しかし，既述のさまざまな社会の変化によって，乳幼児に触れた経験もなく，相談したり手伝ってくれる人が身近にいない家庭も多くなり，孤独な子育て[*1]や不安を抱えたまま子育てに向き合わざるを得ない親も少なくない。

　また，日本では母親に子育ての負担が偏っており，「家庭で子育て」といっても，その大半を母親が負担しているのが現状である。仕事をしていた母親が，出産を機に不安を抱えながら家庭で子どもと長時間2人だけの生活をするという生活への転換は，「社会から取り残されていると感じる」「子どもがいうことを聞かずイライラする」といった声に反映されているように，思いのほかストレスが高いものである。こうした母親の育児の偏重を改善する必要があることはいうまでもないが，同時に，こうした状況で子育てをしている母親や家庭を支えることが必要であり，母親自身の生活や子育てに対する充実感や満足感の向上につながるといえる。

　共働き（あるいは働ける人が皆，働くこと）が一般化した現代では，共働きを前提としたライフサイクルのなかで子育てを位置づける必要がある。働きながら子育てをすることの心理的負担に加えて，経済的負担も視野に入れて生活することが必要になっている。日々の生活はもちろん，子どもの養育や教育費等を考えつつ，子育てと仕事の両立を考えなければならないのが今の日本の子育ての現状である。

　育児不安や負担感を感じ，戸惑う親の姿に対して，しばしば「親としての責任」を過度に強調したり，親の未熟さが指摘されるが，親として育つ機会や環境がないなかで親として育つ機会を持てなかったのは個々の親のせいではなく，現代社会がそう仕向けてきたともいえる。したがって，ただ責任を押し付けるのではなく，社会的に子育てを支え，親としての育ちを支え，保障していくことが必要になっている。

*1 「孤育て」といわれるような孤独な子育てや密室化する子育ては，虐待につながるリスクを高めるものといえる。

3　子育てを取り巻く環境をどう捉えるか

1）子育て家庭を取り巻く環境の複雑さと包括的支援

　既述の通り，子育て中の家庭に対する包括的な支援が必要とされるようになった背景は複雑で，社会構造の変化などさまざまな要因が複合的に絡み合い，時間的な流れのなかで変化してきていると考えられる。こうした子育て家庭の状況や母親の抱える困難などを捉える手がかりとして，環境との関係性とその変化をブロンフェンブレンナー[*1]による生態学的システムが有効と考えられる。

①ブロンフェンブレンナーによる5つの環境システム

　ブロンフェンブレンナーは，人の発達を環境との関わりの変化として捉え，人と環境の関わりについて図1-5，表1-1のように示している。彼によれば，人を取り巻く環境は，その人を中心としてその直接性と近接性によって4つの層[*2]に分けられ，マトリョーシカ人形のように入れ子構造をなし，各層が影響しあって人に作用するという。さらに，時間的要因（クロノシステム）を加え，生態学的環境を5つのシステムとして捉えている。

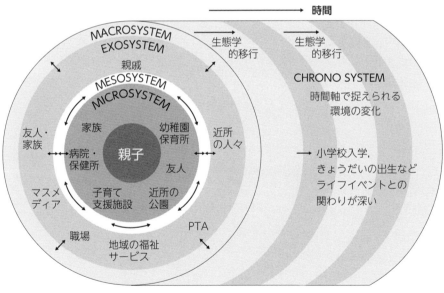

図1-5　親子を取り巻く環境システム

資料）太田光洋ほか『子育て支援の理論と実践―保育を基礎とした家庭支援と相談援助』保育出版会，2016

*1 **ブロンフェンブレンナー**：(Urie Bronfenbrenner) 1917-2005。発達心理学者として生態学的システム理論を構築したほか，貧困家庭の児童を対象とした福祉行政プログラムにも携わる。

*2 図1-5のMICROSYSTEM(マイクロシステム)，MESOSYSTEM(メゾシステム)，EXOSYSTEM(エクソシステム)，MACROSYSTEM(マクロシステム)に相当する。

表1－1　生態学的システム

生態学的システム	内容
マイクロシステム	親子が直接行動し，関わる場と，そこで行われる相互関係の経験。たとえば，子育て支援の対象となる親子にとっては，家庭や保育所，子育て支援施設等における活動や対人関係など
メゾシステム	マイクロシステムを構成する要素間の相互関係。たとえば，家庭と保育所，幼稚園との関係が構成する経験の場
エクソシステム	メゾシステムの外側に位置し，個人は直接参加しないが，親子の環境や関係のネットワークに間接的に影響を与える。たとえば，夫の職場環境や居住自治体の子育て支援活動など
マクロシステム	各環境システムの全体的枠組みをなす。文化やイデオロギー，宗教，習慣など親子が生きる社会を支えたり，そこに生きる人々の価値観，子ども観や母親への役割期待など個々人の具体的行動やさまざまな施策に影響する
クロノシステム	時間的流れのなかでとらえられる環境システムの変化で，生態学的移行をともなう。たとえば，幼稚園の入園などによって生態学的環境は大きく変わる

資料）太田光洋ほか『子育て支援の理論と実践―保育を基礎とした家庭支援と相談援助』保育出版会，2016

　このシステムを手がかりに，近年の子育て状況の変化を見てみよう。

②個人や家族を取り巻く重層的な環境

　高度成長期以降の産業構造の高度化にともなう人口移動によって世帯構造が変化し，核家族化が進行した。また，就労，結婚や出産，子育てなど多様な価値観の変化が，少子化に拍車をかける結果につながってきた。少子化はこうした結果であると同時に，さまざまな子育ての状況に影響を及ぼす原因にもなってきた。

　つまり，マクロレベルでは，長期にわたる少子化は働き手の減少をもたらし，労働力としてこれまで家庭にいた女性の社会進出を促す一因になったと考えられるが，待機児問題など子育てとの両立が難しい状況を生み出してきた。外国人労働者の受け入れやその家庭の支援も今日的な課題になっている。マイクロレベルでの個人の経験としても，子どもと直接触れたり子育てを間近に見る機会の減少などをもたらしたり，近所に子どもがいない「子どもの過疎」の状況を生み出す原因になっている。また，これらが子育ての困難につながると同時に，マクロレベルでの社会の子育て意識に影響を及ぼしているというように影響しあっていると考えられる。

　また，近年問題となっている子どもの貧困についてはどうだろう。所得が増えない社会経済状況，非正規労働者の割合の増加，離婚の増加などは，家庭にどのような影響を及ぼしているだろうか。経済的な問題，心理的な問題，虐待やDV，自殺，ステップファミリーの増加などさまざまな課題につながっていることが

とが推測される。

　子どもが育ち，子どもを育てるといった観点に立ったとき，その困難をもたらしている要因が複雑化していることを考えると，それを支援し改善するためにもそれぞれの家庭に対する包括的な支援ができる状況や体制を作り，機能させていくことが重要といえよう。

③環境の変化を時間的に捉える

　子育てや家庭支援を考える際のもう一つの視点として，時間的な流れのなかでの変化を捉えるという視点も重要である。たとえば，小学校への入学，就職，出産，大きな災害に遭うなど環境システムの大きな変化は，その個人あるいは家族にとっての生態学的移行をもたらす。出産を機に退職（または休職）する女性を例として考えてみると，それまで働いていた職場を離れることにより，直接関わりを持つ人が減少したり，変化したりするだろうし，直接行き来をする場も職場から産院，保健センター，行政窓口などに変化する。これらの直接関わる場や人は，出産や育児に関するさまざまな制度や慣習の影響を受けている。そして時間的な流れのなかでこれらの新しい環境に適応することが求められるが，それはかなり大幅な変化であり，その新しい環境にも課題が内在している。

　子どもや家庭を包括的に支援することは，これら環境の変化がもたらす困難を支えるとともに，子育ての時期に親や子を取り巻く環境が抱える課題をふまえた支援や課題解決が求められるといえる。

2）子ども家庭支援を捉える4つの窓

①子ども家庭支援を分析的に捉える

　前節まで見てきたように子どもや家庭を取り巻く環境は複雑で，子どもと子育てをする家庭を包括的に支援する子ども環境支援は，総合的な観点を持ちながら，その環境を分析的に捉え，改善を図ることが不可欠である。

　分析的な視点の一つの枠組みとして，子育て支援の実践の積み重ねから帰納的に理論化されてきた子育て支援を捉える4つの観点が手がかりとなる。いい換えれば，保育者に期待される子育て支援を捉える4つの窓ということができる。これら4つの窓は，既述のブロンフェンブレンナーが示した5つの生態学的環境システムから捉えられる課題や，その解決にもつながるものといえる。また，包括的な支援という観点からは，「子育て環境支援」をさらに詳細な分析的視点から捉えることも求められると考えられる。

②子ども家庭支援の4つの窓

　この4つの窓は**図1－6**の通りである。これらの観点から捉える前提には，親

も子も自ら育つ力を持ち，環境との関わりを通して能動的に学ぶ有能な学び手であり，その未熟さはできごとやもの，人を含む環境との関わりを通して克服できるという人間観，発達観に基づいている。また，これら4つは現代の子どもと子育て中の親を支える課題である。同時に相互に関わりあい，影響しあうものであり，親子を中心に置いて複眼的に捉えることが欠かせないものでもある。

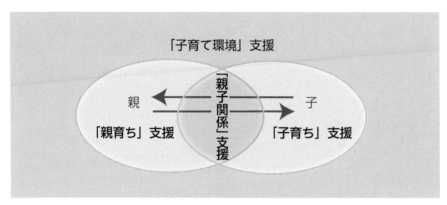

図1-6　子育て支援の4つの窓

資料）太田光洋『保育学講座5－保育を支えるネットワーク』東京大学出版会, 2016

a.「子育ち」支援

　子ども家庭支援が子どもの最善の利益を追求するものであることを考えれば，最も重視される観点といえる。子ども自身が持っている「自ら育とうとする力」を基礎として，子どもらしく健やかに育つように，その成長を支える支援をいう。子どもが持っている幼さが受け入れられ，愛され，守られ，規則的で，遊びや経験が大切にされる子どもらしい生活をつくっていくことが求められる。

　特に，近年では子どもの貧困が問題になるなど，子どもの家庭環境に対する懸念も多いが，保育や支援の場では，子どもが育つのにふさわしい環境や人間関係が保障されることが重要である。園やセンターにくれば子どもにふさわしいおもちゃや遊びがあり，子どもを受容し，温かく支援する保育者や支援者がいるということである。従来からの保育で実践されてきたものといえる。

b.「親育ち」支援

　親を有能な学び手として捉え，一人ひとりの親が持っている「親として成長しようとする力」をもとに，親としての成長を支えようとする観点である。最初は未熟に感じられるかもしれないが，人生での大きな節目となる生態学的移行期として捉え，子育て期に親が抱えるさまざまな葛藤や悩みに寄り添い，親を子育ての主人公として位置づけ，親の姿に応じて必要な支援を行うことを通して，子ど

もと向き合う親としての育ちを支えることが期待される。

　支援においては，たとえば，働きながら子育てをしている親と，自宅で子育てをしている親とでは異なる悩みや困難を抱えているので[1]，それぞれの親が置かれている環境を踏まえ，どのような支援のあり方がふさわしいのかを考えて支援を行うことが大切である。

＊1 中野由美子・土谷みち子編『21世紀の親子支援』ブレーン出版，1999

c.「親子関係」支援

　親子関係の安定は，子どもの発達の土台であることから，親子関係を育てる視点を持つことは親だけでなく同時に子どもの育つ力を支えることにもなる。子どもと関わったり身近で見てきた経験がない親が，子どもの姿をどのように受けとめ，どのように関わり，その関係をつくっていけばよいか，気づいたり学んだりできる支援が中心であろう。

　また，親子関係は〈母－子〉〈父－子〉という1対1の関係も重要であるが，家庭内の家族関係は，夫婦間，きょうだいの有無などの影響も大きく，よりダイナミックなものであるため，家庭内での関係に関わる支援が必要となることも少なくない。

d.「子育て環境」支援

　この観点は，子育てに直接関わりを持たない人々の関心や協力を育み，子育てを支える人々の裾野を広げよることによって，「社会全体での子育て」を支えるために欠かせない視点として捉えられてきた。

　しかし，さらに分析的に捉えていくと，何らかの形で子育てに直接関わりを持つ人々や機関は増えてきていることをあわせて考える必要がある。たとえば，子育てに関わる政策にはさまざまなものがあり，そのなかには親の働き方や労働力不足の問題，少子化解消策やそれを展開する行政の具体的な方法（窓口対応なども含めて）なども含まれる。保育者や支援者は専門職として，こうしたマクロな子育ちや子育てを支える視点を持っていることが期待される。

3）子ども家庭支援の協働

　子どもと子育てを包括的に支援する取り組みの一例を紹介しておこう。近年，子育て世代包括支援センターや子ども家庭総合支援拠点の創設や連携が進められている。これは2017（平成29）年の児童福祉法の改正をうけて，国が市町村に呼びかけているものである。

　子育て世代包括支援センターと子ども家庭総合支援拠点は，子育て家庭を一体的に支援するものとされている。子ども家庭総合支援拠点は，子育て一般についての相談から養育困難な状況や児童虐待などに関する相談，調査，指導まで全般

に応じるものとなっており，養育上の困難を早期に発見し，関係機関との連携を図り，各市町村の子ども・子育て支援事業や社会資源を活用しながら，支援を展開しようとするものである[*1]。

　こうした包括的な支援の取り組みが進められてきていることは，地域の子育ちや子育てに関わる社会資源の協働という意味で重要なものといえる。

＊1 子育て世代包括支援センターと子ども家庭総合支援拠点は，母子保健法と児童福祉法の改正（2022〈令和4〉年6月）により，2024（令和6）年度から「こども家庭センター」に一元化される。こども家庭庁が所管し，市町村には設置の努力義務が課される。
子育て世代包括支援センターについては第8章，p.115も参照。

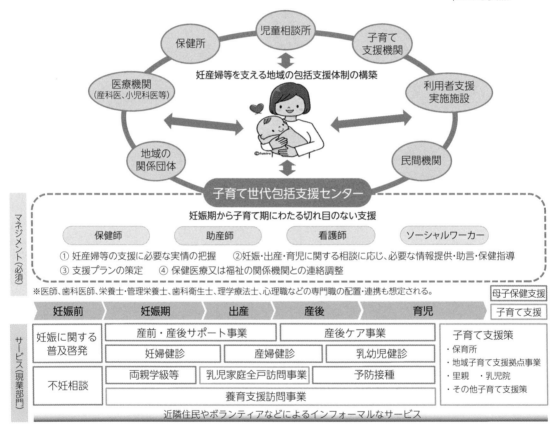

図1-7　子育て世代包括支援センターと関連機関とのネットワーク

資料）厚生労働省「市町村・都道府県における子ども家庭総合支援体制の整備に関する取り組み状況について」2018

【引用・参考文献】

太田光洋「子育て支援とはなにか」保育の実践と研究，スペース新社，Vol.6-4，2002

原田正文『子育て支援とNPO—親を運転席に！支援食は助手席に！』朱鷺書房，2002

厚生労働省「2019年 国民生活基礎調査の概況」2020

内閣府「男女共同参画白書 令和4年版」2022

厚生労働省「令和3年（2021）人口動態統計（確定数）の概況」2022

太田光洋ほか『子育て支援の理論と実践—保育を基礎とした家庭支援と相談援助』保育出版会，2016

太田光洋『保育学講座5−保育を支えるネットワーク』東京大学出版会，2016

中野由美子・土谷みち子編『21世紀の親子支援』ブレーン出版，1999

厚生労働省「市町村・都道府県における子ども家庭総合支援体制の整備に関する取り組み状況について」2018

Column　こども家庭庁

　2023年（令和5）年4月からスタートした「こども家庭庁」。少子化対策，児童虐待防止，子育て支援，子どもの貧困対策など，これまで主に厚生労働省と内閣府が主導してきた幅広い分野の課題を一元化して受け持ち，保育所と認定こども園を所管する（幼稚園は引き続き文部科学省の管轄）。こども家庭庁の基本理念には，国連が1989年に採択した「児童の権利に関する条約（通称：子どもの権利条約）」が規定する「こどもの最善の利益の尊重」があり，新たに国内法でこれを定めた「こども基本法」も同時に施行される。

　こども家庭庁の任務と，運営体制は以下の通りである。

こども家庭庁の任務

　こどもが，自立した個人としてひとしく健やかに成長することができる社会の実現に向け，子育てにおける家庭の役割の重要性を踏まえつつ，こどもの視点に立って，こどもの年齢及び発達の程度に応じて，その意見を尊重し，その最善の利益を優先して考慮することを基本とし，こども及びこどものある家庭の福祉の増進及び保健の向上その他のこどもの健やかな成長及びこどものある家庭における子育てに対する支援並びにこどもの権利利益の擁護に関する事務を行うことを任務とする。

資料）内閣官房「こども政策の新たな推進体制に関する基本方針」2021より

図　3つの部門と主な業務

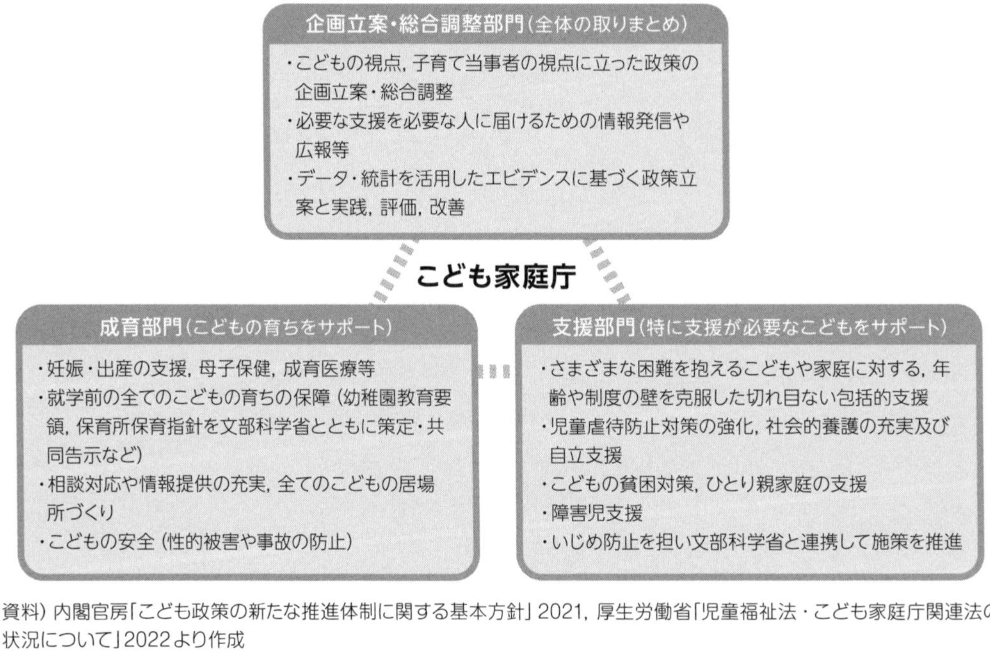

企画立案・総合調整部門（全体の取りまとめ）
- こどもの視点，子育て当事者の視点に立った政策の企画立案・総合調整
- 必要な支援を必要な人に届けるための情報発信や広報等
- データ・統計を活用したエビデンスに基づく政策立案と実践，評価，改善

こども家庭庁

成育部門（こどもの育ちをサポート）
- 妊娠・出産の支援，母子保健，成育医療等
- 就学前の全てのこどもの育ちの保障（幼稚園教育要領，保育所保育指針を文部科学省とともに策定・共同告示など）
- 相談対応や情報提供の充実，全てのこどもの居場所づくり
- こどもの安全（性的被害や事故の防止）

支援部門（特に支援が必要なこどもをサポート）
- さまざまな困難を抱えるこどもや家庭に対する，年齢や制度の壁を克服した切れ目ない包括的支援
- 児童虐待防止対策の強化，社会的養護の充実及び自立支援
- こどもの貧困対策，ひとり親家庭の支援
- 障害児支援
- いじめ防止を担い文部科学省と連携して施策を推進

資料）内閣官房「こども政策の新たな推進体制に関する基本方針」2021，厚生労働省「児童福祉法・こども家庭庁関連法の状況について」2022より作成

第2章 家庭生活の現在

学びのポイント
- 家族形態の変化に伴って，子育て環境がどのように変容したかを知る。
- 家族・家庭が備える4つの機能について，分類をもとに理解する。
- 家族と環境をミクロ，メゾ，マクロといった階層で捉える視点を持つ。
- 家族の変化と多様化に対応した支援ニーズについて考えを深める。

1 家族構造の変化と子育て支援

　昨今では，都市化・少子高齢化・核家族化の進行に伴い，子育て世帯の生活状況が大きく変容している。家族形態の変化は，子どもを育てる親自身の生活の多様化や子育て環境の変容と深く関わる。さらに，大人側の暮らしが変わるということは，乳幼児の生活環境にも多大な影響を及ぼすことになる。

　このことをもう少し，具体的に掘り下げて考えてみよう。都市化・少子高齢化・核家族化といった家族構造や家庭生活のあり方の変容は，地域社会の人々のつながりを希薄化させ，子育ての孤立化を促進する要因にもつながる。さらには，子育ての方法論から価値観に至るまでの育児全般のあり方にも影響を及ぼす。例えばかつての日本社会では，子どもは親族を含む大家族や地域共同体によって守られ，そして育成されてきた。また，周囲の大人たちだけでなく，近隣に住む異年齢の子どもたちの存在が大きかった。子どもたちは，近隣に住む他児との異年齢遊びを通じて社会のルールや他者との関わり方，親になるための準備（レディネス）などの生活技術を身につけてきた。つまり，家族をはじめとする血縁者だけでなく，地縁者による子育ちと子育ての下支えが地域社会のなかにあり，子どもたち自身は生きるために必要な力を日々の暮らしのなかで学んでいたのである。ところが現代になると，都市部を中心に密室のなかでの子育て，いわゆる「密室育児」が拡がり，地域共同体とのつながりが脆弱化している。さらに，人々のライフスタイルが大きく変容していることから，家庭生活はより「私事化」「個人化」の方向に向かっている[*1]。とりわけ片働き世帯（主に専業主婦世帯）では，母親と子どもが「家庭」という密室に閉ざされる「母子の孤立化」が進んでおり，社会問題となって久しい[*2]。

＊1 森岡清美『現代家族変動論』ミネルヴァ書房，1993, p.193-204

＊2 大日向雅美『母性愛神話の罠』日本評論社，2000, p.43-59

一方で，昨今の日本社会では乳幼児を育てる家庭のうち，共働き世帯の割合が急速に増加している。その結果，どちらか片方の親が育児を一人でこなす「ワンオペ育児」の問題が，新たな社会課題として表面化してきている。加えて現代の親世代は地域社会のなかで育てられた実感を持っていないことから，育児の知識や技能を学ぶ体験がないまま親となるケースが増えている。これらの子育て事情は，親の負担感や孤独感，不安感を助長させ，ますます家庭支援の重要性が高まる要因となっている。

2 「家族」とは何か

1）「家族」の定義

あなたは，「家族」をどのように捉えているだろうか。それぞれの家庭において，一緒に生活する者を「家族」として考えているだろうか。そもそも，血縁関係があれば，「家族」であるといえるだろうか。例えば，あなたの父母である夫婦の間には，血のつながりはない。また，昨今では，いろいろな「家族」のあり方が，容認される社会となってきている。そのため，現代では「家族」と一言でいっても，定義することが難しい時代を迎えている。ブリタニカ国際大百科事典では，「家族」を以下のように定義している[*1]。

＊1 ブリタニカ国際大百科事典, https://kotobank.jp/dictionary/britannica/

> **家族**：婚姻によって成立した夫婦を中核にしてその近親の血縁者が住居と家計をともにし，人格的結合と感情的融合のもとに生活している小集団。（中略）家族の基本的機能は子女の教育と家族員の物心両面にわたる安定の相互保障にある。教育，娯楽，養護その他の社会的施設の整備により，対社会的な家族機能は減少しつつあるが，人間生活福祉の追求と子供の社会化において最も基礎的な集団である。（下線部筆者）

この解説から「家族」とは，相互の関係によって成り立つもので，夫婦関係を中心として，親子関係，同胞関係（きょうだい）による小集団であることがわかる。また，家族のメンバー間による感情融合を結束の紐帯とし，成員の生活保障と福祉の追及を第一義的目標としていることが基本であることが示されている。

しかしながら，時代の流れとともに，社会や経済の構造自体が変容し，現代では「家族」の多様性が尊重されるようになってきている。すなわち，上記の定義で下線を引いた機能は，現代家族が保持する資源や環境だけでは維持していくこ

とが困難な時代を迎えているということになる。

2) 家族形態の変容—血縁家族から「つくる」家族へ

　前節で述べてきた家族変容の背景には，核家族化，少子高齢化，非婚・晩婚化，ひとり親世帯の増加などによる家族の小規模化があげられる。

　総務省統計局による「家計調査」で用いられている定義では，父母と子ども2人の家庭を「標準世帯」として示されている[*1]。果たして，この「標準」に当てはまる家族は，現在，どのくらいの割合で存在しているのだろうか。あなたの家族は，「標準世帯」に当てはまるだろうか。令和の時代を迎え，「標準世帯」に合致する家庭は，むしろ少数派であり，もはや「標準」として捉えることが難しいのが実態であろう。

　厚生労働省「国民生活基礎調査」によると，18歳未満の児童のいる世帯は1986（昭和61）年では全体の46.2%であったが，2019（令和元）年では21.7%となり，5家庭のうち子どものいる「家族」は，わずか1家庭の割合にとどまっている（**図2-1**）。さらに，児童が「1人」いる世帯は525万世帯（全世帯の10.1%，児童のいる世帯の46.8%），「2人」いる世帯が452万3千世帯（全世帯の8.7%，児童のいる世帯の40.3%）となっており，夫婦のもつ子ども数の平均値は2人を下回っている。これらの数値からは，子どものいない家庭（DINKS[*2]）だけでなく，一人っ子世帯が増えていることが読み取れる。

*1 **標準世帯**：家計調査では次のように定義される。「夫婦と子どども2人の4人で構成される世帯のうち，有業者〈夫〉が世帯主1人だけの世帯」。

*2 **DINKS**：Double Income,No Kids の略。夫婦共働きで,子どものいない家庭を指す。

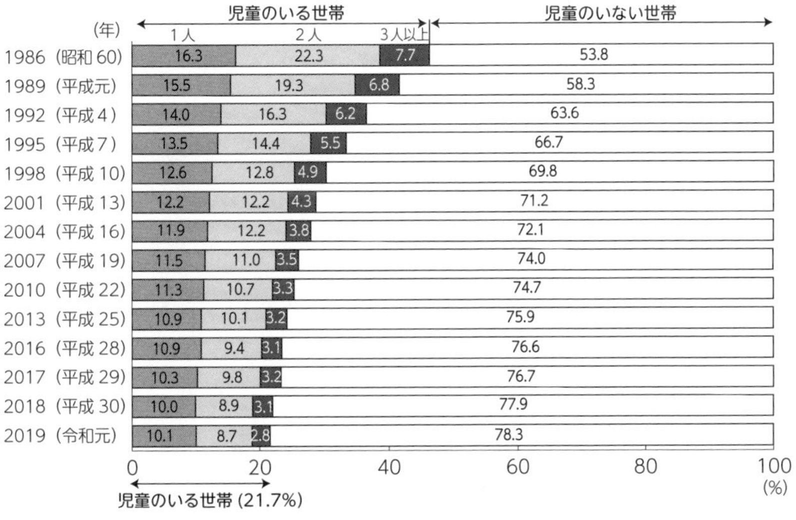

図2-1　児童の有（児童数）無の割合の年次推移

資料）厚生労働省「2019年国民生活基礎調査」2020

次に世帯構造をみてみることにしよう。2019（令和元）年の調査結果では，「夫婦と未婚の子のみの世帯」が852万8千世帯（児童のいる世帯の76.0%）で最も多く，次いで「三世代世帯」が148万8千世帯（同13.3%）という結果となっている。さらに，18歳未満の児童のいる世帯をみてみると，かつては専業主婦世帯が過半数を占めていたが，現在では，児童のいる世帯における共働き世帯が増えている。母親の仕事の状況をみてみると，「仕事あり」の割合は72.4%となっており，依然として上昇傾向が続いている（表2－1）。

表2－1　児童のいる世帯における母の仕事の状況の年次推移

※上段は推計数（単位：千世帯）。下段は構成割合（%）を示す。

	総数	仕事あり	正規の職員・従業員	非正規の職員・従業員	その他	仕事なし
2004（平成16）	12,542	7,109 (56.7%)	2,115 (16.9%)	3,286 (26.2%)	1,707 (13.6%)	5,433 (43.3%)
2007（平成19）	12,058	7,158 (59.4%)	1,968 (16.3%)	3,553 (29.5%)	1,637 (13.6%)	4,900 (40.6%)
2010（平成22）	11,945	7,190 (60.2%)	2,019 (16.9%)	3,731 (31.2%)	1,439 (12.1%)	4,756 (39.8%)
2013（平成25）	11,711	7,384 (63.1%)	2,269 (19.4%)	4,056 (34.6%)	1,059 (9.0%)	4,326 (36.9%)
2016（平成28）	11,221	7,536 (67.2%)	2,464 (22.0%)	4,068 (36.3%)	1,004 (8.9%)	3,685 (32.8%)
2019（令和元）	10,872	7,869 (72.4%)	2,843 (26.2%)	4,105 (37.8%)	921 (8.5%)	3,003 (27.6%)

資料）厚生労働省「2019年国民生活基礎調査」2020
注：1) 2016(平成28) 年の数値は，熊本県を除いたものである。
2) 母の「仕事の有無不詳」を含まない。
3) 「その他」には，会社・団体等の役員，自営業主，家族従業者，内職，その他，勤めか自営か不詳及び勤め先での呼称不詳を含む。

以上のデータからも，現代における「家族」は，もはや省庁の定義や法制度で規定できるものではないことがわかるだろう。現在は，LGBTQ[*1]や特別養子縁組による家族，シェアハウスの同居人や仲間が，「家族」として暮しているケースもあり，必ずしも血縁による関係性が採られているわけではない。つまり，「家族」は自らの選択によって，「つくる存在」になってきているといえるだろう。このような非伝統的なダイバーシティ家族は，今後，ますます増えていくだろう。すなわち，血縁関係や同居・別居ということよりも精神的なつながりの確保が家族で

＊1 **LGBTQ**：Lesbian（女性同性愛者），Gay（男性同性愛者），Bisexual（両性愛者），Transgender（出生時の性別が性自認と一致しない者），Questioning（またはQueer：性的アイデンティティが定まっていない者）の頭文字からなり，性的マイノリティを表す。

あることの条件となっていくのかもしれない。

3）家族・家庭機能の外部化

　これまで述べてきたように，日本では，戦後からの産業化・都市化の進展によって核家族化が進行し，女性の社会進出も進んできた。こうした家族形態の変容は，「家族」の持つ機能の変化と深く結びついている。家族・家庭機能とは，「家族」が社会存続と発展のために果たさなければならない活動や家庭における家族メンバーの生理的・文化的欲求を充足する活動のことである。近年では，「家族」に期待されてきた幾つかの機能のうち，特に，乳幼児の保育や高齢者の介護，家事といったケア機能の外部化が進んでいる。つまり本来，「家族」が内包していたさまざまな機能は，すでに家庭内から失われてきていることを意味している。これらの機能を補うために，社会保障として「育児，年金，医療，介護，保育」分野の諸制度が整備されるとともに，家事や福祉機能のアウトソーシングが広がっている。ここでは，子育てに関わる家族・家庭機能に着目し，以下の４つに分類してみることにしたい。

①生命維持機能

　家庭とは，「家族」の成員（メンバー）が相互に絆を形成させながら生活する，暮らしの拠点である。「家族」が生活しながら，互いの絆を形成していくためには，夫婦（事実婚も含む一対のカップル）の関係性が重要であり，そこから派生する集団が家族形成の基礎となる。このように，夫婦を中心に構成される「家族」の一員になると，人々は，家庭内で欲求充足をしていくことになる。具体的には，食欲や性欲，安全と保護を求めるといった欲求を「家庭」のなかで満たしていく。このような生理的欲求が満たされないと，子どもを産み社会の構成員を育てていくことさえ達成されないどころか，種の存続そのものが危うくなってくる。

　既述のとおり，家庭・家族機能には，食欲や安全及び保護を求める欲求を満たす機能がある。子どもが空腹になれば，親である大人が子どもに食事を提供し，その欲求を充足する。また食事は，単に食欲を満たすだけでなく，その他の機能も併せ持っている。例えば家庭内で「家族」が一緒にとる食事は，その成員の生理的な欲求を満たすとともに，倫理観やマナー，自国の文化や伝統，風習などを親から子どもへと伝承する機会にもなっていく。

　他方で，「家族」から一歩離れれば，社会にはあらゆる危険が存在している。家庭の外にあるさまざまな危険から子どもを物理的・身体的・精神的に保護することも家庭の持つ機能の一つとなる。一般の家庭では，他者から襲われたり，危害を加えられたりすることは，まず起こり得ない。このような精神的な安らぎが得

られる，安全かつ休息の場が家庭であり，明日への糧を養うことのできるくつろぎの場にもなっている。

内閣府が行った「国民生活に関する世論調査[*1]」によると，「あなたにとって家庭はどのような意味をもっていますか」という問い対して，「家族の団らんの場」を挙げた者の割合は64.2%であった。次に，「休息・やすらぎの場」を挙げた者の割合は63.8%であり，「家族の絆（きずな）を強める場」（55.3%），「親子が共に成長する場」（38.4%）の順となっている。この調査結果からは，現代の人々が「休息ややすらぎを得ること」を家族や家庭に対して求める傾向が強いことがわかる。このように生命の維持に関わる機能は，それぞれの人間が人として生まれながらにして持つ本能であり，そのために必要な欲求充足と安全基地としての機能が中心となる。

*1 内閣府「国民生活に関する世論調査（令和元年6月）」2019

②生活維持機能

社会生活を営んでいくうえで，私たちは，ある一定の生活基準を維持したいという欲求や，より良い暮らしをしたいという願望を持つ。暮らしを維持していくうえで付随する欲求や願望は，ある程度，充足されてさえいれば「家族」の生存そのものが危うくなるということはない。だが一定の生活基準に対して，自己の家庭生活が満足のいく基準に満たされない場合には，そのことが家族成員の孤立感，疎外感，不満感へとつながっていく。その結果として，精神疾患や逸脱行動を引き起こすことにもなる。だからこそ，「家族」の一人ひとりが精神的にも安心し，安定した生活を維持していくことが求められる。

そのためには，経済的な基盤が重要となるだろう。なぜなら，「家族」が共同生活を営む一つの単位として，生産と消費の機能を用いて暮らしていく必要があるからである。とりわけ，子どもが小さいうちは，教育費や養育費がかかるため，経済面での負担が大きくなる。適正な経済的資源の確保と配分が行われるためには，家族成員による収入の調達と支出の調整がなされなければならない。もちろん，子育て世帯の経済的ニーズを充足していくためには，家庭内で「家族」が保持している力だけでは成り立っていかない場合がある。そのため「家族」自身の力とは別に，社会保障や子育て支援事業など制度面の整備をしていくことも必要不可欠といえる。

昨今では，幼児教育の無償化など，子どもや子育て家庭をめぐる制度面での社会保障が充実してきている。しかしながら，養育者となる親側の雇用の不安定さやひとり親世帯の増加などの理由から，子どもの貧困や子ども間で生じている格差問題も課題となっており，子どもの育成環境の調整をより一層，強化していくことが期待されている。各家庭における生活維持機能を十分に発揮していくため

には，家計の状況が一定の基準を満たすことが条件となるだろう。快適な家庭生活の維持，つまり衣食住の適切な保障を目指していくのであれば，その暮らしを下支えする生活の糧が確保されることが求められる。さもなければ，「家庭」における生活維持機能が促進されることはない。

③子どもの社会化機能

　家族の一員となる子どもが誕生すると，その子どもは自分自身の属する社会集団のなかで一人の人間として育成され，当該社会で営まれている行動様式や生活様式を学んでいかなければならない。このような過程を経ながら，子どもは出自集団の一成員としての成長を遂げてくのである。これらのプロセスこそが「子どもの社会化」となる。すなわち社会化とは，子どもが自分自身の「家族」や地域の人々，遊び仲間，学校などにおける人間関係を通じてその社会に適応するのに必要な知識，技能，規範などの社会的価値を自己の内部へと取り入れる過程を意味する。

　子どもが人生において最初に所属する小集団である「家族」においては，同じ家庭で暮らす成員の誰かが子どもを育て，社会に適応できる人間へと教育しながら，育成していかなければならない。こうした子どもを社会化する作業は，子どもの人間性を形成し，出自の文化をその子どものなかに内面化させる働きを促している。このことからも，子どもを社会化していく機能は，より本質的な機能であると理解できるだろう。

　子どもを社会化していく働きを，学問的に「第一次社会化」と呼ぶことがある。我々人間は，たとえ高齢になったとしても新たな知識や考え方を自己のものへと獲得していこうとする特性を持っている。つまり，人間の社会化は一生涯続いていくことになる。しかしながら，その人間の基礎となる社会化は，乳幼児期に行われる。なぜなら，子どもは親子関係を基にしながら人格形成を行っていくからである。子どものパーソナリティは，家庭内におけるメンバー相互のやり取りを通じて育まれるため，「家族は人間のパーソナリティを作り出す工場」であるともいわれている[*1]。

④福祉・養育機能

　「家庭」には，自らの力では生活していけない者や働くことのできない家族に対して，養育・介護・世話をしていく機能が求められる。その対象をたとえるならば，乳幼児や児童，病人や障がい者，高齢者などが該当するであろう。すなわち，家族成員のうちの誰かが，ケアを必要とする自らの「家族」に対して福祉的なケアを実践することで，家庭生活は成り立っていく。

　近年になると，社会保障制度が充実するようになり，「保育の社会化」や「介護の社会化」が急速に進み，家庭内の役割をアウトソーシングする市場が広がりを

＊1 T・パーソンズ, R・F・ベールズ（橋爪貞雄ほか訳）『家族―核家族と子どもの社会化』黎明書房, 2001, p.35

見せている。すなわち，従来家族が担ってきた福祉的な側面がより外部へと移行される傾向が加速化している。それでもなお，家事や育児といった家庭内の福祉やケアを完全に「家庭」の外部の人へと委ねることは困難となる。

　子どもが幼ければ幼いほど，子どもの扶養とともに，育成が家庭の持つ機能のなかで，重要かつ欠くことのできない機能となるだろう。子どもの養育者である親は，わが子の世話をすることを通して，子どもの心身の発育と発達を促していく。このような機能は，伝統的な「家族」の営みでもあり，根幹的な家庭の持つ機能として捉えることができる。

　福祉や養育機能とは，単に対人ケアだけを意味するのではない。炊事や入浴，掃除，洗濯など日常的な家事一般も含まれる。このような機能が家庭のなかできちんと果たされてこそ，初めて，子どもの生活環境が健全なものへと整っていく。福祉や養育機能に関わる課題を指摘するならば，誰がその担い手となるのかという問題が挙げられる。家族間だけで難しい場合には，近隣に住む祖父母の手を借りるのか，外部機関へと託すのか，常に選択と決定の判断が「家族」に対して求められている。このことは，現代社会に生きる我々一人ひとりが家庭生活を営んでいく過程で，適宜考えていかなければならない事項となる。

　「家族」に関わる選択や決定をしていく各段階において，私たちは，自分自身の価値観や考えと向き合うことになる。例えば，「近代家族（modern family）」の成立後に広がった「男性は仕事，女性は家事・育児」という性別役割分業意識を改めて考えてみることも必要になるだろう。なぜなら，家庭内での福祉的な機能や子どもの養育を担う役割は，決して母親一人だけに任せるべきものではないからである。もう一人の親である父親の役割や，「家族」をサポートする私たち保育者及び子育て支援者，地域住民たちの役割も同じように重要となってくるのではないだろうか。

　これまで見てきたように，家族機能が変化していくことは，共同体としての「家族」からの解放や自由の獲得を意味するのかもしれない。しかしながら，「情緒面」の拠り所としての家族・家庭機能は，依然として重要視されている。精神的なつながりを維持しつつ，各家庭が「家族」としての機能を果たしていけるように，保育者は「家族」に対して，側面的な支援を心がけていく必要がある。

３　現代のライフスタイルと子育ての悩み

　多様化していく子育て環境の変容に伴い，保育所等の専門職（保育者）が保護

者の悩みや相談を受ける最初の窓口になる機会は多い。子育てを負担に思う保護者，地域や親族から孤立している保護者など，さまざまな保護者がいるなかで，各家庭はどのようなことに困難をかかえているのであろうか。ミキハウスは2018（平成30）年に全国の父親・母親を対象とした「子育ての悩みに関するアンケート調査（有効回答数4,968名）」を実施している[*1]。この調査は，「家庭」，「配偶者との関係」，「仕事との両立」，「育て方」と4つの面から子育ての悩みを尋ねている。その結果，父親または母親が常に仕事に忙しく家にいない，もしくは育児に無関心という理由から育児・家事を父親または母親が一人でこなさなければいけない「ワンオペ育児」の状況下におかれている家庭が多く存在することが明らかとなっている。

　子どもの育て方についての悩みでは，「子どもの生活リズム」に関する悩みが一番多く，全体の61.5%の家庭が困っている現状が浮き彫りとなった（複数回答）。その要因としては，保護者の帰宅時間が遅く，夜型になりがちな親の生活に影響を受けている家庭側の要因と，子どもの成長に伴う生活リズムの変化や子ども自身が抱える発達上の課題など子ども側の要因が考えられる。次に多かったのが，「子どもの食事」（50.7%）であり，「しかり方」（42.2%），「抱っこしないといけないケースが多い」（41.1%），「夜泣き」（31.9%）の順となっている。

　保護者の悩みのなかでもとりわけ多かった「子どもの生活リズムをどう整えるか」についての悩みに対しては，保育者からの働きかけも重要となる。つまり，日中の子どもの様子を把握している保育者は，専門的な見地から保護者の悩みや不安を少しでも軽減し，子育てがしやすい環境を整えていくために，日常的な生活支援にも応じていく必要がある。

4　家族と子育て

1）現代家族が日々関わり合う環境を分類して考える

　現代家族の生活状況が変化するということは，親や子どもが日々関わる環境自体も移り変わっているということになる。人々は，日常生活のなかでさまざまな社会資源を活用しながら暮らしている。しかし現代社会では，地域とのつながりが希薄化していることから，生活のなかで接するモノやヒトは以前に比べ限られた範囲となっている。ここで，乳幼児家庭の一日の生活を想像してみよう。以下のように，ミクロ・メゾ・マクロの視点から[*2]，子育て世帯が関わっている環境について考え，理解していくことが大切である。本項では，就学前親子の社会資源とのつながりを石川（2019）の定義を援用し[*3]，ミクロ・メゾ・マクロレベル

*1 ミキハウス出産準備サイト「ミキハウス『子育ての悩み調査』から見えたママ・パパの子育ての現実」2018
https://baby.mikihouse.co.jp/information/post-9268.html

*2 **ミクロ・メゾ・マクロ**：人びとが直面する課題や困難状況を，個人の領域（ミクロ），主に地域社会の領域（メゾ），国家や社会制度の領域（マクロ）の3つに分類して，ソーシャルワーク実践に生かす考え方のこと。人の発達を環境との関わりから捉えるアプローチについては第1章，p.9を参照。

*3 石川久展「わが国におけるミクロ・メゾ・マクロソーシャルワーク実践の理論的枠組みに関する一考察－ピンカスとミナハンの4つのシステムを用いてのミクロ・メゾ・マクロ実践モデルの体系化の試み－」Human Welfare，第11巻，第1号，2019

に分類してみたい。

①ミクロレベル（個人，家族）

　ミクロレベルは，子どもや家族が日々の生活のなかで直接出会い，関わり合うとともに，影響し合う範囲を対象とする。例えば，子どもであれば，保育所の担任保育士や仲のよい友だち，習い事の先生などである。保護者であれば，送迎時に会う保育者や職場の同僚などが該当する。ミクロレベルの対象としては，子ども・保護者やその家族が考えられ，その範囲は，個人・家族という限られたものとなる。

②メゾレベル（地域住民，グループ，組織や団体）

　メゾレベルは，保育サービスの利用者である子ども・保護者やその家族は含まれず，利用者やその家族の周りにあるグループ，組織，地域住民を対象とする。つまり，子どもと保護者が属している組織やコミュニティなど身近にある範囲（環境）のことである。そこには，居住している自治体，地域社会・組織システム等が含まれる。例えば，子どもであれば保育所の先生やクラスの仲間たち，かかりつけの病院やそこで働く人々などが挙げられる。保護者であれば，保育所，職場，近隣等のヒトやモノが含まれる。

　メゾレベルでは，その対象が利用者である子どもと保護者の周りにある環境や資源等が含まれることになる。メゾレベルの対象となる範囲は非常に広範囲であり，しかも利用者としてではない地域市民としての個人やグループ，組織と広く捉えることができる。ミクロとマクロの間にあるものすべてが含まれるといってもよいだろう。

③マクロレベル（地域社会，制度・政策，社会意識や文化）

　マクロレベルは，社会全般の変革や向上を指向しているもの全てであり，どの市民にも共通し，影響を与えている物理的，社会的，文化的，経済的，政治的な構造といった広義な範囲が対象となる。マクロレベルには，地域社会であるコミュニティや国家，国際システムが該当し，制度・政策なども含まれる。差別，抑圧，貧困，排除等の社会不正義をなくすように，国内外に向けての社会制度や一般市民の社会意識に働きかけることでもある。例えば，子ども・保護者に関係するものであれば，保育所利用や各種手当など手続きする際に関わる行政機関，国が施行する制度，地域の慣習や行事などが含まれる。

　このように，ミクロ・メゾ・マクロの各レベルで子ども・保護者の置かれている環境や関わりを把握しておくと，子育て世帯の一日の生活状況や関係性が把握しやすくなるだけでなく，子育て世帯が求めるニーズや支援の際の連携先が明らかとなる。

5　子育て観の変容と現代の子どもが置かれている状況

1) 子育て期の変化と支援ニーズ

　PwCコンサルティング合同会社が2020（令和2）年に実施した「結婚観・家族観に関するアンケート」調査によると，日本の子育て環境は良いかという問いに対して，「とてもそう思う」「どちらかといえばそう思う」「どちらかといえばそう思わない」「全くそう思わない」「わからない」の5段階で尋ねたところ，約6割の人が「日本の子育て環境は良いと思わない」（全くそう思わない：23.5%，どちらかというとそう思わない：35.8%）と回答している[*1]。「日本の子育て環境は良い」と回答した人を対象に，そう思う理由を尋ねたところ，「地域の治安が良いから」と回答した人が最も多く（48.9%），次いで「公園など，子どもを安心して育てられる環境が整備されているから」（31.2%）となっており，「各種の保育サービスが充実しているから」は，わずか17.5%であった[*2]。

　この数値から，量的な拡大と併せて，保育サービスの中身となる質的ニーズを高めていく必要性が指摘できる。

　昨今の日本では，ひとり親世帯が著しく増加している。このことに加え，子どもの貧困も深刻な社会問題として顕在化している。先述の厚生労働省「2019年国民生活基礎調査」によると，2018（平成30）年の日本の子どもの貧困率は13.5%であり，約7人に1人の子どもが貧困ライン以下の生活をしていることが明らかとなった[*3]。そして，その約半数がひとり親世帯であることから，同世帯への経済的な支援が欠かせないことが示される結果となっている。しかしながら，貧困状態は，周囲から見えづらいことが特徴となるため，保育者は，利用家庭の暮らしぶりを注意深く観察し，親子の生活状況を把握するとともに，保育所でできる支援を行っていく必要がある。

　先のPwCコンサルティング合同会社の調査から「家計のゆとり」についての項目についてもみてみることにしよう。「ゆとりがある」「ややゆとりがある」「あまりゆとりはない」「ゆとりはない」の4段階で尋ねたところ，全体では家計に「あまりゆとりはない」との回答が最も多く（41.6%），次に「ややゆとりがある」（32.2%）であった[*4]（**図2−2**）。この結果からは，経済的に困窮する子育て世帯が，多く存在している現状が示される。そのため，ひとり親世帯への支援はもちろんのこと，経済的なニーズを抱える世帯に対しても，何らかの支援策を講じていく必要性が見えてくる。また，これら貧困の問題と加えて，アレルギーや障がい，発達上の課題，児童虐待や保護者の産後うつなどを含む精神疾患など，各家庭のニーズは，多様化しており，その範囲は広範囲となってきている。

*1 PwCコンサルティング合同会社「結婚観・家族観に関するアンケート　調査結果速報・第4弾　子育て環境　図表5」2020
https://www.pwc.com/jp/ja/knowledge/thoughtleadership/marriage-and-family-views2020-04.html#s2

*2 前掲資料　図表6

*3 第1章, p.7参照。

*4 前掲資料　図表7

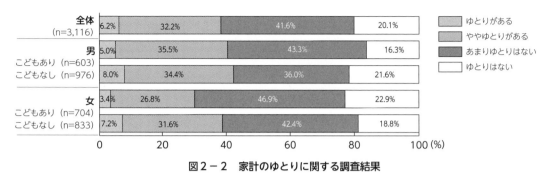

図2−2　家計のゆとりに関する調査結果

資料）PwCコンサルティング合同会社「結婚観・家族観に関するアンケート調査結果速報・第4弾　子育て環境　図表7」2020
https://www.pwc.com/jp/ja/knowledge/thoughtleadership/marriage-and-family-views2020-04.html#s2

　このような子育て世帯の現況を鑑み，保育所をはじめとする幼児教育施設では，個々の子どもや家庭が抱える潜在的な支援ニーズにいち早く気づき，そのニーズに対して早期対応していくことが期待されている。子どもの育ちや子育てに関するニーズの充足は，延長保育や一時保育，安心できる保育環境の提供といった基本的なことから，保育の質の向上など保育者側のスキルアップに関する事項，保育現場への教育的機能や保育や社会保障制度に関わる要望に至るまで多岐にわたっている。

2) 子どもの生活や経験の変容

　乳幼児期の原体験が不足していることは，現在，さまざまな場面で指摘されている。皆さんも実習などを通じて，このことをリアルに実感したであろう。子どもが育つなかで，生活体験の機会を得ることは，その子どもの将来を形づくる貴重な体験活動の一つとなる。1996（平成8）年中央教育審議会第一次答申「21世紀を展望した我が国の教育の在り方について」では，子どもの「生きる力」を育むためには，生活体験や自然体験などの実際の体験活動の機会を広げていくことが肝要であると述べられている[*1]。
　さらに，2005（平成17）年の中央教育審議会答申「子どもを取り巻く環境の変化を踏まえた今後の幼児教育の在り方について」においては，「都市化や情報化の進展によって，子どもの生活空間の中に自然や広場などといった遊び場が少なくなる一方で，テレビゲームやインターネット等の室内の遊びが増えるなど，偏った体験を余儀なくされている」ことが指摘されており，野外活動を通じた自然体験，生活体験の減少が懸念されている[*2]。その後の2016（平成28）年の中央教育審議会答申「幼稚園，小学校，中学校，高等学校及び特別支援学校の学習指導要領等の改善及び必要な方策等について」では，社会状況の変化等による幼児の生

＊1 文部科学省「21世紀を展望した我が国の教育の在り方について（中央教育審議会　第一次答申）」1996
https://www.mext.go.jp/b_menu/shingi/chuuou/toushin/960701.htm

＊2 文部科学省「子どもを取り巻く環境の変化を踏まえた今後の幼児教育の在り方について（中央教育審議会 答申）」第1章　子どもを取り巻く環境の変化を踏まえた今後の幼児教育の方向性, 2005
https://www.mext.go.jp/b_menu/shingi/chukyo/chukyo0/toushin/attach/1420140.htm

活体験の不足等から，基本的な技能等が身についていない現状を鑑み，「教育活動に必要な人的・物的資源等を，地域等の外部の資源も含めて活用しながら効果的に組み合わせること」の必要性が示されている[*1]。

　子どもたちに原体験が不足していることから，保育所や幼稚園，認定こども園などの就学前施設においては，家庭に代わってさまざまな体験の機会を提供していくことが期待されている。つまり，子ども間で広がる体験格差を保育者が補えるように働きかけ，格差が生まれないよう保育場面での体験の場を増やしていくことが求められているということになる。

　上記に加えて，21世紀社会を生き抜く子どもたちにとって必要不可欠な情報ツールの活用，すなわち幼児期におけるICT化についても推進がなされている。しかしながら，情報機器の普及が外遊びの減少，身体への影響，規則正しい生活や生活リズムの崩れなど，副次的に懸案となる結果を招いていることも忘れないでおきたい。特に，SNSや電子メディアの過剰利用，夜型の生活や食生活の乱れに対しては，幼児期に改善策を講じていくことが必要となる。改善に向けた対策としては，家庭と保育所等との連携が欠かせない。つまり，保育者は，子どもだけでなく，保護者に対しても生活面を改善していくための声がけや働きかけをしていかなければならないということになるだろう。

*1 文部科学省「4. 学習指導要領等の理念を実現するために必要な方策（中央教育審議会 答申）」三つの側面, 2016 https://www.mext.go.jp/b_menu/shingi/chukyo/chukyo3/siryo/attach/1364319.htm

3）子育て家庭の力が育まれる支援の必要性

　子育て支援事業を充実させることは，育児ストレスや孤独な子育てから保護者を救うだけでなく，子どもが育ちやすい環境を醸成することにも寄与していく。しかし，過剰に保育や子育て支援サービスを提供することは，養育者である保護者に利得をもたらすが，その一方で，サービスに依存的な家庭を創出してしまう可能性もある。そのため，保育者や子育て支援事業の従事者が一方的に親の子育て負担を肩代わりするような支援は，回避していかなければならない。むしろ，子育ての当事者である親がいかにして子どもと向き合い，自身のもつ力を発揮しながらわが子を育んでいけるかを家庭と一緒に考えていくべきである。

　教育基本法では，「父母その他の保護者は，子の教育について第一義的責任を有する」ことが記されている。また，児童の権利に関する条約においては，「父母又は場合により法定保護者は，児童の養育及び発達についての第一義的な責任を有する」こと，そして次世代育成支援対策推進法では，「父母その他の保護者が子育てについての第一義的責任を有する」旨が明記されている。各家庭の親が持っている潜在能力を無視し，子育て支援サービスだけが拡大していくのであれば，それらは家庭支援の目的から外れてしまうこととなる。なぜなら，子どもの親と

して成長していく機会を奪ってしまうことになりかねないからである。「子ども
を育てるのがつらい」と感じていた親が，「子どもとの生活が楽しい」「子どもが
愛おしい」と感じることへと向かう変化は，親が親としての育つことへのプロセ
スでもある。

2017（平成29）年告示の改定保育所保育指針には，子育て支援は次のように記
されている。

第4章　子育て支援

保育所における保護者に対する子育て支援は，全ての子どもの健やかな育ち
を実現することができるよう，(中略)子どもの育ちを家庭と連携して支援し
ていくとともに，保護者及び地域が有する子育てを自ら実践する力の向上に
資するよう，次の事項に留意するものとする。

つまり，保護者と連携して「子どもの育ち」を支えるという視点をもち，保護
者とともに喜びを分かち合うことが重要となる。特に，養育困難や貧困問題，虐
待等の課題を抱える家庭に対しては，子どもとその家庭のケアを優先して行い，
福祉的ニーズに対して，早期に対応できるよう積極的に取り組んでいく必要があ
るだろう。「誰ひとり取りこぼさない」ことを念頭に，子どもとともに，保護者や
家庭をも支援していくことの重要性が，現代社会ではとりわけ増してきているよ
うに思われる。

【参考・引用文献】

森岡清美『現代家族変動論』ミネルヴァ書房, 1993

大日向雅美『母性愛神話の罠』日本評論社 2000

ブリタニカ国際大百科事典
　https://kotobank.jp/dictionary/britannica/　2021年5月25日閲覧

厚生労働省「2019年国民生活基礎調査」2020

内閣府「令和元年　国民生活に関する世論調査」2019

T・パーソンズ, R・F・ベールズ（橋爪貞雄ほか訳）『家族―核家族と子どもの社会化』黎明書房, 2001

ミキハウス出産準備サイト「子育ての悩み調査」
　https://baby.mikihouse.co.jp/information/post-9268.html　2021年4月27日閲覧

石川久展「わが国におけるミクロ・メゾ・マクロソーシャルワーク実践の理論的枠組みに関する一考察－ピンカスとミナハンの
　4つのシステムを用いてのミクロ・メゾ・マクロ実践モデルの体系化の試み－」『Human Welfare』第11巻, 第1号, 2019

PwCコンサルティング合同会社「結婚観・家族観に関するアンケート　調査結果速報.第4弾　子育て環境」
　https://www.pwc.com/jp/ja/knowledge/thoughtleadership/marriage-and-family-views2020-04.html#s2
　2021年5月17日閲覧

文部省中央教育審議会 第一次答申「21世紀を展望した我が国の教育のあり方について」1996

文部科学省「子どもを取り巻く環境の変化を踏まえた今後の幼児教育の在り方について（答申）」2005

文部科学省「幼稚園, 小学校, 中学校, 高等学校及び特別支援学校の学習指導要領等の改善及び必要な方策等について」
　2016

厚生労働省「保育所保育指針」2017

厚生労働省「平成28年度 人口動態統計特殊方向『婚姻に関する統計』の概況」2017

厚生労働省「平成29年（2017年）人口動態統計月報年計（概数）の概況」2019

第3章 求められる保育, 子ども家庭支援の内容

学びのポイント

- 社会の変化に伴う子育て家庭の変容と、それに対応した諸制度を概観する。
- 延長保育や休日保育など、現代の子育て家庭のニーズに対応した施策と事業を知る。
- 「気になる子ども」や障がいについて理解を深め、支援体系を学ぶ。
- 外国籍や貧困家庭、子ども虐待など、配慮を要する家庭の現状を押さえ、必要な支援と配慮を学習する。

　近年の社会変化にともない, 人々の働き方や子育て家庭の生活スタイルは大きく変容している。地縁・血縁のない環境での子育て, 増加する共働き世帯やひとり親世帯, 外国籍の子ども, 貧困など, 各家庭が直面する課題に応じて保育・支援ニーズも多様化している。子ども・子育て関連3法[*1]は, これらの保育・支援ニーズや少子化への対応として制定され, 2015 (平成27) 年度からは, 子育てを地域社会全体で総合的に支援していくしくみとして子ども・子育て支援新制度 (以下, 新制度) がスタートした。そこでは子育ての第一義的責任は親にあり, 自治体や国の役割はそれを支援していくことが明記され, 子育て家庭をサポートする多様な事業が法定化され実施されている[*2]。

　本章では, 現代の子育て家庭が抱える多様な保育・支援ニーズに対応した, 主要な保育事業について解説をしていく。

1 多様な保育・支援ニーズに対応した施策と事業

1) 延長保育

　共働き世帯の増加などを背景に, 延長保育のニーズは年々増加傾向にある。2019 (令和元) 年度の延長保育実施事業は全国で2万9,463か所, 利用者は年間106万4,179人であった[*3]。

　保育施設の利用に際して各市町村に認定申請を行う際, 保護者の就労状態によって, 主にフルタイムの就労を想定した「保育標準時間」と, 主にパートタイムの就労を想定した「保育短時間」のいずれかの認定を受けることになる。「保育標準時間」は1日に最長11時間の保育利用が可能であり, 「保育短時間」は最長8

*1 **子ども・子育て関連3法**：2012 (平成24) 年に制定。「子ども・子育て支援法」,「就学前の子どもに関する教育・保育等の総合的な提供の推進に関する法律の一部を改正する法律」,「子ども・子育て支援法及び就学前の子どもに関する教育・保育等の総合的な提供の推進に関する法律の一部を改正する法律の施行に伴う関係法律の整備等に関する法律」の3法令を指す。

*2 子ども・子育て支援新制度の詳細は第7章, p.104を参照。

*3 厚生労働省「各自治体の多様な保育 (延長保育, 病児保育, 一時預かり, 夜間保育) 及び障害児保育 (医療的ケア児保育を含む) の実施状況について　令和2年調査結果 (自治体別)」2021

時間*1である。

　しかし，仕事の都合でお迎えが遅れるなど，やむをえず利用時間を超えた保育利用が必要となる保護者もいる。そのような場合，各保育所等が開所時間内に，それぞれの認定時間の前後に保育を受けいれることを延長保育という（**図3－1**）。延長保育は早朝保育，夕方保育，夜間保育，深夜保育の種類がある。

＊1 児童福祉施設の設備及び運営に関する基準第34条に基づく。

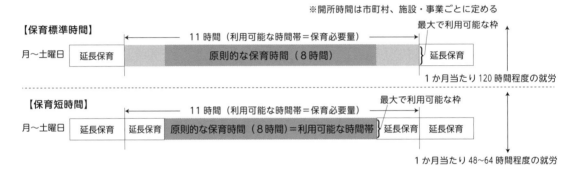

図3－1　保育利用の2区分と延長保育の時間帯

資料）内閣府「子ども・子育て支援新制度について」2021

2) 休日保育

　就労形態や働き方の多様化により，日曜日や祝日など休日にも子どもを預ける必要のある保護者もいる。保育対策等促進事業実施要綱（厚生労働省2008年）には，休日保育事業の目的が次のように記されている。

> 休日等に保育所等で児童を保育することで，安心して子育てができる環境を整備し，もって児童の福祉の向上を図る

　休日保育の利用については，原則保育を必要とする事由が平日と同じであることや，連続7日以上の保育所等の利用とならないように，利用した週の月曜日〜土曜日の間に代替え休日を設定するなど条件が定められている。また休日保育は，自治体の実態に応じて実施されるため，すべての保育所で実施されているわけではない。私立認可保育所，認定こども園，小規模保育事業4,630施設のうち，2018（平成30）年7月現在で休日保育を実施しているのは256施設（5.5％）であった*1。

＊1 内閣府「保育所等の運営実態に関する調査結果＜速報＞」2019

3) 病児・病後児保育

　急な発熱など子どもが病気になったときに，保護者が仕事等を休み，自宅で子どもの看病や世話をするのが難しいケースに対応するのが病児保育である。

　保育対策等促進事業実施要綱の病児・病後児保育事業実施要綱では，病児保育の目的を次のように示している。

> 病院・保育所等において病気の児童を一時的に保育するほか，保育中に体調不良となった児童への緊急対応等を行うことで，安心して子育てができる環境を整備し，もって児童の福祉の向上を図る。

　病児保育事業は，対象となる子どもや実施要件により4つのタイプに区分される（**表3-1**）。

表3-1　病児保育事業の種類と内容

	事業内容	実施要件
①病児対応型	子どもが病気の「回復期に至らない場合」であり，かつ当面の症状の急変が認められない場合，病院・診療所等，保育所等に付設された専用スペースで一時的に保育を行う。	看護師等：利用児童おおむね10人につき1名以上の配置。 保育士：利用児童おおむね3人につき1名以上配置。
②病後児対応型	病気の「回復期」であり，かつ集団保育が困難な期間において，病院・診療所等，保育所等に付設された専用スペースで一時的に保育を行う。	
③体調不良児対応型	保育中に子どもが微熱などの体調不良になった場合に，保育所の医務室や余裕スペースなどなどで，保護者が迎えにくるまで一時的に預かる病児保育。	看護師等を常時1名以上配置していることが必要。 看護師等1名に対して，体調不良時の人数は2名程度まで。
④非施設型（訪問型）	地域の病児・病後児について，研修を受けた看護師や保育士，家庭的保育者が子どもの自宅を訪問して，一時的に保育をする事業。	看護師等1名に対して預かる病児は1名程度。

　病児保育事業のニーズもこの10年間で大幅に増加しており，2019（令和元）年度の実施施設は3,374か所，利用児童は延べ108万2,196人となっている（**図3-2**）。

　職場によっては仕事を休みづらい保護者や，経済的事情から働かざるを得ない保護者がいるため，このような保育事業の整備は必要である。しかしその一方で，

子どもが病気の時に保護者が仕事を休めるような労働環境や条件の整備が求められる。

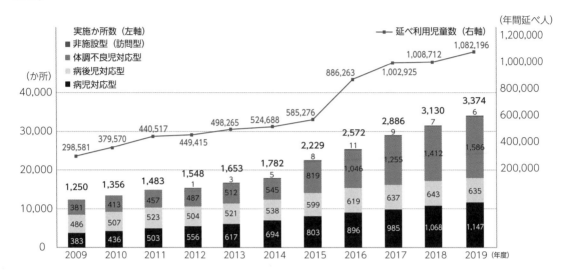

図3-2　病児保育事業の実施か所数と利用児童数の推移

資料）厚生労働省「各自治体の多様な保育（延長保育，病児保育，一時預かり，夜間保育）及び障害児保育（医療的ケア児保育を含む）の実施状況について」2021より作成

4）一時預かり等の預かり型支援

　保護者の突発的な事情や社会参加などによって，家庭における養育が一時的に困難となった場合や，育児ストレスなどの軽減を目的として，保育所，幼稚園，認定こども園その他の場所で一時的に必要な保育を行うのが一時預かり事業である。

　一時預かり事業は，対象児童や実施場所などによって6つのタイプに分けられている。

①**一般型**：保育所，幼稚園，認定こども園等に通っていない乳幼児を，保育施設等で一時的に預かる。

②**幼稚園型Ⅰ**：主に幼稚園等に在籍する3歳以上児を，教育の前後や夏休み等の長期休業日などに，その園において一時預かりを行う。

③**幼稚園型Ⅱ**：0～2歳児を対象に，認定こども園以外の幼稚園（新制度の園と私学助成園）で定期的な預かりを行う。

④**余裕活用型**：保育所，幼稚園，認定こども園に通っていない乳幼児を対象に，保育所等の利用児童が定員に達していない場合に行われる。

⑤**居宅訪問型**：障がいや疾病により集団保育が困難な場合や，ひとり親家庭で保

護者が一時的に夜間・深夜に就労する場合，離島等で保護者が一時的に就労する場合など，利用児童の居宅で一時預かりを行う。

⑥**地域密着Ⅱ型**：乳幼児を対象に，地域子育て支援拠点や駅周辺など利便性の高い場所において一時預かりを行う。

各類型の設置基準や職員の配置などは，**表3－2**となる。

表3－2　一時預かり事業の実施要件

	設置基準	職員配置
①一般型	「児童福祉施設の設備及び運営に関する基準」に定める保育所の基準を遵守。	乳幼児の年齢及び人数に応じて保育従事者等を配置し，うち保育士等を1／2以上。保育士等以外の保育従事者等は研修を修了した者。保育従事者等は2名以上だが，保育所等と一体的に実施し，職員による支援を受けられる場合には，保育士等1人とすることができる。 ※一般型については，1日当たり平均利用児童数が3人以下の場合には，家庭的保育者を保育士とみなすことができる。 ※幼稚園型は当分の間保育士等の配置の割合，保育士等以外の教育・保育従事者の資格について緩和措置あり。
②幼稚園型Ⅰ		
③幼稚園型Ⅱ		
④余裕活用型		
⑤居宅訪問型	―	研修を修了した保育士，家庭的保育者又はこれらの者と同等以上と認められる者。ただし，家庭的保育者1人が保育することができる児童の数は1人とする。
⑥地域密着Ⅱ型	「児童福祉施設の設備及び運営に関する基準」に定める保育所の基準に準じて行う。担当者のうち，保育について経験豊富な保育士を1名以上配置。	担当者は2人を下ることはできない。 保育士以外の担当者は，市町村が実施する研修を修了していること。

資料) 文部科学省「幼児教育推進体制の充実」及び「幼稚園における預かり保育の推進」」2021より作成

　2019（令和元）年度の一般型一時預かり事業の実施状況は，全国9,889か所，452万3,198人の年間利用数であった[*1]。2009（平成21）年度より3,862か所，157万3,198人増加している。

　一時預かり事業の増加の背景には，いまだ解消がされていない待機児童問題がある。特に本事業は2019（令和元）年10月からの幼児教育・保育の無償化の対象であり，待機児童の多い地域で需要が高くなっているという指摘もある[*2]。本来の緊急・一時的な保育・支援ニーズに対応できるような事業の拡充とともに抜本的な待機児対策が求められる。

*1 厚生労働省「各自治体の多様な保育（延長保育，病児保育，一時預かり，夜間保育）及び障害児保育（医療的ケア児保育を含む）の実施状況について」2021

*2 全国保育団体連絡会・保育研究所「2020保育白書」ひとなる書房，2020，p.148

気になる子ども，障がいのある子どもとその家族への支援

1）「気になる子ども」の理解と支援

　保育所や幼稚園などで，落ち着いて話が聞けない，教室から飛び出す，こだわりが強いなどいわゆる「気になる」行動の子どもが増えていることが指摘される。乳幼児期の行動は，障がいによるものか環境に対する反応なのかが判断しにくいため，「気になる子ども」と呼ばれている。「気になる子ども」の行動例を，**表3－3**に示した。

表3－3　「気になる子ども」の行動例

気になる行動面	行動の具体的例
人との関わり方	• ひとり遊びが多い，一方的でやりとりがしにくい • おとなしすぎる，常に受動的 • 大人や年上の子，あるいは年下の子とは遊べるが，同級生とは遊べない
コミュニケーション	• 話は上手で難しいことも知っているが，一方的な話が多い • おしゃべりだが，保育士や指導員の指示が伝わりにくい • 話を聞かなければならない場面で離席することが多い，聞いていない
イマジネーション・想像性	• 相手にとって失礼なことや傷つけることを言ってしまう • 友だちがふざけてやっていることを捉え違えて，いじめられたと思ってしまう • 集団で何かをしている時にボーッとしていたり，ふらふら歩いていたりする
注意・集中	• ひとつのことに没頭すると話しかけても聞いていない • 落ち着きがない，集中力がない，いつもぼんやりとしている • 忘れ物が多い，毎日のことなのに支度や片づけができない
感覚	• ざわざわした音に敏感で耳をふさぐ，雷や大きな音が苦手（聴覚） • 靴下をいつも脱いでしまう，同じ洋服でないとダメ，手をつなぎたがらない（触覚） • 極端な偏食（味覚・嗅覚など） • 揺れているところを極端に怖がる，すき間など狭い空間を好む
運動	• 身体がクニャクニャとしていることが多い，床に寝転がることが多い • 極端に不器用，絵やひらがなを書く時に筆圧が弱い，食べこぼしが多い • 運動の調整が苦手で乱暴に思われてしまう，声が大きすぎる
学習	• 話が流暢で頭の回転が速い一方で，作業が極端に遅い • 難しい漢字を読むことができる一方で，簡単なひらがなが書けない • 図鑑や本を好んで読むが，作文を書くことは苦手
情緒・感情	• 極端な怖がり • ささいなことでも注意されるとかっとなりやすい，思い通りにならないとパニックになる • 一度感情が高まると，なかなか興奮がおさまらない

資料）国立障害者リハビリテーションセンター，発達障害情報・支援センターホームページ「気づきのポイント」より作成
http://www.rehab.go.jp/ddis/aware/nursery/child/

　表3－3の行動は子ども自身の特徴を示しており，平均的な子どもの姿からは
はずれている。しかし，子どもの「中」にだけ原因を求めるのでは不十分であり，
保育者の側に原因があることも多いという指摘もある[*1]。子どもが何を求めてい
るのか，何に困っているのかがわかれば，保育者は「気になる」という言葉は使
わない。子どもが何を願っているのか，保育する側に見えていないため，保育の
手立てがとれず，「気になる」のである。子どもの「外」側，つまり保育のあり方
にも目を向けることが求められる。

　また，明らかな障がいに由来する行動は「気になる」とは表現されず，「気にな
る」子どもは発達障がい児と診断されることも多い。「気になる」行動は，発達障
がいゆえの特徴とみなされると，その後の対応が進めやすくなるともいわれる。
しかし，「気になる子ども」を専門機関につないでいくには，子どもの障がいを
受け入れられない保護者や祖父母もいるため丁寧な配慮が必要であ
る。「学校に行くようになったら落ち着くようになる」「うちの家系
には障がい児はいない」など，障がい児に対する根強い偏見がある
のも事実である。子どもの将来に対する不安から，すぐには障がい
を受け入れられない現状もある。集団保育の保育者は，保護者の気
持ちを受止め，専門機関との連携をとりながら子どもが現在と将来
をよりよく生きていけるよう支援をしていくことが重要である。

*1 赤木和重・岡本由紀子編著『「気になる子」と言わない保育　こんなときどうする？考え方と手立て』ひとなる書房，2013，p.102-105

2)「障がい」をどう捉えるか

　ここで，障がいの捉え方について簡単に触れておく。障害者基本法第2条に，
障がい者とは，「身体障害，知的障害，精神障害（発達障害を含む），その他の心
身の機能の障害（以下「障害」と総称する。）がある者であって，障害及び社会的障
壁により継続的に日常生活又は社会生活に相当な制限を受ける状態にあるもの」
と定義される。さらに「社会的障壁」は，「障害があるものにとって日常生活又は
社会生活を営む上で障壁となるような社会における事物，制度，慣行，観念その
他の一切のもの」と定義されている。つまり，障がいは「心身の障害」と「社会的
障壁」の両面で捉えられている[*2]。

　この障がいの捉え方はWHO（世界保健機関）が2001（平成13）年に採択した「国
際生活機能分類（ICF）」を反映したものである（図3－3）。ICFのモデルによる
と，障がいの有無に関わらず，物的環境とともに人的環境や社会認識，制度的環
境を整えていくことが重要となる。前述の「気になる子ども」及び「障がい」に対
する理解や対応についての偏見をなくし，必要な環境や制度を整えることで，そ
れぞれの子どもが生活しやすい状態になりうるのである。

*2 障害者基本法における障害者の定義は，1993（平成5）年の制定当初，「身体障害，知的障害，精神障害があるため日常生活の上で制限を受ける者」とされたが，2011（平成23）年の改正により，上記に「障害及び社会的障害により（中略）日常生活又は社会生活に相当な制限を受ける状態にあるもの」が加えられた。

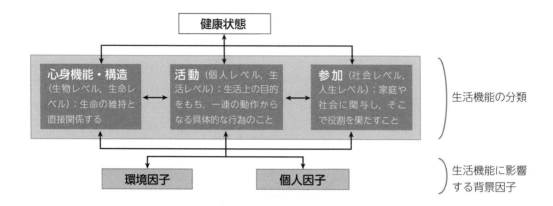

図3−3　国際生活機能分類（ICF）の生活機能モデル

資料）大川弥生「ICF(国際生活機能分類)ー『生きることの全体像』についての『共通言語』ー」（第1回社会保障審議会統計分科会生活機能分類専門委員会参考資料）厚生労働省，2001より作成

3) 障がい児の現状と家族への支援

　「令和3年版障害者白書」によると現在の日本の障がい児は推計値で，身体障がい児・者が7万2,000人（18歳未満），知的障がい児・者が22万5,000人（18歳未満），精神障がい児・者（20歳未満）が27万6,000人おり，多くの障がい児とその家族が支援を必要としている。

　障がい児のための支援は，障害者基本法，児童福祉法，障害者総合支援法*1を基本的な法律として，各施策が総合的・体系的に行われている。その支援は，大別して「一般施策」と「専門施策」に分けられる。

● 一般施策

　子ども・子育て支援法において，市町村計画における障がい児の受け入れ体制の明確化など，すべての子どもを対象とした施策における障がい児への対応。

● 専門施策

　障がい児の通所支援・入所支援や保育所等の障がい児を対象とした専門的支援施策。

　このうち，障がい児が利用可能な専門施策の体系を**表3−4**に示す。

*1 正式名は「障害者の日常生活及び社会生活を総合的に支援するための法律」。障害者に向けた支援・福祉サービスの提供を定めた法律で，前身の「障害者自立支援法」が改正・改題されて2012（平成24）年に制定された。

表3－4　障がい児が利用できる専門的支援の体系

根拠法	分類		サービス名	内容
障害者総合支援法	訪問系		居宅介護（ホームヘルプ）	自宅で，入浴，排せつ，食事の介護等を行う
			同行援護	重度の視覚障がいのある人が外出する時，必要な情報提供や介護を行う
			行動援護	自己判断能力が制限されている人が行動するときに，危険を回避するために必要な支援，外出支援を行う
			重度障害者等包括支援	介護の必要性がとても高い人に，居宅介護等複数のサービスを包括的に行う
	日中活動系		短期入所（ショートステイ）	自宅で介護する人が病気の場合などに，短期間，夜間も含め施設で，入浴，排せつ，食事の介護等を行う
児童福祉法	障害児通所系		児童発達支援	日常生活における基本的な動作の指導，知識技能の付与，集団生活への適応訓練などの支援を行う
			医療型児童発達支援	日常生活における基本的な動作の指導，知識技能の付与，集団生活への適応訓練などの支援及び治療を行う
			放課後等デイサービス	授業の終了後又は休校日に，児童発達支援センター等の施設に通わせ，生活能力向上のための必要な訓練，社会との交流促進などの支援を行う
	障害児訪問系		居宅訪問型児童発達支援	重度の障害等により外出が著しく困難な障害児の居宅を訪問して発達支援を行う
			保育所等訪問支援	保育所等を訪問し，障がい児に対して，障がい児以外の児童との集団生活への適応のための専門的な支援などを行う
	障害児入所系		福祉型障害児入所施設	施設に入所している障がい児に対して，保護，日常生活の指導及び知識技能の付与を行う
			医療型障害児入所施設	施設に入所又は指定医療機関に入院している障がい児に対して，保護，日常生活の指導及び知識技能の付与並びに治療を行う
障害者総合支援法	相談支援系		計画相談支援	【サービス利用支援】 ・サービス申請に係る支給決定前にサービス等利用計画案を作成 ・支給決定後，事業者等と連絡調整等を行い，サービス等利用計画を作成 【継続利用支援】 ・サービス等の利用状況等の検証（モニタリング） ・事業所等と連絡調整，必要に応じて新たな支給決定等に係る申請の勧奨
児童福祉法			障害児相談支援	【障害児利用援助】 ・障害児通所支援の申請に係る給付決定の前に利用計画案を作成 ・給付決定後，事業者等と連絡調整等を行うとともに利用計画を作成 【継続障害児支援利用援助】

資料）厚生労働省「障害者総合支援法・児童福祉法の理念・現状とサービス提供のプロセス及びその他関連する法律等に関する理解」
2019ほかより作成
http://www.rehab.go.jp/College/japanese/kenshu/2019/files/servicekanri_0301.pdf

児童福祉法にもとづく福祉サービスには，障害児入所系と障害児通所系がある。これらの入所支援，通所支援について，満3歳から就学前の子どもの利用負担は2019（令和元）年10月より無償化されている。

就学後の教育については，教育基本法において「障害の状態に応じ，十分な教育を受けられるよう，教育上必要な支援を講じなければならない」と国と地方公共団体の責務が定められている。「幼児児童生徒一人ひとりの教育的ニーズを把握し，その持てる力を高め，生活や学習上の困難を改善または克服するため，適切な指導及び必要な支援を行う」と，特別支援教育の理念と目的が示されている。

「共生社会」を目指して，2006（平成18）年国連総会において採択された障害者の権利に関する条約を受け，障がいのある子どもが障がいのない子どもと共に教育を受ける「インクルーシブ教育システム（包容する教育制度）[1]」の構築の重要性が高まり，障害者基本法が2017（平成29）年に改正されている。

*1 中央教育審議会初等中等教育分科会「共生社会の形成に向けたインクルーシブ教育システムの構築のための特別支援教育の推進（報告）」2012年7月23日
https://www.mext.go.jp/b_menu/shingi/chukyo/chukyo3/044/attach/1321669.htm

3 特別な配慮を必要とする子どもとその家庭支援

新制度の「地域子ども・子育て支援事業」では，特別な配慮を必要とする子どもや家庭への支援体制として，乳児家庭全戸訪問事業，子どもを守る地域ネットワーク機能強化事業，ファミリー・サポート・センター事業などがあげられている。これらは特に，自ら声を出しにくい子どもや家庭にとって重要な積極的支援である。特別な配慮が必要な子どもは保育所や幼稚園，認定こども園等にも在籍しており，保育者にはそれらの子どもや家庭へ配慮した支援が求められる。

1）外国にルーツを持つ家庭

1980年代以降，経済のグローバル化に伴い，いわゆるニューカマー[2]と呼ばれる外国人が多数来日し，定住化が進んでいる。その一方で，経済的困難さを抱えている外国人家庭も増加している[3]。バブル期に労働者として来日した外国人がリーマン・ショックなどの景気悪化で大量解雇され，日本語力が低いことから再就職も難しいことがその背景にある。生活保護世帯のなかでも母子世帯が多いことが特徴である。近年では，2020（令和2）年度からの新型コロナウイルス感染症拡大に伴って，テレワーク推進とともに繰返し発出される緊急事態宣言や，まん延防止等重点措置等のため，外国人労働者の生活は一層厳しくなっている。

母国とは違う文化を持つ外国での妊娠，出産，育児は情報も限られるため，日本人以上の困難さとリスクを伴う。医療関係者や福祉関係者，教育関係者との意思疎通の難しさがあるため，身近な相談場所や支援者が必要とされている。

*2 ニューカマー：植民地時代から引き続いて日本国籍をもって居住する外国人をオールドカマーと称し，オールドカマー以外の無国籍や旅行者ではなく日本に連続90日を超えて滞在する外国籍の人をニューカマーと分類している。

*3 産経ニュース2018年5月3日付
https://www.sankei.com/article/201805 03-6XU5F6YLGVPTL DVS6EUOAYYMTY/
外国人世帯主の生活保護受給世帯は2006（平成18）年度から10年間で56.0%増え，2016（平成28）年度は47,058世帯と報じられている。

　保育所や幼稚園等や小学校，中学校等の学校にも外国籍や外国にルーツを持つ子どもたちの在籍が多くなっている。外国人幼児が在籍する幼稚園の調査によれば[*1]，幼稚園教員が感じる最も大きな問題として，「伝わらない」困難さがある。日本語でゆっくりはっきり話すよう努め，園全体で配慮する体制をつくるなど対応をしているが，幼児の半数は半年ほどで困難さを解決できるものの，保護者の困難さの解決は難しい状況である。言葉が通じなくても子どもは一緒に遊ぶなかで，お互いに影響しあい，わかりあうことができる。他方，外国人保護者は日本人保護者との交流が少ないことも，困難解決の難しさに関係している。

　保育者は外国人幼児や保護者に対して，日本の保育・教育への参加や規則への理解を求めるだけでなく，それぞれの母国の文化や言語を尊重する姿勢が求められる。さらに，外国の文化や言語についての研修や情報提供を受けるだけでなく，外国の文化をその他の子どもたちにも伝え，理解を促していく必要がある。保護者に対しては，日常必要な子育てや生活情報が得られるような保護者同士や地域との関係性をつないでいくことが求められる。子育て仲間や地域の生活者としてのつながりは，就学前の保育・教育だけでなく，就学後や地域のなかでの子どもの成長とその家庭の支えとなる。

2) ひとり親家庭

　2019（令和元）年の国民生活基礎調査によれば，母子世帯は64万4,000世帯に対して，父子世帯は7万6,000世帯であり，前者は後者の約9倍にのぼる[*2]。また，2016（平成28）年度の全国ひとり親世帯等調査によれば，「同居者がいる」世帯は母子世帯が38.7%で，父子世帯では55.6%である[*3]。つまり母子世帯の6割以上が母子のみ世帯であるのに対して，父子世帯の6割近くは父子以外の同居人がいることになる。同居人の種類を見ると，最も多いのは親との同居で，母子世帯では27.7%，父子世帯では44.2%となる。これは父親が一人で子どもを養育することが難しいことの表れでもあるが，母親一人で子どもの養育をせざるをえない事情があることも示されているといえる。

　また親の就業状態をみると，母子家庭の81.8%が就労しており，そのうち「正規の職員・従業員」は44.2%，「パート・アルバイト等」は43.8%である。一方，父子家庭の85.4%が就労しており，「正規の職員・従業員」は68.2%，「パート・アルバイト等」は6.4%である。就労状況は収入状況とも関係している。2019年国民生活基礎調査（2018年調査）によれば，児童のいる世帯の平均所得を100.0とすると母子世帯の平均所得は41%である。

＊1 岡上直子「外国人幼児の受け入れにおける現状と課題について」（幼児教育の実践の質向上に関する検討会資料）2019
https://www.mext.go.jp/content/1422191_02.pdf

＊2 厚生労働省「2019年国民生活基礎調査」2020

＊3 厚生労働省「平成28年度全国ひとり親世帯等調査」2017

表3−5　ひとり親家庭の子育て・生活支援関係の主な事業

事業名		支援内容	実績等
母子・父子自立支援員による相談・支援		ひとり親家庭及び寡婦に対し，生活一般についての相談指導や母子父子寡婦福祉資金に関する相談・指導を行う。	(勤務場所) 原則，福祉事務所 (配置状況) 1,762人 (常勤494人　非常勤1,268人) (相談件数) 670,096件
ひとり親家庭等日常生活支援事業		修学や疾病などにより家事援助，保育等のサービスが必要となった際に，家庭生活支援員の派遣等を行う。	(派遣延件数) 34,580件
ひとり親家庭等生活向上事業	相談支援事業	ひとり親家庭等が直面するさまざまな課題に対応するために相談支援を行う。	(相談延件数) 29,098件
	家計管理・生活支援講習会等事業	家計管理，子どものしつけ・育児や健康管理などのさまざまな支援に関する講習会を開催する。	(受講延件数) 9,836件
	学習支援事業	高等学校卒業程度認定試験の合格のために民間事業者などが実施する対策講座を受講している親等に対して，補習や学習の進め方の助言等を実施する。	(利用延件数) 9件
	情報交換事業	ひとり親家庭が定期的に集い，お互いの悩みを相談しあう場を設ける。	(開催回数) 286回
	子どもの生活・学習支援事業	ひとり親家庭の子どもに対し，放課後児童クラブ等の終了後に基本的な生活習慣の習得支援，学習支援や食事の提供等を行い，ひとり親家庭の子どもの生活の向上を図る。	(利用延人数) 285,370人
母子生活支援施設		配偶者のない女子又はこれに準ずる事情にある女子及びその者の監護すべき児童を入所させて，これらの者を保護するとともに，これらの者の自立の促進のためにその生活を支援し，あわせて退所した者について相談その他の援助を行うことを目的とする施設	施設数：221か所 定員：4,592世帯 現員：3,367世帯
子育て短期支援事業		児童の養育が一時的に困難となった場合に，児童を児童養護施設等で預かる事業。	ショートステイ実施：882箇所 トワイライトステイ実施：475箇所
ひとり親家庭住宅支援資金貸付		母子・父子自立支援プログラムの策定を受け，自立に向けて意欲的に取り組んでいる児童扶養手当受給者に対し，住居の借り上げに必要となる資金の貸付を行う。	令和3年度新設事業

※母子・父子自立支援員，母子生活支援施設：令和元年度末現在
子育て短期支援事業，ひとり親家庭等日常生活支援事業及びひとり親家庭等生活向上事業：令和元年度実績
資料）厚生労働省「ひとり親家庭等の支援について」2021
https://www.mhlw.go.jp/content/000827884.pdf

　以上の統計からもわかる通り，母子家庭の置かれた経済状況は非常に厳しい。2020（令和2）年以降の新型コロナウイルス感染症の影響によって，いっそう経済的困難に陥っている母子家庭は少なくない。経済的にも心理的にも余裕のない生活から児童虐待につながる可能性があり，支援が求められている。

　ひとり親家庭に対する支援として，「子育て・生活支援策」，「就業支援策」，「養育費の確保策」，「経済的支援策」の4本柱による施策が実施されている。

　ひとり親家庭の子育て・生活支援の主な事業を表3－5に示す。

3) 貧困家庭

　近年の社会問題に「貧困」がある。貧困には，「絶対的貧困」と「相対的貧困」があり[*1]，相対的貧困家庭で暮らす子どもたちの状態を「子どもの貧困」と称している。「子どもの貧困率」はピークであった2012（平成24）年から下がってはいるものの，2018（平成30）年でも13.5（新基準で14.0）％と，子どもの7人に1人は貧困状態にある[*2]。家族構成の内訳をみると，ひとり親家庭の貧困率は48.1（新基準で48.3）％で，大人2人以上の家庭（10.7％）の4倍以上となる。生活意識では子どものいる世帯の60.4％が「苦しい」と回答をしており，そのなかでも母子世帯の割合は86.7％である。

　子育て家庭では，家賃や水道光熱費，食費や通信費など生活必需品の支払いに加えて，教育費や養育費などの費用が必要である。病気になっても受診を控える家庭や，学校の給食がない夏休みに体重が低下する小中学生など，貧困が命と健康を脅かす状況になっている。子どもにとって必要かつ適切な文化的生活や遊び，教育，余暇の環境が整わない貧困の状況は，子どもの成長・発達に多大な影響を及ぼす恐れがある。

　貧困により，塾や部活など周りの友だちにはあたりまえのことが自分だけ享受できない状態は，子どもたちからさまざまな経験や機会を奪い，自己肯定感の低下を招いてしまう。その結果，意欲がもてず，人や社会との関係性までも断ち切り，ひいては学力不足，不登校，ひきこもりなどにもつながる恐れがある。貧困がもたらす問題は連鎖・複合化していくといえる。

　2013（平成25）年に「子どもの貧困対策の推進に関する法律」が成立し，2019年に大幅改訂された。その目的は次のように記されている。

> **子どもの貧困対策の推進に関する法律　第1条（目的）**
> 子どもの現在及び将来がその生まれ育った環境によって左右されることのないよう，全ての子どもが心身ともに健やかに育成され，及びその教育の機会

*1 **絶対的貧困**：人間としての最低限の生存が維持できない状況。
相対的貧困：その国の等価可処分所得（収入から税金や社会保険料を引いた実質手取り分の収入）の中央値の半分に満たない状態のこと。相対的貧困率はその世帯の割合を示す。
*2 厚生労働省「2019年国民生活基礎調査」2020
第1章，p.7参照。

均等が保障され，子ども一人一人が夢や希望を持つことができるようにするため，子どもの貧困の解消に向けて，児童の権利に関する条約の精神にのっとり，子どもの貧困対策に関し，基本理念を定め，国等の責務を明らかにし，及び子どもの貧困対策の基本となる事項を定めることにより，子どもの貧困対策を総合的に推進すること

2019（令和元）年に新たに策定された「子供の貧困対策に関する大綱」の基本方針には，以下が挙げられている。
①貧困の連鎖を断ち切り，全ての子供が夢や希望を持てる社会を目指す
②親の妊娠・出産期から子供の社会的自立までの切れ目のない支援体制を構築する
③支援が届いていない，又は届きにくい子供・家庭に配慮して対策を推進する
④地方公共団体による取り組みの充実を図る
　現在，子どもの学習支援や子ども食堂など，地方公共団体や民間の支援活動が県や市町村の「子供の居場所づくり支援事業」の一環として位置づけられ，助成金も支出されている。すべての子育て家庭に経済的安定と生活の安心が保障され，子どもが夢や希望を持て，さらにはそれを実現できるような貧困対策が求められる。そのためにも身近に子どもや家庭を支える人のつながりが重要である。

4) 多胎児・低出生体重児・慢性疾患のある子ども

　多胎児出生児[*1]と低出生体重児[*2]と慢性疾患による医療的ケアが必要な子どもとは相互に関連している。調査研究によれば，体外受精が本格化し始めた1980年代後半以降，多胎児出生数が急増し，2005（平成17）年にピークを迎えている[*3]。その後，医療技術の進化により減少するものの，2016（平成28）年現在では，100人に1人が多胎児の母親であり，およそ50人に1人が多胎児である。
　多胎児家庭は妊娠期からハイリスク妊婦としてケアされるが，出産後，育児が始まると疲労感や睡眠不足等困難感が増す。外出することもままならない状況に陥り，地域社会からも孤立する傾向にある。育児に対する困難感が積み重なる状況のなかで，多胎育児家庭の子どもの虐待死は単胎育児家庭と比べて2.5〜4.0倍という指摘もある。多胎児は早産とそれに伴う低出生体重の割合が高く，多胎児の約5割が早産児（37週未満），約7割が低出生体重児である。単胎児の10倍前後の高い頻度である。
　低出生体重児はいったん増加後，2005（平成17）年以降は横ばい傾向にある。2016年の低出生体重児は9万2,082人で，そのうち55%に家庭訪問が行われてい

*1 多胎児出生児：同じ母親の胎内で同時期に発育して生まれた複数の子どもで，いわゆる双子，三つ子などの総称。

*2 低出生体重児：出生体重が2,500g未満の乳児。そのうち1,500g未満を極低出生体重児，1,000g未満を超低出生体重児と呼ぶ。

*3 一般社団法人 日本多胎支援協会「多胎児家庭の虐待リスクと家庭訪問型支援の効果等に関する調査研究」（厚生労働省平成29年度子ども・子育て支援推進調査研究事業）2018

ることが推計されている[*1]。

　低出生体重児が生まれる原因はさまざまある。多胎児のほかに，母体側に妊娠高血圧症候群，常位胎盤早期剥離などがある場合は，母体と胎児の状況から分娩を行うため，早産にならざるを得ない。その他，羊水過多症，羊水過少症，胎児発育不全，子どもの疾病などがあり，早く出産し治療したほうが良い場合もある[*2]。

　退院後も経管栄養，酸素投与，気管切開，人工呼吸器などの在宅医療が必要な子どもが増加傾向にあり，2016（平成28）年には1万8,272人である。在宅医療的ケアが必要な子どもには，退院した病院だけでなく，在宅療養支援診療所や訪問看護ステーションのサポートによる重層的な支援が必要不可欠である。そのため，地域での対応が可能な資源の情報収集が必要であることが指摘されている。

　慢性的に医療が必要な子どもに対して，医療費の助成が行われる。悪性新生物，慢性腎疾患等いわゆる難病の医療費助成として特定疾患治療研究事業，障害者総合支援法に基づく自立支援医療制度，母子保健法に基づく未熟児養育医療給付事業，児童福祉法に基づく結核児童療育費がある。

　保育施設での医療的ケア児の受け入れも年々増加傾向にあり，2019（令和元）年度では，全国で438施設，533人の医療的ケア児が受け入れられている[*3]。医療的ケア児の成長発達には，生命と健康の保持に必要な医療的ケアだけでなく，保育所など他の子どもたちとの遊びや生活をともにすることが子ども相互によい刺激となり，意欲や成長発達促進につながっているといえる。低出生体重児など医療的ケア児については，医療的ケアの他に地域での子どもと家庭に対する支援が必要となっているのである。保護者や施設の看護師，関係医療機関と連携をとりながら配慮をして保育を行っていくことが保育士に求められる。

5）不適切な養育（マルトリートメント），虐待，ドメスティックバイオレンス（DV）

　困難な養育環境を背景とした児童虐待が大きな社会的問題となっている。児童虐待の防止等に関する法律（児童虐待防止法）第1条に示されるように，児童虐待は人権侵害であり，子どもの成長や人格形成に重大な影響を及ぼす。

　児童相談所における児童虐待の相談対応件数は年々増加し，2020（令和2）年度は，20万5,044件で過去最多となった[*4]。2008（平成20）年度と比較すると，対応件数は4.5倍以上にもなり，なかでも心理的虐待件数が年々増加している。その原因として，子どもの前で家族に暴行を加える「面前DV」による心理的虐待として，警察からの相談が増えたことによるとされる[*5]。

　虐待対象となった子どもの年齢は，0〜2歳が19.3％，3〜6歳が25.6％と，

*1 みずほ情報総研株式会社「低出生体重児保健指導マニュアル　小さく生まれた赤ちゃんの地域支援」（厚生労働省平成30年度子ども・子育て支援推進調査研究事業）2019
https://www.mhlw.go.jp/content/11900000/000592914.pdf

*2 みずほ情報総研株式会社前掲資料

*3 厚生労働省「各自治体の多様な保育（延長保育，病児保育，一時預かり，夜間保育）及び障害児保育（医療的ケア児保育を含む）の実施状況について」2020

*4 厚生労働省「令和2年度福祉行政報告例の概況」2021

*5 児童虐待の種類は，身体的虐待，性的虐待，ネグレクト，心理的虐待の4種類に分類される。2020（令和2）年度の相談種別対応件数と総数に占める割合は以下の通りである。
心理的虐待：121,334件（59.2％）
身体的虐待：50,035件（24.4％）
ネグレクト：31,430件（15.3％）
性的虐待：2,245件（1.1％）
詳細は第12章，p.181も参照のこと。

就学前が半数近くを占める。主たる虐待者は実母が47.4%，実父は年々増えて41.3%である。

　児童虐待防止対策として，2000（平成12）年に児童虐待防止法が制定され，2004（平成16）年に要保護児童対策地域協議会（要対協）が法定化された[*1]。2016（平成28）年の児童福祉法一部改正では，子ども虐待の発生予防のために，妊娠期から子育て期までの切れ目のない支援をワンストップで行う子育て世代包括支援センターが法定化された。それによって，市町村における拠点整備，児童相談所設置自治体の拡大及び体制強化等が盛り込まれ，児童虐待発生時の迅速・的確な対応が図られた[*2]。早期発見，早期対応，虐待を受けた子どもの保護・自立の支援に至るまで切れ目のない総合的な支援体制を整備していくことが課題となっている。保育施設等では，日常の親子の姿から虐待につながる可能性がある不適切な養育（マルトリートメント）に留意し，虐待の予防を図りたい。

　2020（令和2）年3月から5月にかけての新型コロナウイルス感染症の拡大にともなう学校や幼稚園の休校や休園，保育所等の登園自粛要請や休園などにより，家庭で子どもとこもる生活のなかでやり場のないストレスを子どもにぶつけてしまうという声も聞かれた。コロナ禍で自治体の乳幼児健診や家庭への訪問の中止が相継ぎ，子育ての孤立化が進んでいるという指摘もされている[*3]。なかには家に居場所のない子どもたちもいる。こうしたなか，子育て相談や家庭訪問，学習支援，子ども食堂など地域支援の活動はいっそう重要となっている。

6）母親の病気等への支援

　わが国の子育て中の母親の家事・育児の比重は依然として大きい。6歳未満の子どもを持つ夫婦（共働き世帯）を対象にした2016（平成28）年調査では，1日のうち育児に費やす時間は母親が167分，父親が47分となっている[*4]。家事時間は母親が160分，父親が20分である。家庭の家事・育児の分担状況をみると，母子家庭でなくても母親が病気や怪我をおった場合，子どもの養育が困難になることは想像に難くない。

　子ども・子育て支援新制度では，母親が病気等になった場合，就労していなくても「保育を必要とする」子どもと認定され，保育所や認定こども園での保育を受けることができるとしている。保育所や認定こども園に通うためには認定を受けた保育時間以外，家庭で子どもを養育できる家族の存在が必要である。母子家庭の場合や保育時間以外の時間帯に子どもの養育をすることが難しい場合は，地域子ども・子育て支援事業の子育て短期支援事業で，一時的に乳児院や児童養護施設などに入所して必要な保護を受けることができる。さらに，ファミリー・サ

＊1 要保護児童対策地域協議会の詳細は第12章，p.178を参照。

＊2 子育て世代包括支援センターと子ども家庭総合支援拠点は，母子保健法と児童福祉法の改正（2022〈令和4〉年6月）により，2024（令和6）年度から「こども家庭センター」に一元化される。こども家庭庁が所管し，市町村には設置の努力義務が課される。

＊3 NHKニュース「子どもの虐待 19万件超 児童相談所の対応件数 最多を更新」2020年11月18日 https://www.3.nhk.or.jp/news/html/20201118/k10012718501000.html

＊4 内閣府「令和3年版男女共同参画白書」2021 ※週全体平均による

ポート・センター事業（子育て援助活動支援事業）*1 を利用することができる。保育施設までの送迎や，保育施設の開始前や終了後または学校の放課後の子どもの預かり，保護者の病気や急用事での子どもの預かりなどがある。

　母親が病気になると子どもは不安になる。その不安な子どもを預かり支援をするには，保育所や乳児院，児童養護施設等が子どもにとって安心できる場である必要がある。保育士等には子どもの思いに寄り添いながら，子どもが安心して今を充実することができるよう養護面での配慮が必要である。

*1 **ファミリー・サポート・センター事業**：援助を行いたい会員と援助を受けたい会員との相互援助活動について，連絡・調整を行う事業。

【引用・参考文献】

厚生労働省「各自治体の多様な保育（延長保育，病児保育，一時預かり，夜間保育）及び障害児保育（医療的ケア児保育を含む）の実施状況について　令和2年調査結果（自治体別）」2021

内閣府「保育所等の運営実態に関する調査結果＜速報＞」2019

全国保育団体連絡会・保育研究所『2020保育白書』ひとなる書房，2020

国立障害者リハビリテーションセンター，発達障害情報・支援センターホームページ「気づきのポイント」
　http://www.rehab.go.jp/ddis/aware/nursery/child/

赤木和重・岡本由紀子編著『「気になる子」と言わない保育　こんなときどうする?考え方と手立て』ひとなる書房，2013

大川弥生「ICF（国際生活機能分類）―『生きることの全体像』についての『共通言語』―」
　（第1回社会保障審議会統計分科会生活機能分類専門委員会参考資料）厚生労働省，2001

厚生労働省「障害者総合支援法・児童福祉法の理念・現状とサービス提供のプロセス及びその他関連する法律等に関する理解」2019

中央教育審議会初等中等教育分科会「共生社会の形成に向けたインクルーシブ教育システムの構築のための特別支援教育の推進（報告）」2012

岡上直子「外国人幼児の受け入れにおける現状と課題について」
　（文部科学省　幼児教育の実践の質向上に関する検討会資料），2019

厚生労働省「2019年国民生活基礎調査」2020

厚生労働省「平成28年度全国ひとり親世帯等調査」2017

厚生労働省「ひとり親家庭等の支援について」2021

一般社団法人日本多胎支援協会「多胎児家庭の虐待リスクと家庭訪問型支援の効果等に関する調査研究」
　（厚生労働省平成29年度子ども・子育て支援推進調査研究事業），2018

みずほ情報総研株式会社「低出生体重児保健指導マニュアル　小さく生まれた赤ちゃんの地域支援」
　（厚生労働省平成30年度子ども・子育て支援推進調査研究事業）2019

厚生労働省「令和2年度福祉行政報告例の概況」2021

第4章 保育者の専門性を生かした子ども家庭支援のあり方とその意義

学びのポイント
- 制度における「保育」の変遷を理解した上で，現在の保育者の専門性を学ぶ。
- 「子どもの最善の利益を守る」専門家として必要な知識と技術を身につける。
- 保護者との信頼関係を築くうえで重要なポイントを学習する。
- 保育施設における子ども家庭支援の特徴と保育者の適切な役割を修得する。

1 保育者の3つの専門性

1）子どもの生活を引き受ける総合職

①保育の専門性と保育者

　保育施設（こども園，保育園等。以下保育所等）における保育は，単に家庭からの委託を受けて子どもの日々の生活を保障するということではない。現代社会の多様な変化に伴い，子どもや家庭の環境は大きく変わり，子どもを育てる現状にもさまざまな問題・課題が生じるに至っている。これらへの対応が子ども家庭支援として取り組まれて来た。

　元日本保育学会会長の小川博久は社会の現状を踏まえて，子育てに積極的に関わる若い世代を育成し，若い世代が共働きで自己実現を図りつつ子育てを享受できるようにするための，公共施設における子育て支援策として，以下の3点を指摘している[1]。

1　子育て支援の公共的任務として，子育て不安の相談に応ずるとともにその役割の一部を肩代わりすることで，子育て不安の軽減を目指すこと
2　親が楽しく子育ての責任を負うとともに，公共施設における集団保育を理解し，子育ての喜びと課題を共有することで子どもを育てる責任と喜びを味わえること
3　親に代わって公共施設のなかで幼児の成長と発達を保証する集団保育の責任を遂行すること

　もともと「保育」という語は，幼稚園における教育を示すものとして，1876（明治9）年に東京女子師範学校附属幼稚園の設立に伴って用いられたのが起源とな

*1 小川博久『「保育」の専門性』保育学研究，第49巻 第1号，2011，p.110

51

る。その後，幼稚園，保育園にかかわらず，小学校以降の教育とは異なる，乳幼児期の特性を踏まえた「世話（保護）と教育」を表すものとして「保育」が使われるようになった[*1]。1950（昭和25）年に保育所運営要領が，1952（昭和27）年に保育指針が刊行されたが，「保育所の持つ機能のうち，教育に関するものは幼稚園教育要領に準ずることが望ましい」との通知（文部・厚生省局長通知）を受け，1956（昭和31）年には幼稚園教育要領が刊行され，1965（昭和40）年には「保育所保育指針」が通知されて，幼稚園に関しては教育，保育所に関しては保育という語が意識的に使用されるようになった[*2]。

＊1 たとえば 山下俊郎『保育学概説』恒星社厚生閣, 1956や, 坂元彦太郎『幼児教育の構造』フレーベル館, 1964など

＊2 秋田喜代美監修『保育学用語辞典』中央法規, 2019

　保育をめぐる社会的な役割の変化に伴って，保育（所）が制度化されてきたが，当初の保育は今日のように保育の専門性を高める「保育」というより，いわゆる「子守」と同様に使用され，ケガをさせないように，預かってくれれば良いというものであった。当時，保育士は，「保母」という職名で，女性に限定した資格だったのである。その後，保母として働く男性の増加と彼らの行政や社会への働きかけや男女雇用機会均等法の改正などにより，1999（平成11）年に名称が「保育士」へと変更された。

　今日，保育士は，2003（平成15）年改訂の児童福祉法第18条の4に明確に規定する国家資格となり，その役割も「保育士は，第18条の18第1項の登録[*3]を受け，保育士の名称を用いて，専門的知識及び技術をもって，児童の保育及び児童の保護者に対する保育に関する指導を行うことを業とする者」と職務内容が明記された。

＊3 第18条の18第1項では，保育士登録簿に氏名，生年月日その他厚生労働省令で定める事項の登録が必要であることが規定されている。

　保育施設等における日々の生活のなかで家庭とともに乳幼児の健全な育ちを育むには，家庭との密接なつながりや連携がなくてはならない。保育所及び保育者は，保護者とともに育ちを育む努力を行ってきたが，家庭における子育て不安が増大していることを受けて，前述の児童福祉法に「保護者に対する保育に関する指導」が明記されるに及んだのである。

②保育者の専門性

　保育所保育指針には，児童福祉施設の設備及び運営に関する基準第35条に規定に基づく，保育所における保育の内容に関する事項，及びこれに関する運営に関する事項が定められている。

　保育所における保育士の専門性についても，このなかに示されている（認定こども園教育保育要領における保育教諭もこれに準じている）。

　保育所保育指針の「第1章総則　1 保育所保育に関する基本原則」には，「（1）保育所の役割」として，アからエの4項目が示されている。

　ここでは，専門性について記述のある，「イ 専門性を有する職員と家庭との連

携」と，「エ 保育士の専門性」について確認しよう。

> **第1章 総則　1 保育所保育に関する基本原則**
> **（1）保育所の役割**
> **イ**　保育所は，その目的を達成するために，保育に関する専門性を有する職員が，家庭との緊密な連携の下に，子どもの状況や発達過程を踏まえ，保育所における環境を通して，養護及び教育を一体的に行うことを特性としている。
> **エ**　保育所における保育士は，児童福祉法第18条の4の規定を踏まえ，保育所の役割及び機能が適切に発揮されるように，倫理観に裏付けられた専門的知識，技術及び判断をもって，子どもを保育するとともに，子どもの保護者に対する保育に関する指導を行うものであり，その職責を遂行するための専門性の向上に絶えず努めなければならない。

　保育士国家資格の規定を踏まえて，保育所等において，子どもの保育と家庭支援についての専門職として，保育所等の保育の中心的役割を担うものとされている。子どもの保育とともに子育て支援の専門職である事の重要性を理解していなければならない。

　保育士の専門性について，保育所保育指針解説には「保育所の保育士に求められる主要な知識及び技術」として，6項目が示されている。

> **保育所保育指針解説**　※上記（1）保育所の役割のエに対する解説
> ①これからの社会に求められる資質を踏まえながら，乳幼児期の子どもの発達に関する専門的知識を基に子どもの育ちを見通し，一人一人の子どもの発達を援助する知識及び技術
> ②子どもの発達過程や意欲を踏まえ，子ども自らが生活していく力を細やかに助ける生活援助の知識及び技術
> ③保育所内外の空間や様々な設備，遊具，素材等の物的環境，自然環境や人的環境を生かし，保育の環境を構成していく知識及び技術
> ④子どもの経験や興味や関心に応じて，様々な遊びを豊かに展開していくための知識及び技術
> ⑤子ども同士の関わりや子どもと保護者の関わりなどを見守り，その気持ちに寄り添いながら適宜必要な援助をしていく関係構築の知識及び技術
> ⑥保護者等への相談，助言に関する知識及び技術

③保育者の専門性についての課題

　このように保育者ないし保育者の専門性が変化していく時期は，日常保育と不可分なものとして行われているのが子育て支援であるという視点が重要性を増すとともに，その日常保育の専門職としてのあり方も同時に問われているといえる。日常保育そのものが子育て支援であることを，保育専門職は強く認識しなければならない。先述の小川は，保育の専門性の課題を次のように記している。

　「現代社会に生きる大人たちの中で幼児の実態を把握し，その発達を保障するために，既成の諸学問の分節化された枠組みを相対化し，今，乳幼児が大人たちとどういう関わりの中で生きているかを明らかにし，大人－幼児関係の新たな組み替えを構想し，多面的関係を回復する手立てを構築しなければならない」[*1]。

＊1 小川前掲資料，p.108

2）子どもの権利を守る専門家

①子どもの最善の利益[*2]を守る保育

　子ども家庭支援のあり方を考える時，保育者は常に，子どもの権利条約を意識し，子どもの「生きる権利」「育つ権利」「守られる権利」「意見表明の権利」を日々の園生活の基盤として保育実践に臨まなければならない。では，この保育実践の具体的な展開とはどのようなことだろうか。

　子どもの最善の利益は，「こどもに関することを行う時には，そのこどもにとって最も良いことは何かが一義的に考慮されなければならないという考え方である」とされる[*3]。

　子どもの最善の利益を尊重するためには，保育者と保護者との関係構築が重要な基盤となる。保護者との間にはさまざまな課題が生じることがあり，保育者にとって保護者は難しい相手と認識されることも多いが，子育ての多様性を引き受けることで相互の信頼関係が成り立つものである。そして専門性を生かした保育者による保護者支援は，保護者の日々の生活の困難や子どもの生活のしにくさの改善に寄与しなければない。さらに，支援にあたっては保護者の意向を尊重するあまり，乳幼児にとってのニーズが軽視されることのないよう保育者は留意しなければならない。

　2017（平成29）年に告示された保育所保育指針では，「子どもの最善の利益を考慮する」という文言が複数用いられている。第1章「総則」，第4章「保護者に対する支援」，第5章「職員の資質向上」のそれぞれに各内容が示されており，「総則」の「保育所の役割」において，「ア　入所する子どもの最善の利益を考慮し，その福祉を積極的に増進することに最もふさわしい生活の場でなければならない。」としている。子どもが人間として尊重され，健やかに育てられることの重い責任

＊2 子どもの最善の利益：1989年に国際連合が採択した児童の権利に関する条約（通称「子どもの権利条約」）の第3条第1項に定められ，子どもの権利を象徴する言葉として国際的に広く浸透する。保護者を含む大人の利益が優先されることを防ぎ，子どもの人権を尊重する重要性を表す。日本は1994（平成6）年に条約批准。

＊3 秋田喜代美監修『保育学用語辞典』中央法規，2019

が見てとれる。

　また,「職員の資質向上」では,保育士の倫理意識と子どもの最善の利益について述べ,職員の高い倫理性を求めている。

第5章　職員の質向上　1 職員の資質向上に関する基本的事項

(1) 保育所職員に求められる専門性

子どもの最善の利益を考慮し,人権に配慮した保育を行うためには,職員一人一人の倫理観,人間性並びに保育所職員としての職務及び責任の理解と自覚が基盤となる。(以下略)

　特に対人援助に係る領域の専門職では,専門職の知識及び技術とともに専門職の価値や倫理を有することが求められる。専門職は職務遂行の際,個人的な倫理観や感情ではなく,専門性に基づいた判断が必要とされるためである。専門職活動の原理や基盤,諸活動を方向づける考え方を具現化するための行動規範として,専門職倫理規定が正しい行動・望ましい行動の指針として必要になる。

　保育士の専門職倫理については,2003 (平成15) 年に保育士資格が国家資格化される際に,全国保育士会倫理綱領8か条が示された[1]。

　1.子どもの最善の利益の尊重
　2.子どもの発達保障
　3.保護者との協力
　4.プライバシーの保護
　5.チームワークと自己評価
　6.利用者の代弁
　7.地域の子育て支援
　8.専門職としての職務

綱領の前文と,第1条の内容は次の通りである。

全国保育士会倫理綱領

(前文)

　すべての子どもは,豊かな愛情のなかで心身ともに健やかに育てられ,自ら伸びていく無限の可能性を持っています。

　私たちは,子どもが現在(いま)を幸せに生活し,未来(あす)を生きる力を育てる保育の仕事に誇りと責任をもって,自らの人間性と専門性の向上に努め,一人ひとりの子どもを心から尊重し,次のことを行います。

---

[1] 2003(平成15) 年に全国保育士会では「全国保育士会倫理綱領」を策定し,同年に全国保育士会委員総会,全国保育協議会協議員総会でそれぞれ採択された。
　「全国保育士会倫理綱領」8か条では「子どもの最善の利益の尊重」が筆頭に上がっており,保育者は一人ひとりの子どもの最善の利益を第一に考えて職務に勤しむことが求められている。

私たちは，子どもの育ちを支えます。

私たちは，保護者の子育てを支えます。

私たちは，子どもと子育てにやさしい社会をつくります。

（子どもの最善の利益の尊重）

1．私たちは，一人ひとりの子どもの最善の利益を第一に考え，保育を通してその福祉を積極的に増進するよう努めます。

②子どもの最善の利益と保護者支援

これまで見てきたように，保育所等における専門性は，「子どもの最善の利益の保障」とともに，「地域社会で生活する保護者の実態を踏まえた支援」の両面について同時に取り組むものである。孤立しがちな子育て家庭における保護者と子どもの育ちを基にして信頼関係を築きつつ，保護者の地域社会における生活基盤づくりに携わるきめ細かな関わりを伴う支援により，家庭・親子関係の安定を図ることができる。乳幼児期の子どもの育ちには，安定安心の子育て環境として，保護者の子育て伴走者と成り得る高い専門性を有する保育者の存在と関わりが必要なのである。

幼保連携型認定こども園教育・保育要領には，「第4章 子育ての支援」で，「子どもの利益を最優先に行うもの」として留意点が示されている。以下に主要な点を抜粋して記す。

幼保連携型認定こども園教育・保育要領　第4章子育ての支援

第1　子育ての支援全般に関わる事項

1　保護者に対する子育ての支援を行う際には，各地域や家庭の実態等を踏まえるとともに，保護者の気持ちを受け止め，相互の信頼関係を基本に，保護者の自己決定を尊重すること。

2　教育及び保育並びに子育ての支援に関する知識や技術など，保育教諭等の専門性や，園児が常に存在する環境など，幼保連携型認定こども園の特性を生かし，保護者が子どもの成長に気付き子育ての喜びを感じられるように努めること。

3　保護者に対する子育ての支援における地域の関係機関等との連携及び協働を図り，園全体の体制構築に努めること。

4　子どもの利益に反しない限りにおいて，保護者や子どものプライバシーを保護し，知り得た事柄の秘密を保持すること。

第2　幼保連携型認定こども園の園児の保護者に対する子育ての支援

1　日常の様々な機会を活用し，園児の日々の様子の伝達や収集，教育及び

保育の意図の説明などを通じて，保護者との相互理解を図るよう努めること。

2　教育及び保育の活動に対する保護者の積極的な参加は，保護者の子育てを自ら実践する力の向上に寄与するだけでなく，地域社会における家庭や住民の子育てを自ら実践する力の向上及び子育ての経験の継承につながるきっかけとなる。これらのことから，保護者の参加を促すとともに，参加しやすいよう工夫すること。

3　保護者の生活形態が異なることを踏まえ，全ての保護者の相互理解が深まるように配慮すること。その際，保護者同士が子育てに対する新たな考えに出会い気付き合えるよう工夫すること。

4　保護者の就労と子育ての両立等を支援するため，保護者の多様化した教育及び保育の需要に応じて病児保育事業など多様な事業を実施する場合には，保護者の状況に配慮するとともに，園児の福祉が尊重されるよう努め，園児の生活の連続性を考慮すること。

第3　地域における子育て家庭の保護者等に対する支援

3　幼保連携型認定こども園は，地域の子どもが健やかに育成される環境を提供し，保護者に対する総合的な子育ての支援を推進するため，地域における乳幼児期の教育及び保育の中心的な役割を果たすよう努めること。

（下線筆者）

また，保育所保育指針第4章ならびに同解説においても，初めに考慮することとして次のように述べられている。

保育所保育指針　第4章子育て支援1　保育所における子育て支援に関する基本事項

(2) 保護者の状況に配慮した個別の支援

ア　保護者の就労と子育ての両立等を支援するため，保護者の多様化した保育の需要に応じ，病児保育事業など多様な事業を実施する場合には，保護者の状況に配慮するとともに，子どもの福祉が尊重されるよう努め，子どもの生活の連続性を考慮すること。

保育所保育指針解説　第4章1 (2) 子育て支援に関して留意すべき事項のア
子育てに対する不安や地域における孤立感などを背景に、子どもや子育てに関する相談のニーズも増大している。そうした中、市町村や児童相談所等においては、子どもの福祉を図り権利を擁護するために、子育て家庭の相談に

応じ、子ども及び子育て家庭の抱える問題やニーズ、置かれている状況等を
的確に捉え、個々の子どもや家庭にとって最も効果的な援助を行っていくこ
とが求められている。保育所における子育て家庭への支援は、このような地
域において子どもや子育て家庭に関するソーシャルワークの中核を担う機関
と、必要に応じて連携をとりながら行われるものである。そのため、ソーシャ
ルワークの基本的な姿勢や知識、技術等についても理解を深めた上で、支援
を展開していくことが望ましい。

保育に当たっては，自らの要求や欲求を伝えることに支えが必要な乳幼児期の
子どもの利益こそが優先されなければならない。

保護者との密接な信頼関係を築き，保護者の支援や援助を行うことは，保育者
の重要な役割である。ただし，保護者の多様な気持ちや要求に全て応えるのは容
易なことではない。何度も強調するが，保護者の意向を尊重するあまり，大人の
事情が優先されてしまい，子どもの意向が反映されない状況が起こってはならな
い。保護者のみならず関係機関との連携の際にも，子どもの意向には十分な配慮
が求められる。

3）「共育て」の実践者

家庭が子どもを育てる力を持てているか，そして保育者が保護者と子育てに
ついての気持ちを確認し合い，協力して子育てに当たっているかなど，子どもの育
ちにはとても重要である。育ての不安や疑問を受け止めてくれる保育者の存在
は，保護者の子どもへの優しい関わりを支え，子育てへの自信を育て，楽しい明
日を予感させてくれる。

①共育て

諏訪は「大人は子どもの求めに応ずることによって，子どもに生きる力を与え，
子どもは大人に今を生きる息吹を伝え，新しい地平を開いてくれます。こうした
大人と子どもとの『共生関係』の成立こそ，21世紀の子育てや必要不可欠なもの」
として以下を指摘している[1]。

保育者と子どもとの共生関係成立の要件

- 保育者は子ども一人ひとりをしっかり受け止めること。
- 保育者は子どもと共にあること。

「子ども一人一人を大切にする」

「子ども一人一人の心に寄り添う」

「子どもの思いを受容する」

*1 諏訪きぬ『現代保育
学入門』フレーベル館，
2009, p.302

58

②園や保育者としてできること

　毎日の園生活における保護者との関わり合いは，まず顔を合わせる際の情緒的なあいさつや安心できる言葉かけから始まる。保護者の様子を観察しながら，子育てに関する情報の共有ともいうべき「伝え合い」があり，子どもの育ちの共感的な理解を図る。ここでは，喜びの共有や分かち合いとともに，その子を育てている者同士として気持ちの交流がなされる。これらにより築かれた信頼関係を基に，困り感を抱く保護者に対しては，保育者がその様子を感知して，面談をしたり，園の保育行事へ参加を促したり，提案などのカウンセリングやサポートを行う。

　園としては，個々の保育者たちの協業により，保護者理解や保護者の困り感への理解や対応と関係づくりが行われる。専門職同士が協業することで，多様な視点を持った対応を行うことは重要である。また，園だけでは解決に至らない事案もあり，行政や専門機関など地域資源との連携や，保護者と専門機関等との橋渡しを行うことも重要である。

③保育者としての姿勢・態度

　保育者と保護者は，朝夕の登園降園時の落ち着かない状況のなかで関わる。たとえ相手が子育てにおける問題を自覚していない場合でも，保育者は必要に応じて状況に積極的に関わらねばならない。自分から相手に働きかける主体的な態度や自律的な姿勢・態度，公平な態度によって相手の状況に合わせた専門性を発揮できる。**表4－1**に保育者の関わりにおけるポイントを記す。

表4－1　保育者の関わりの5つの要点

1．ポジティブな態度 　笑顔が多く，柔軟で柔らかな言葉使い。保護者のストロングポイントを見出し，相手の変化や成長に期待を寄せる。
2．保護者の主体性を尊重し，自己決定を促す態度 　相手を信じて待つ。相手に関心を寄せ，考えや思いを知ろうとし，それを受容する。
3．相手に合わせた応答的で柔軟な態度 　相手の状況に合わせた柔軟な態度。相手の身になって考え，応答的に関わる。
4．客観的で公平な態度 　専門職倫理を厳しく意識し，専門知識と適切な知識・事実に基づいて行動する。

個人的感情や個人の価値観で行動することがない。

5.自律的で主体的な態度

自発的に援助や指導を行い，協働的である。

相手の感情や態度に惑わされない。

④保護者の子育て実践力の向上に資する支持者として

私たちの暮らしている地域社会には，多様な家族形態がある。ひとり親家庭，ステップファミリー，国際結婚の家族などさまざまな生活様式でそれぞれの家族が生活している。今日ではそれぞれの家庭が課題を抱え，支援を求めるようになってきており，そこでの要点は，専門的な福祉サービスが身近にあるということである。

貧困や児童虐待，家庭内暴力などのケースでは，当事者には親身で適切な関わりが求められる。保育所等は，福祉ニーズの高い保護者と子どもが優先的に利用する場であり，生活にゆとりがない保護者にとって，子どもの情緒不安定などへの対応では，保育所・保育者が高度な専門性を発揮することが期待される。

社会福祉の専門職としての支援ができる保育者の存在によって，保護者は自分ではどうにもならない思いや課題に関わり向き合うことができる。例えば仕事や家庭，子育ての負担から，いつも表情が暗く，挨拶も元気もない保護者に対しては，保育者が毎日明るく挨拶をすることから始め，子どもの素敵な姿を日々伝えることで，保護者の気持ちの変化を支えることができる。

いつも子どもに指示ばかりして，時には怒鳴るような保護者は，ともすれば「困った保護者」と捉えられ，批判されがちである。だが保育の専門家としては，保護者を「困っている保護者」と捉え，保護者の思いに接し，新たな行動変容を支え，その希望と笑顔を引き出すことができる。そのような支援を保護者に届かせるために，専門職としての豊かな知識・技術が必要となる。

保護者を支える保育者は，保護者が親として成長することを支えているともいえる。子育てをしながらだんだんに親になっていく，それは父親も母親も同様である。多くの保護者は，事前に学ぶことなくいきなり親になるので，子育ての初期には，分からないことばかりで不安になる。仕事や家事とともに行う育児は，不慣れなことばかりで子育てに不安を抱くのも無理はない。また乳幼児期の子どもの姿や言動は，大人にとって理解が困難なことも多くあり，上手くいかないという思いを日々募らせている人も多い。

乳幼児期は，保護者と子どもが関係を築く大事な時期である。乳児期の初期の関わりこそが，親として成長する敏感期ともいえる。子どもを産んだら自然に親になっていくのではなく，子どもが養育者との関係をベースに成長していくの

同じで，親も子どもの求めを理解し，日々の生活の関わりを通して，親になっていく。今日，保育所等で長時間の保育を受ける家族に対しては，親が親として成長していく環境を用意し，保育者からの必要な支援や協働に向けた働きかけがなくてはならない。

　保育施設での専門性の特徴は，保護者の多様なニーズを保護者の身になって発掘し，関わり，解決するという高度な支援の内容を持つというところにある。

　多くの社会福祉の専門職は，問題課題を自覚した人たちが利用申請することからサービスの提供を始める。しかし，保育者の保護者支援の多くは，まず保育者がその問題や課題に気づくことが特徴である。そこから子どもの日々の保育を中心にして保護者にアプローチし，日々の園での生活の経過を基にして，支援の関わりに移るのだが，相手に「支援された」と気づかれることなく問題が解決されることも多い。保護者から明確な相談助言を求められる場合に限らず，保護者会や行事，送迎の際の対話，連絡ノート，意見や要望，苦情などの内容から，支援が必要と判断された場合には，相談・助言のための面談の場を設けることが望ましい。また，地域における子育て支援の場において，保護者との何気ない会話が多様な相談につながることも多く，挨拶を交わすだけでなく，気軽に話せる雰囲気づくりや関係構築に努める必要がある。

2　子ども家庭支援のあり方と意義

1）多様な支援ニーズを抱える子育て家庭の理解

　保育施設は多様な保護者が利用している。家庭の環境や子育ての状況も多様で，保育施設や保育者に対する保護者の期待も一様でなく，保護者個々の状況への対応は容易ではない。保育という営みは，子どもの生活と遊びが独立しているものでなく，家庭や保護者への関わりが重要であり，子どもの成長発達には，積極的に取り組まねばならない。

　保護者の実態は複雑ではあるが，保護者の思いの底にあるのは「うちの子が一番」であり，「子どもの幸せが願い」であると考えるところから始めたい。子育てに積極的でない保護者や無気力な保護者，仕事中心で家庭を顧みていない保護者，また「子どもをかわいいと思えない」と訴える保護者，いけないと分かっているといいながら子どもの世話が滞る保護者など，一見どうしようもない保護者も実際は自分を責め苦しんでいることが多い。相談できる相手や困った時に支援の手を差し伸べてくれる存在が必要なのである。

　「児童虐待」における多くの保護者の問題は，やってはいけないと分かってい

るのに「止められない」ところにある。保護者自身の育ちの過程で，親から暴力を受けた経験や自分の思いを受け入れてもらえなかったなど，類似した行動をとっていることが多い。

　これらの多様なニーズに対して，具体的には第3章で説明した延長保育，休日保育，病児・病後児保育，一時預かり，特別な配慮や支援を必要とする保護者の支援のほか，次のような支援が行われている[*1]。

＊1 第3章，p.33～49を参照。

①保育相談

　多様なチャンネル，手段を通じた子育てに関する専門職等の相談である。電話相談や面接相談，メールやSNS等を使った相談などで，日々の子育てに行き詰った保護者のセーフティネットとして機能する。誰にも相談する相手がなく，どうしようもないと感じている保護者にとって，悩みを受け止めて解決の糸口を提示することで問題の深刻化を防ぐことができる。

　保育所等や地域子育て支援の場では，日常場面における相談も受け付けており，子育ての愚痴や世間話をするうちに自分の問題への気付きが促されることもある。また深刻なケースが相談につながることも多い。日常場面における相談は，気軽で敷居の低さが重要になる。

②園庭開放

　保育所等の園庭を，地域の未就園児とその保護者に遊び場として開放する。保育所機能を開放することにより，地域の子育て家庭への支援を意図している。保育所等は，子どもの発達に即した環境が整備され，他の子どもの遊びや生活場面に触れられる場所であることから，親子が安心して利用でき，子育てや子どもの発達に見通しを持つことも可能となる。保育所等では，子どもが喜ぶ遊びや玩具を用意し，子どもの遊びを導くとともに，保護者の多様な思いに対応する大切な支援となる。

③地域子育て支援

　保育所等の役割として，自園の子ども・保護者への支援とともに，地域の子育て中の保護者への支援も重要であり，専門性を発揮した多様な取り組みが求められている。保育所等が開催する行事や園開放，観劇会や保護者への子育て講演会など，子どもと保護者とが保育所等で過ごす体験は，子どもにとっては珍しい遊具や環境を楽しむ時間となり，それを見る保護者には，いつもと異なる子どもの姿を見つける機会となる。子育てに同じ思いをもつ保護者同士が情報交換したり，相談をしあうなど仲間ができる場合もあり，多様な成果が期待されている。

2）親を主人公とした子育ての伴走者として

　保育のなかで子どもが変化し，成長していく姿に保育者は感動し，その感動を保護者に伝えたいと思う。喜びあふれる報告を受けると保護者は感激して受け止める。保育者の子どもへの熱い思いに満ちた報告を保護者と共有できた時，子どもを中心にして保護者と保育者との信頼関係は強固なものになっていく。

　乳幼児期の子どもの育ちは，ひと時も止まることなく，日々劇的に変化する。初めての寝返り，初めてのハイハイ，初めての独り立ち，初めての発語，初めての排尿自立など，保育者はその子の初めてに出会った感動と喜びを保護者に伝えることで，ともにその子を育てていると確信するようになっていく。保護者は，保育者の喜びと共感に満ちた報告に接し，子どもの成長を実感し保育者への信頼性を深める。

　ではいかにして保育者は，子どもの育ちの節目に目を注ぎ，記録し，保護者に伝えればよいだろうか。保育者には，子どもの成長の把握と伝える工夫と努力が求められる。

①子育て伴走者としての保育者

　これまで見てきたように，保育者は保護者にとって子どもの成長・発達をともに支えていく，子育てのパートナーである。

　まず，子育てに一生懸命向き合う保護者をリスペクトする姿勢をもちたい。保護者と保育者が密にコミュニケーションを取り合い，お互いの保育や子育てについての考え方を理解し，協力しあうことによって，子どもの成長の基盤が安定し，子どもは安心して育つことができる。保育者は，保育を通して子どもへ直接援助を行い，また保育者としての専門性を発揮しながら保護者の子育ても支援していく。ここでの専門性とは，子どもの発達や生活・遊びについての知識と技術及び判断に加え，日々の生活で学びつつある子どもの行動や表情，言葉などから子どもの気持ちを汲み取ることすべてである。

　子どもたちが楽しく生活していくことができるように，これまで身に付けた専門性を発揮して保護者を支援していかなければならない。

②保護者の養育者としての成長を支える

　保護者の養育者としての成長とは，子どもとの情緒的なきずなが確かなものになることである。そのためには，子どもの視点で物事を見たり，考えることができることや子どもの育ちに応じて生活を合わせて行けることなどが考えられる。

　保護者はこれらのことを，子どもとの日々の生活のなかで，成長を喜んだり，逆に気持ちを分かってあげられなかったりなどの失敗から

落ち込んだりする経験などを通じて学んでいく。ここにも保育者の専門性を基にした支えが求められる。**表4－2**に保護者の成長に向けた保育者の関わりを段階的に記す。

表4－2　保護者の成長に関わる段階

1　保護者へのねぎらいの気持ちを表す。

「よく訪ねてくださいました」「よく来てくださいました」など。

2　保護者の気持ちへの関心を表す。

保護者の思い，子どもについての思いについて積極的に耳を傾ける。そこから保育者が子どもや自分のことを大事に思ってくれているのだということを感じるようになり，信頼関係の構築にも通ずる。

3　日常の園生活において，親子の様子や家庭での様子に関わる機会を見つけて，必要な知識や技術を伝えていく。

③保護者の思いへの気づきからパートナーシップへ

保育者は，保護者が抱える子どもや家族へのさまざまな思い，そして保護者自身の複雑な感情をくみ取り，子どもを中心にしながらも，その思いとともに問題・課題に向き合うことから協力・協働の関係がつくられる。

保護者から教えてもらうという姿勢

保護者の気持ちを決めつけず，保護者の自身の言葉で語ってもらう。保育者から見えている保護者の姿は，保護者の生活のある一面に過ぎず，園の保育者たちの見方をあてはめずに，一から教えていただくつもりで向き合うことが重要である。

受容的関わりに努める

保護者の子どもへの気持ちや自分自身について話す内容が，指導や助言を求めていると感ずる場合に，ともすれば，「こうすればよい」「これができてない」と，相手の不足として捉えがちだが，弱いところやできていないところに目を向けずに，「今，ここまでできている」と現在から今後に向けての希望として考えていく。もし，「子どもを思わず叩いてしまった」など，適切でないと感ずる発言の場合には，まず「それは大変な思いをしましたね」と保護者の大変な気持ちを受け止めることから始める。「これから一緒に，このような場合にどうしたら良いかを考えてみましょうね」と，その状況や，その時の保護者の気持ち，子どもの思いはどうだったかをていねいに検討していく。

保護者にとっても子どもにとっても望ましい関わりのあり方は，保護者と保育者の関わりにより常に検討され，日々更新されていかなければならない。

【引用・参考文献】

厚生労働省「保育所保育指針」2017

厚生労働省「保育所保育指針解説」2018

内閣府，文部科学省，厚生労働省「幼保連携型認定こども園教育・保育要領」2018

山下俊郎『保育学概説』恒星社厚生閣，1956

坂元彦太郎『幼児教育の構造』フレーベル館，1964

秋田喜代美監修『保育学用語辞典』中央法規，2019

小川博久「『保育』の専門性」保育学研究，第49巻第1号，2011

大豆生田啓友「保育の場における子育て支援の課題」保育学研究，第51巻第1号，2013

小原敏郎，橋本好市，三浦主博『演習・保育と保護者への支援』みらい，2016

衛藤真規「保育者の保護者との関係構築に関する検討」，東京大学大学院教育学研究科附属発達保育実践政策学センター監修『発達保育実践政策研究のフロントランナー』中央法規，2021

高山静子『保育者の関わりの理論と実践』エイデル研究所，2019

諏訪きぬ『改訂新版 現代保育学入門』フレーベル館，2009

網野武博『児童福祉学』中央法規，2002

第5章 保育者に求められる基本的役割と姿勢

学びのポイント
- 子どもの成長を保護者と喜び合える関係性とは何かを知る。
- 子ども理解に向けて，その内面に寄りそうことの意義を学ぶ。
- 相談，助言，行動見本の提示といった支援の具体を知る。
- 保育所が協力・連携すべき地域の社会資源について理解を深める。

1 保護者の子育て実践のための支援

1) 子どもの育ちを共に喜ぶ（情緒的共有）

保育は子どもを保護者と共に育てる営みである。そのため保育者と保護者が共に子どもの育ちを実感しながら，成長に対する喜びを共有していくことが望まれる。保育者は家庭での生活と園での生活を24時間という連続した1日の枠組みのなかで捉え，子ども達の日常生活全体を視野に入れながら，各家庭との連携を図っていく必要がある。どの保護者にとってもわが子の成長は何よりも大きな関心事であり，多くの保護者はそれぞれの思いや願いをもって，試行錯誤を繰り返しながら毎日の子育てに向き合っている。そこで，保育や子育てに関する専門的知識・技術を有する保育所，幼稚園，認定こども園（以下，保育所等）で働く保育者は，子育て中の保護者にとって最も身近な子育て相談の相手となり得る存在である。

ある園の子育て支援に関する園内研修会の際，日頃から心がけている点や配慮している点，気を付けている点について3名の保育者にインタビューしたところ，次の回答を得た。

【Q&A　子育て支援に関する保育者の配慮等】

Q：各家庭に対する子育て支援について，子どもの育ちの姿を保護者と共有するために，日頃から心がけている点，配慮している点，気を付けている点などを教えて下さい。

A先生

保護者の方からは見えにくい，お子さんの普段の園での様子やお友だちと

の小さなエピソードなどを積極的にお話しするように心がけています。保護者の方が安心して園にお子さんを預けていただけることが，家庭とのつながりを深められる第一歩になると思っています。

B先生

　保育のユーモアを大切にしながら保護者と関わりをもつようにしています。かたくるしい話ばかりでなく，雑談をしたり，お子さんのおもしろエピソードがあればその日のうちにお伝えしながら，保護者の方が普段，仕事や子育てを通して感じている不安や悩みなどについて，話しやすい雰囲気づくりを心がけています。

C先生

　お子さんに対する保護者の養育態度などが気になる際には，まず保護者の気持ちを受け止めること，否定しないこと，その理由を考えながら話をお聞きすることを心がけています。そして，私（保育者）から伝えたいことは一つに絞ったりするなど，保護者の方の状況を理解しながら丁寧に伝えるようにしています。

　3名の保育者に共通する保護者に対する子育て支援で際立つのは，日頃の保育を通して子どもの育ちが実感できる具体的なエピソードを保護者に伝えようと努めている姿や子育てに対する保護者の多様な気持ちをそのまま受け止めながら信頼関係を築いている姿である。その上で，園での子ども達の遊んでいる様子や生活の様子を保護者と共有し，話しやすい雰囲気づくりを心がけている。

　保護者によっては，子どもとどのように関わればよいか分からず悩んでいたり，わが子の成長の姿を他の子どもと比べて大きな不安を抱いてしまう場合もある。他にも子どもの成長の姿をそのまま親自身の評価と受け止めてしまうなど，子育てに対する不安や悩みの背景には実にさまざまな要因が考えられる。保育者は，子育てに対して自信があると感じている保護者よりも，不安や悩みを抱えながら日々の育児に向き合っている保護者が多い現状を理解しておく必要がある。

　また，保育所等に対してわが子を託した相手が保育の専門家であるとしても，直接には見聞きできない園生活の様子について，心配事や不安を抱く保護者もいる。そこで，

図5−1　コミックに描かれる保護者との関わり
出典) 河原ちょっと『保育士は体育会系！』サンマーク出版, 2014, p.173

保育所等で働く保育者には一日の園生活を通して子ども一人ひとりの育ちを支えていく姿勢と共に，育児に向き合う保護者の気持ちを受け止める受容的な態度と，保護者自身の子育てを自ら実践する力の向上に資することのできる対応が求められている。保育者は地域の最も身近な子育て相談の相手として，好感のもてる言葉かけや関わり方を踏まえ，必要に応じた子育て支援を行っていく必要がある。

『保育士は体育会系！』(河原ちょっと作) というコミックエッセイに描かれる保育者の姿は，1年目の保育者にとっても大変参考になる (**図5－1**)。

保護者とのコミュニケーションは，保育者にとって家庭での子どもの様子を知るためだけに行うものではない。保育所等での様子をできるだけ保護者に伝えたいという思いをもちながら子ども達と日々関わり，保育を通して見えてくる子どものかわいらしさや育ちの姿をきちんと理解した上で具体的に伝え，そのやりとりを通して保護者との信頼関係を築いていくことが重要となる。

保育者が保護者と子育てを喜び合える関係性は，家庭生活と園生活で見られる子どものさまざまな育ちの姿とその意味を，両者が共有することによって作られていくものである。

2) 保育者の倫理観に支えられた子育て支援

各園で行われている日常の保育と，保護者に対する子育て支援は密接に関連している。保育所等に求められている支援ニーズに対して，2017 (平成29) 年に告示された保育所保育指針の第4章「子育て支援」では「保育所における保護者に対する子育て支援は，全ての子どもの健やかな育ちを実現することができるよう，…(中略)…子どもの育ちを家庭と連携して支援していく」ことが記載されている (下線筆者)。

「全ての子どもの健やかな育ちを実現する」とは，保護者に対する子育て支援を通して，子ども達のよりよい育ちを目指すということを意味している。つまり保育者の専門性は，日頃の保育を通して保護者と信頼関係を築き，保護者が抱くわが子への思いと同じ気持ちを持ちながら，子ども一人ひとりの育ちの姿を保護者と共有していくことを通して保護者自身の養育力の向上を支援していくことにある。

保育者が実際に保護者への支援を行っていく際には，保育の専門的な知識や技術が必要となるが，その前提は，保育者としての倫理観を何よりも大切にしなければならない。

保育者の倫理については「全国保育士会倫理綱領」に示されており[1]，保育者が日頃の保育実践を通して各家庭に対する子育て支援を行っていく過程において

＊1 第4章，p.55参照

は，保護者自身が自分の子どもが育っている喜びを実感できるように，自らの倫理観を念頭に置きながら子どもや保護者との関わりを日々丁寧につむいでいくことが必要となる。

また，「全国保育士会倫理綱領」の前文には，保育者がどのような視点で保育を行うのかという基本的姿勢が表れている。

> **「全国保育士会倫理綱領」前文**
>
> 私たちは，子どもの育ちを支えます。
>
> 私たちは，保護者の子育てを支えます。
>
> 私たちは，子どもと子育てにやさしい社会をつくります。

この前文は保育者として第1に，まず子どもの育ちを中心に考えること。第2に，子どもの幸せのために保護者（家庭）への支援を行っていくこと。第3に子育て家庭を取り巻く社会（地域）への働きかけを行っていくことが明示されている。これら3つの関係性は，保育の中心に子どもの育ちを置きながら相互に関連し合い，子どもの伸びゆく力や保護者の自ら行う子育てを「支える」役割が保育者に求められていることを意味している（**図5-2**）。

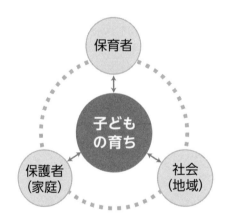

図5-2　子どもの育ちを中心においた関係性
資料）全国保育士会編『全国保育士会倫理綱領ガイドブック』2004を参考に作成

2　子どもの理解（子どもの見方）の共有

　子どもを理解するということは，表面的には見えにくい子ども一人ひとりの内面に目を向けるということである。ところが保護者であっても，経験豊かな園の保育者であっても，子どもの内面に目を向けることは，なかなか容易なことではない。例えば，家庭で朝の登園前の準備を進めている際，子どもの「○○が痛い」，「△△が痛い」という訴えに対して，すぐに病院で診てもらった方がよい場合もあるが，時には登園に対する不安な気持ちが表れている場合がある。また保育所等において，子ども達のごっこ遊びの世界をよくよく観察してみると，この子はこういう性格であるという大人側の理解や思い込みとは異なる，その子なりの内面の気持ちが映し出されている場面にしばしば出会うことがある。

　従って，子どもを理解する際には，その時々で見せてくれる子どものさまざまな姿に対して，私たち大人側の理解や見方が影響していることを自覚する必要がある。そこで，保育者と保護者が子どもの育ちを共有していくために，各家庭での生活の様子と園における生活の様子について，それぞれの立場から見えてくる子どもの確かな育ちを確認し合うことや，子ども達の内面に寄り添おうとする大人側の関わり方が大切になる。

　次の事例は，子どもの内面に寄り添う保育者の対応である。

【事例1】友だちと遊べない子どもへの対応

　4歳のDちゃんは友だちの間でなかなか思うように遊ぶことができなかった。最近は，砂場に誰もいない時に三角や四角の容器に砂を入れてケーキづくりを一人で楽しんでいたが，友だちが砂場に遊びにくると，それまでの遊びを中断して，その場から立ち去ってしまうことが続いていた。

　母親も友だちとなかなか思うように遊べないDちゃんの姿が気になっていた。

【保育者の対応】[*1]

　保育者は，Dちゃんが興味をもっている砂場遊びを，友だちと関われるきっかけにできないかと考えていた。そんなある日，Dちゃんが少し離れた場所から，砂場でお団子づくりをしている年長児の様子をながめていた。その姿をよく見ると，Dちゃんは年長児がお団子の上に白砂をパラパラかけている姿に関心があるようだった。

　そこで，保育者は「Dちゃんもケーキに白砂かけてみる？　おいしいケー

＊1 全国保育士会編『改訂2版　全国保育士会倫理綱領ガイドブック』2018, p.32〜34を参考に作成

キができると思うよ。先生と一緒に白砂探してみようか？」と誘いかけてみた。Dちゃんと保育者はいろいろな容器でたくさんのケーキを作り，一緒に探してきた白砂や葉っぱを飾り付けて砂場の淵に並べていった。

　通りがかりの年長児が，「わぁ，かわいい」「おいしそうだね」と声をかけてくれたので，保育者は「Dちゃん，ケーキいりませんかっていってみる？」と尋ねると，「うん」とはいうもののなかなか声を出すことができない。保育者が「とってもおいしそうだから，みんな喜ぶよ」と促すと，小さな声で「ケーキ，いりませんか」と問いかけた。年長児が「2つ下さい」と返してくれたので，Dちゃんは保育者の後ろから少し恥ずかしそうに「おいしいケーキです，どうぞ」と年長児に手渡したのである。

　しばらくすると，年長児から「私たちのお団子もどうぞ」とケーキのお返しをDちゃんに渡しにきてくれた。そんなDちゃんと年長児のやりとりを見ていた周りの子ども達も「ケーキください」，「お団子ありますか」などといつの間にか，お店屋さんごっこへと遊びの輪が広がっていったのである。Dちゃんと保育者は顔を見合わせながら「次は，どんなケーキがいいかな」「おいしいケーキつくろうね」と会話が弾むのだった。

　お迎えの時間に，母親にこの話をすると「Aも友だちと一緒にあそぶことができるようになったんですね」ととても嬉しそうな様子をみせた。

　この事例では，これまで友だちと思うように遊びの関係が築けないDちゃんが変わっていく様子が描かれている。保育者は，砂場遊びという環境のなかで，Dちゃんのケーキづくりへの興味関心や年長児との関わりに寄り添い，子ども達のそばで働きかけている。また，保育者はその日に見られたDちゃんの育ちの姿を母親にも伝えている。Dちゃんの成長を一緒に喜ぶことができたことで，母親の嬉しさは何倍にもなり，今後のDちゃんの友だち関係を広げる後押しになっていくことが予想される。

　子ども一人ひとりにはそれぞれの発達の過程があり，保育者は園生活を通してみられるさまざまな育ちの姿から「○○ちゃんを，今よりももっと理解したい」という思いを持ちながら寄り添っていくことが大切になる。保育学者の津守真は，保育実践において子どもを「理解する」ことについて「理解するとは知識の網の目のなかに位置づけることではない。自分が変化することである」と述べている[1]。つまり，子どもを理解するとは，大人側の枠から一方的に評価したり，大人の期待や価値観に合わせて理解しようとすることではない。目の前の子どものありのままの姿に大人がさまざまな思いを巡らせながら，その子どもの夢中になっている遊びの世界に寄り添い，それぞれの子どもに応じた働きかけを行って

＊1 津守真『保育者の地平』ミネルヴァ書房，1997, p.288～289

いくことなのである。

・子ども一人ひとりの内面に目を向ける
・保護者と保育者が子どもの育ちの姿を共有する

子ども理解の深化

「保育所保育指針解説」では，保育者と保護者が子ども理解の共有を図る上で，実際の保育場面で特に留意すべき事項として，次の内容が記されている。

保育所保育指針　第2章 保育の内容　4 保育の実施に関して留意すべき事項
（1）保育全般に関わる配慮事項
ア　子どもの心身の発達及び活動の実態などの個人差を踏まえるとともに，一人一人の子どもの気持ちを受け止め，援助すること。

保育所保育指針解説　※上記同項目
　子どもが安定し，充実感をもって生活するために，保育士等は以下の三つの点に配慮する必要がある。
　一つ目は，乳幼児期の子どもの発達は心身共に個人差が大きいことに配慮することである。同じ月齢や年齢の子どもの平均的，標準的な姿に合わせた保育をするのではなく，一人一人の発達過程を踏まえた上で，保育を展開する必要がある。
　二つ目は，子どもの活動における個人差に配慮することである。同じ活動をしていても，何に興味をもっているか，何を求めてその活動をしているのかは，子どもによって異なる。そのため一人一人の活動の実態を踏まえて，その子どもの興味や関心に沿った環境を構成していく必要がある。
　三つ目は，一人一人の子どものその時々の気持ちに配慮することである。保育士等が様々に変化する子どもの気持ちや行動を受け止めて，適切な援助をすることが大切であり，常に子どもの気持ちに寄り添い保育することが求められる。

　保育所等には，乳幼児期という生涯のなかで最も発達の著しい時期に，子ども一人ひとりの発達の個人差に配慮しながら保育者と保護者がより良い協力関係を築き，子どもの育ちや子育ての支援を行っていくことが望まれている。そこで，保育者は日々の保育について温かで共感的なまなざしをもって理解した事柄を具

体的なエピソードを交えて保護者へ丁寧に伝え，保護者自身が子育ての喜びを味わえるように支えていくことが大切となる。

　子育て家庭に対する相談支援には，交流の場を設定した活動や子育て情報の提供等，日頃の保育活動に関連したさまざまな取り組みが考えられる。

　次の事例は，子育て支援の取り組みとしてK園が実施している園庭開放の様子である。この事例から保育所等が実施している相談支援のあり方を知ることができる。

【事例2】園庭開放の実施

　K園では，毎週木曜日の午前中，3歳以上児の子ども達が近くの体操教室に通っている。そのため，この時間を活用して園に通っている子どもの保護者や地域の子育て家庭を対象に園庭開放を実施している。

　園庭開放では，はじめて来園したお母さん同士が会釈を交わしている姿や「お子さんは何歳ですか？」と常連のお母さんが会話をリードしている姿も見られる。保護者のなかには携帯電話に夢中になり，子どもにあまり目がいかない姿も見られるが，そのような時には，子どもと関わっている保育者の行動に気づいてもらいながら「乳幼児期は，スキンシップや応答的な関わりを大切にしているんです」と言葉を添えてさりげなく伝えるようにしている。

保護者と一緒に遊びに来た子ども達は，お店屋さんごっこをはじめ，時よりお母さんや保育者の助けも借りて，買い手になったり売り手になったりと自由に役を演じて楽しんでいる。その姿から日頃の生活のなかでいかに大人の行動を見ているかに気付かされ，お母さん同士で笑い合っている場面も見られている。

　楽しく遊んだ後は，木陰でテーブルを囲みながら親子そろってのおやつタイム（休憩）の時間になる。保育者も交えて，「育児の情報交換会」となったり，園内の本棚からいくつかの絵本を紹介して，帰り際には絵本の貸し出しも行っている。もし，特別な相談事がある場合には，後日，個別の育児相談

の機会を設けたり，必要に応じて他の専門機関の情報を紹介したりしている。

この事例を通して，保育者の姿に注目してみると，園庭開放にはじめて来園した保護者や常連の保護者を受け入れながら子どもとの関わりを温かく見守っている様子が見られる。携帯電話に夢中になっている保護者には，乳幼児期に大切にしている子どもとの関わり方をそれとなく伝えたり，また時には保護者の輪に交じって育児の情報交換や絵本の貸し出し，個別の育児相談，他の専門機関の情報提供等も行っている。

このように，園庭開放という保育所機能の特性を生かした取り組みは，単に遊び場や遊具を提供するだけでなく，子ども達を遊びに誘ってみたりするなかで，来園した保護者とも積極的にコミュニケーションを図りながら，ほんの短い活動の時間でもみんなで体験を共有できる工夫が欠かせない。日々の子育てに対する保護者の気持ちを受け止めつつ必要に応じて個別の育児相談や他の専門機関の情報提供等も含めてそれぞれの家庭に対する継続的な子育て支援に結びつくように配慮していくことが大切となる。

そして，何よりも保育所等の役割として，園に通っている子どもの保護者だけでなく，地域の子育て中の保護者が参加しやすい雰囲気づくりを心がける等，全ての子育て家庭に対する支援が地域社会から求められている。

4　受容的関わり，自己決定の尊重，秘密保持等（バイスティックの7原則等）

保育所等における子育て家庭への支援では，子育てに対する保護者の思いや意向を受け止め，育児の不安や悩み等に対して個別的な支援が必要となる。そのため，保育者にはソーシャルワークやカウンセリング等の基本的な姿勢や知識，技術について理解を深めた上で，相談・助言等にその専門性を発揮することが望まれる。保護者に対する個別支援を進めていくにあたり，保護者と保育者の間に築かれる良好な関係は，バイスティック[*1]が論じたソーシャル・ケースワークの原点である「援助関係」が参考になる。

バイスティックは『ケースワークの原則』のなかで，援助関係におけるケースワーカーとクライエントの関係性を，次のように記している。

> 援助関係を構成するものは，ケースワーカーとクライエントのあいだに生まれる態度と情緒による相互作用である。

この援助関係を子育て支援の場面に置き換えてみると，ケースワーカー＝保育

[*1] **フェリックス・ポール・バイスティック**：Bistek,Felix Paul(1912～1994)。アメリカの社会福祉学者。1957年に著した『The Casework Relationship』（邦題『ケースワークの原則［新訳改訂版］：援助関係を形成する技法』誠信書房, 2006）において援助の基本姿勢や考え方を7つの指針としてまとめ，福祉相談場面での規範となっている。

者，クライエント＝保護者となり，目指す援助目標に進んでいく過程において生じるお互いの態度と感情とのやりとりを意味している。

　実際の子育て相談では，保護者は「○○先生は，私の話をよく聴き，温かく，そしてきめ細かく対応してくれるだろうか」という思いを抱きながら日頃の子育てに対する不安や自分自身の弱さ，心配事を打ち明ける。一方，保育者は園で見られる子どもの生き生きとした育ちの姿を保護者に分かりやすく伝え，保護者が抱えている不安や心配事に対して保護者自身が向き合うことができるように共に知恵を絞り，具体的な方法や実践的に行動見本を示すなかで解決への努力を図っていく。保護者のさまざまな思いを受け止め，かつ「保護者が選択し，決定することができるように援助したい」という自己決定を尊重しようとする保育者の姿勢は，大変心強いものとして保護者に伝わるものである。

　この様に，園と家庭が共に子どものより良い育ちを支える援助関係を通して，保護者は「○○先生に相談してよかった。話をしていると，とても安心します」という気持ちをもつことができる。日頃の保育の場では保護者と保育者がお互いに響き合うような態度と感情の相互作用の結果として良好な援助関係が生じ，子ども一人ひとりの育ちを支えていく土台となる。

　また，バイスティックは人が共通にもっている態度と情緒の傾向は，人間としての基本的なニーズ（欲求）から生じてくるものであると説明し，それに沿った援助者の基本的態度として7つの原則を挙げている。

　7つの原則はそれぞれが独立したものではなく，それぞれの原則には他の原則が必然的に関連し，どれか一つが欠けても良い援助関係を形成することが難しくなる。バイスティックの7つの原則の観点から，保護者の基本的ニーズ（欲求）を捉え，日頃の保護者と保育者の援助関係を想像してみると，次のように表すことができる（**表5－1**）。

表5－1　援助関係にみる保護者の基本的ニーズ（欲求）

バイスティックの7つの原則	保護者の基本的ニーズ（欲求）
原則1：個別化	「保護者の一般的な問題」として事務的に扱うのではなく，「一人の個人」として関わってほしい。
原則2：意図的な感情表出	否定的な話であっても「自分の気持ちを自由に話したい，聞いてほしい」。好意ある理解と応答がほしい。
原則3：統制された情緒的関与	適切なかたちで理解して，丁寧に対応してほしい。
原則4：受容・共感	どのような話しの相談内容であっても，最後まで聴き，まずはありのままの思いを受け止めてほしい。
原則5：非審判的態度	善し悪しの判断や責任の有無，一方的な避難はしないでほしい。
原則6：自己決定・自己選択の尊重	問題解決に向けて園や先生の意見を押しつけず，自分の意志で選択し決められるように援助してほしい。
原則7：秘密保持	打ち明けた相談内容は，他人に知られたくない。秘密にしておいてほしい。

　援助関係を構築していく過程において，これらの保護者の基本的ニーズ（欲求）は，「保育者にどのような態度で関わってほしいか」という思いを表わしている。保育者が子どもと保護者の置かれている事情やその背景を受け止めた上で，各家庭の個別性と保護者の自己決定を十分に尊重しながら子どもの育ちを共に支援していこうとする受容的な関わりは保育機関等が行う子育て支援の特長であるといえる。

5　支援に生かされる保育技術

　保育者が実際に各家庭の子育て支援を行っていくためには，子どもの育ちと共にその子の置かれている家庭状況や保護者の子育てに対する思いなどを汲み取っていくことが欠かせない。

　例えば，「最近，かみつきがひどくなった」，「保育者への抱きつきが激しくなった」，「友だちに対して乱暴にふるまう姿がみられる」等，子ども達の姿は言葉だけでなく実にさまざまな姿で表れる。次の事例を参考に考えてみたい。

【事例3】妹の誕生により不安定となった3歳児

　3歳児のFくん（男児）は，1歳になったばかりの妹Gちゃんと両親の4人家族である。Fくんは，ものに対しては執着したり興味を示す一方で，友だ

ちや保育者との関係がなかなかつくれない子どもだった。最近，保育園の同じクラスのHちゃんの腕にかみつき，ちょっとした騒ぎが生じた。幸いHちゃんの腕には少し歯型がついたが，深い傷になるほどではなかった。ほかにもFくんはちょっとしたことで突然泣き出してしまう姿も見られた。

保護者に家庭での様子を伺うと，「妹が生まれてからは，ついつい妹の世話に手がかかるので，Fの方に顔が向いていなかったかもしれません」，「Fをあまりかまってあげられず，ついついきつく叱ってしまうことの方が多いかもしれません」，「Fともっと遊ぶ時間をつくってあげたいですし，この状況を何とかしたいとは思っているんですが，できなくて……」とFくんになかなか関われていない状況を話してくれた。

この事例を踏まえ，各家庭の子育て支援に対して保育者という立場からどのような関わりが必要になるだろうか。

保育所保育指針では，保育所における子育て支援に関する基本的事項について，次のように示されている。

1　保育所における子育て支援に関する基本事項

（1）保育所の特性を生かした子育て支援

ア　保護者に対する子育て支援を行う際には，各地域や家庭の実態等を踏まえるとともに，保護者の気持ちを受け止め，相互の信頼関係を基本に，保護者の自己決定を尊重すること。

イ　保育及び子育てに関する知識や技術など，保育士等の専門性や，子どもが常に存在する環境など，保育所の特性を生かし，保護者が子どもの成長に気付き子育ての喜びを感じられるように努めること。

保育者に求められる子育て支援に関する基本的態度については，保護者の子育てに対するさまざまな思いをまずはありのまま受け止めるといった受容的態度と共に，援助の過程において保護者自らが解決に向けた選択や自己決定していくことのできる支援のあり方が求められる。

そこで，事例のFくんの姿に注目してみると，妹が生まれてからお母さんが自

分の方を向いてくれていないという不安定な気持ちがかみつきという姿で表れていることが予想される。このような時，保育者はFくんへの表面的な理解によって解決を急ぐのではなく，Fくんの置かれている家庭の状況を踏まえながらFくんとの関わりを丁寧に持ち，落ち着いた環境のなかでFくんの行動や様子から，人やものと関わる心地良さを伝えていくことが重要となる。

　一方，保護者に対する支援では，日々の対話を通して，例えば，朝夕の送迎の際にFくんが園で安心して過ごせるようになっていく様子を具体的に伝えていくことから保護者との信頼関係を深め，保護者自身が改めて子どもの成長に気付き，子育ての喜びを感じられるような配慮が必要となる。この様な保育者の細やかな配慮によって，保護者は育児に対する不安や大変さを感じながらも子育てに対する喜びを保育者と共有することができるようになっていくのである。また，保護者の「妹が生まれてからは，Fの方に顔が向いていなかったかもしれません」，「ついついきつく叱ってしまうことの方が多いかもしれません」という率直な気持ちを受け止めつつ，それでも「Fともっと遊ぶ時間をつくってあげたい」，「何とかしたい」という前向きな姿勢や思いに寄り添いながら，保育者はFくんと保護者の関係性を日常的，継続的な視点から支えていくことが大切となる。

6　地域の社会資源の活用と自治体・関係機関との連携

1）保育所が連携・協力すべき関係機関

　昨今では，身近な地域社会のなかで子育てについて相談できる場所や人が不足し，子育て家庭が孤立しがちな状況が指摘されている。未就学児をもつ父母を対象にした子育て支援策等に関する調査では，地域における子どもを通じた付き合いについて2002（平成14）年及び2014（平成26）年を比較している。その結果，身近な地域のなかで子育ての悩みを相談できる相手が少なくなっている現状や子育てに協力してくれる人を見つけて，付き合っていくことの難しさが報告されている（**図5－3**）。

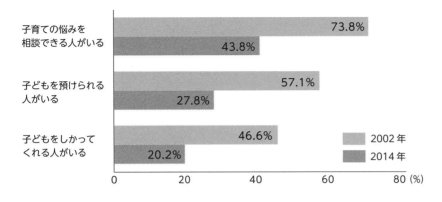

図5－3　地域における子どもを通じた付き合い

資料）三菱UFJリサーチ＆コンサルティング「子育て支援策等に関する調査2014報告書
（未就学の父母アンケート調査）概要」2014，p.20をもとに作成

　こうした子育て家庭を取り巻く社会状況のなかで，保育所等には子育て中の保護者が「いつでも気軽に立ち寄ることができる」，「相談することができる」といった地域の身近な子育て支援の中心的な役割を果たしていくことが期待されている。

　そこで，保育や子育てに関する専門的知識・技術を有する保育機関等では保育者をはじめとして，看護師，栄養士，調理師などの職員がそれぞれの専門性を発揮しながら各家庭の子育てを支え，保護者が自らの子育てを実践する力の向上に資する支援を行っていく必要がある。

　例えば，乳幼児期の健康に関しては，子どもの健康状態や発育状態に関する相談及び疾病等に対して適切に応じることのできる看護師，食育に関しては，子どもの食生活をはじめとする食物アレルギーへの対応や離乳食づくり等，食を通した保護者への支援に応じることのできる栄養士・調理師等を主として，それぞれの職員が専門性を十分に生かし子どもとその保護者に対して多面的な視点からきめ細かな関わりを展開することができる。従って，各家庭における子育て支援は，担任保育者だけでなくさまざまな専門性を有する職員がそれぞれの立場から保護者の求めているニーズを適切に把握した上で，園全体の取り組みとして協働しながら対応していくことが重要となる。

　また，子育て支援に関する留意すべき事項として，保育所保育指針では関係機関等との連携を以下のように記している。

> **第4章 子育て支援　1 保育所における子育て支援に関する基本的事項**
> **（2）子育て支援に関して留意すべき事項**
> **ア**　保護者に対する子育て支援における地域の関係機関等との連携及び協働を図り，保育所全体の体制構築に努めること

　現在の多様化する保育ニーズに対して，その支援を適切に行うためには保育所の機能や園の職員の専門性の範囲に加え，子どもの育ちに関係する市町村の他機関との連携が欠かせない。保護者からのさまざまな相談内容について，保育所等では地域の社会資源を活用しながら子どもの健やかな育ちと共に子育て家庭の福祉を増進することのできるネットワークづくりに積極的に参与していくことが期待されている。

　保育に関する主な社会資源としては，次のような資源が考えられる[*1]。

> **【保育に関する主な社会資源】**
>
> 　市町村（保健センター等の母子保健部門・子育て支援部門等），要保護児童対策地域協議会，児童相談所，福祉事務所（家庭児童相談室），児童発達支援センター，児童発達支援事業所，民生委員，児童委員（主任児童委員），教育委員会，小学校，中学校，高等学校，地域子育て支援拠点，地域型保育（家庭的保育，小規模保育，居宅訪問型保育，事業所内保育），市区町村子ども家庭総合支援拠点，子育て世代包括支援センター[*2]，ファミリー・サポート・センター事業（子育て援助活動支援事業），関連NPO法人等

　地域におけるこうした社会資源は，さまざまな専門機関や施設，専門性をもつ人材等であり，保育所等だけでは解決が難しい内容を共に考え，共に支援を進めていく大切な役割を担っている。

　例えば，保健医療に関連する機関には，市町村の保健センター，子育て世代包括支援センター，保健所，病院や診療所等の歯科領域を含む医療機関等との連携・協力が欠かせない。各家庭の個人情報の取り扱いには特に留意した上で，日頃から子どもの健康や安全に関する情報交換，いざという時の具体的な対応等を受けておくことにより，保育の現場で起こることが予想される疾病や傷害の発生時には応急措置に関する適切な対処や助言，連携体制をすみやかに整えることができる。

[*1] 厚生労働省「保育所保育指針解説」2018，第4章 子育て支援　1 保育所における子育て支援に関する基本的事項（1）保育所の特性を生かした子育て支援より抜粋

[*2] 子育て世代包括支援センターと子ども家庭総合支援拠点は，母子保健法と児童福祉法の改正（2022〈令和4〉年6月）により，2024（令和6）年度から「こども家庭センター」に一元化される。こども家庭庁が所管し，市町村には設置の努力義務が課される。

2）各家庭の状況に応じた専門機関との連携

　保護者に対する子育て支援は，各家庭の状況に応じて専門機関との連携が欠かせない。例えば，障がいがある子どもに対する援助については，医療機関や療育機関との連携が非常に重要である。療育に携わる専門職から保育者自身が専門的な対応を直接学ぶ機会と共に，日頃から子どもの園生活の様子を伝え合える場を通じて，一人ひとりの特性に応じた関わり方や子ども理解を一層深めることができる。

　その他にも，子どもへの暴言，不当な扱い，放任等といった保護者による不適切な養育が疑われる場合には相談や援助内容について高度な専門的知識と技術が必要となるため，決して保育者が一人で抱え込まず，保育者という立場で関わることのできる専門性の範囲に加え，市町村の関係機関や必要に応じて児童相談所等に連絡を取りながら他の専門機関につなぐ必要性が生じてくる場合もある。

　保育者にはそれぞれの家庭の状況に応じて子育て中の保護者が抱える問題や支援ニーズ，子どもの置かれている実態等を把握することに努めると共に各家庭にとって最も効果的な援助や関わり方を模索していくことが大切になる。地域の社会資源を活用しながら関係機関との連携・協働の下に支援体制を日頃から整えておくことが一人ひとりの子どもの最善の利益と保護者に対する子育て支援の充実につながっていくことを理解しておかなければならない。

　地域の関係機関との連携について，保育所保育指針では次のように記載されている。

> **第4章　子育て支援　3 地域の保護者等に対する子育て支援**
> **（2）地域の関係機関等との連携**
> ア　市町村の支援を得て，地域の関係機関等との積極的な連携及び協働を図るとともに，子育て支援に関する地域の人材と積極的に連携を図るように努めること。

　地域の保護者等に対する子育て支援では，各園の子育て支援に関わる活動が関係機関との連携及び協働，さまざまな人材との関わりの下で展開されることによって，子どもの健全育成や子育て家庭の養育力の活性化へとつながっていくことが期待されている。保育者が実際に地域の子育て家庭に対する支援を行う際には，常日頃から地域等に作られている連絡会や協議会といったネットワークに保育者自身も参加しながら顔の見える関係性を築いていくことで，必要な時には地域の関係機関との連携を積極的に図り，お互いが協力し合える支援体制を構築し

ておくことが重要となる。

3) 予防的視点に立った支援と子育てネットワークづくり

　保育所等は，入所にかかわらず日常の保育業務を通して子どもの健やかな育ちが実現できるよう，また，保護者の子育てに対する不安や悩みが重大とならないために，地域の子育て家庭に対して予防的視点に立った支援を図っていく必要がある。予防的視点に立った支援とは，子育てに対する問題が大きくなってから対処するといった事後対応の支援とは異なり，保育者をはじめとして看護師や栄養士等々，さまざまな専門性を有する職員が各家庭との連携を緊密に取りながら日常の保育に当たるという保育所機能の特性を生かした「子育てネットワークづくり」による支援を指している。日常の保育を通して子育て真っ最中の保護者の気持ちに寄り添い保護者との対話を重ねながら各家庭の状況に応じた具体的な助言や行動見本を示していくといった園全体の取り組みによるきめ細やかな援助が自然と子育ての安心感につながっていく。

　保育者は日頃の保育や子育て支援をきっかけとして「地域の人と人がつながる，地域の人と人をつなげる」といった意識を持ち，地域の身近な関係機関とのネットワークを地域全体に広げておくことが重要となる。

【引用・参考文献】

厚生労働省「保育所保育指針」2017

厚生労働省「保育所保育指針解説」2018

F.P.バイスティック著　尾崎新・福田俊子・原田和幸訳『ケースワークの原則　新訳改訂版 - 援助関係を形成する技法 -』誠信書房, 2006

全国保育士会編『全国保育士会倫理綱領ガイドブック』2004

全国保育士会編『改訂2版　全国保育士会倫理綱領ガイドブック』2018

河原ちょっと『保育士は体育会系!』サンマーク出版, 2014

津守真『保育者の地平』ミネルヴァ書房, 1997

三菱UFJリサーチ&コンサルティング「子育て支援策等に関する調査2014報告書（未就学の父母アンケート調査）概要」子どもの育ちと子育て支援環境，（3）地域の中での子どもを通じた付き合い, 2014

西村重稀・青井夕貴編『子育て支援　新・基本保育シリーズ19』中央法規出版, 2019

大場幸夫『こどもの傍らに在ることの意味　保育臨床論考』萌文書林, 2007

深津時吉著『教科書では教えない育児　バックミラーの育児指導』ブレーン出版, 2007

第6章 子育て家庭の福祉を図るための社会資源

学びのポイント
- 家庭支援において保育所が連携する社会資源を概観する。
- 保育所等を利用する家庭への支援機関や仕組みを理解する。
- 地域の子育て家庭に向けた支援サービスの種類と内容を学ぶ。
- 行政による子育て家庭への支援の内容を押さえる。

1 保育所保育指針における社会資源との連携

　本章では，子育て家庭を支えるための地域の関係機関や社会資源との連携，及び協働による子育て支援について考える。社会資源とは，支援者や利用者本人が利用者のニーズを充足したり問題を解決したりするために活用される有形無形のもの全てを総称するもので，法律や制度，機関，団体，施設，設備，資金，物品，人材，情報，知識，技能などがある。

　保育所保育指針の第1章では社会資源との連携について，次のように述べている。

> **第1章 総則　1 保育所保育に関する基本原則　(1) 保育所の役割**
> **ウ**　保育所は，入所する子どもを保育するとともに，家庭や地域の様々な社会資源との連携を図りながら，入所する子どもの保護者に対する支援及び地域の子育て家庭に対する支援等を行う役割を担うものである。

　ここでは，子ども・子育て支援新制度の施行等を背景に，地域で子育て支援に携わる他の機関や団体などさまざまな社会資源との連携や協働を強めていくことが求められているのである[*1]。

　さらに連携体制について指針では次のように示されている。

> **第4章 子育て支援　1 保育所における子育て支援に関する基本的事項**
> **(2) 子育て支援に関して留意すべき事項**
> **ア**　保護者に対する子育て支援における地域の関係機関等との連携及び協働

*1 保育所保育指針解説，序章の4 改定の方向性(4) 保護者・家庭及び地域と連携した子育て支援の必要性より

85

を図り，保育所全体の体制構築に努めること。

　保育所，こども園，幼稚園（以下，保育所等）は，親子にとって最も身近な子育て支援を担う施設である。しかし，子どもや家庭が抱える問題は多種多様であり，保育所等のみで対応することは難しい。保育所等の機能や専門性を生かした支援を行うためには，地域の関係機関等との連携や協働が必要である。そのためには，関係機関が担う役割や機能などの特徴を理解して支援を行うことが求められる。

2　子ども家庭支援の対象と関係機関の特徴

　本節では支援の対象となる「保育所等を利用する家庭」と「地域の子育て家庭」について，それぞれの関係機関の特徴と社会資源を述べる。なお社会資源は，いずれの支援対象でも利用できるものが多く，明確に分類できるものではないが，より近しい社会資源として，**図6−1**のイメージに基づいて適宜解説をしていく。

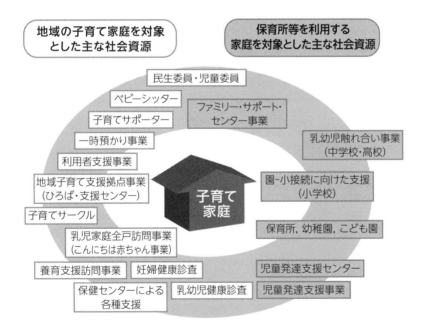

図6−1　子育て家庭の福祉を図るための社会資源

1）保育所等を利用する家庭への支援

家庭への支援は，母子保健，保育，教育，障がい児支援などさまざまな専門性をもつ関係機関が連携・協働して実施されている。そして，妊娠期から子育て期までを包括する支援として実施されていることもあり，社会資源によっては利用対象による区別が難しいものもあるが，本項では，主に保育所等を利用する家庭への支援における関係機関の特徴や社会資源について説明する。

①保育所等を利用する家庭に向けた主な支援

保育所等は，日々の保育を通して子どもや家庭の様子を把握しながら継続的に支援を行うことが可能であり，さまざまな社会資源との連携を図りながら支援を行う際には，中心的な役割を担うことが多い。例えば，保育所等を利用する子どもに乳幼児健康診査で発達上の課題が発見された事例では，子どもが保育所等に通いながら，児童発達支援センターや児童発達支援事業を利用することにより，関係機関が連携して子どもの様子や親の不安や悩みを共有し，継続的な見守りや相談による支援が行われた。その後，子どもと家庭の意向をふまえ小学校につないだ。

また，共働き核家族の母親が利き手を骨折し子どもの送迎や家事ができなくなった事例では，父親が仕事で送迎できない時にはファミリー・サポート・センター事業（子育て援助活動支援事業）を利用した。事情を知った子どもの友だちの母親が，昼食用に持参する白飯について，「うちの子に持たせる分のついでだから，一緒に用意するね」と，その準備を申し出てくれた。このように制度化された事業や専門機関などフォーマルな社会資源だけでなく，家族や友人，地域の人などインフォーマルな社会資源による支援が家庭を支える場合もある[*1]。

連携・協働のためには，子どもや家庭の様子を継続的に把握し記録することや，個人情報の保護に配慮しつつも連携・協働のために必要な情報を適切に共有できるよう整理することが大切である。また，保育所等を利用する子どもの家庭への支援はクラス担任や主任，園長など直接的な担当者だけが担うものではなく，担当者を中心とした保育者等が連携して職員全体で支援の方向性を理解し，情報を共有し，支援体制をつくることが重要である。

関係機関との連携を図る際には，保護者との信頼関係のもとに行うことが肝要である。例えば，保育者が子どもの姿から「発達が気になる」，「集団適応が難しい」という発達上の課題を見出していても，家庭でわが子のみを見ている保護者にとって，子どもが集団生活のなかでどのように困っているかを理解するのは難しいことである。また，保護者がわが子に対して育てにくさを感じていても，「もう少し時間が経てば他の子に発達が追いつくかもしれない」などと気持ちが揺れ

*1 フォーマルな社会資源とは，社会制度，専門施設や機関，制度に基づいた人的資源など，公的な社会資源のこと。家族や友人，ボランティア，セルフヘルプ・グループ等など，制度に基づかないものをインフォーマルな社会資源とする。第11章，p.171も参照。

動いている場合も少なくない。早期発見・早期対応を重視するあまり，保育者が保護者に現状を理解してもらおうと，毎日のように子どもの対人関係のトラブルやこだわりの様子を報告したことで，「保育者は，わが子を常に否定的に捉えている」と保護者が感じ保育者を信頼することができなくなったり，保護者が追い詰められ家庭で子どもをきつく叱ったり手を挙げたりするようになった事例が散見される。保護者が必要とした時に，信頼関係のもとで，関係機関との連携が実施されることが肝要である。

②児童発達支援センター

　子どもの育ちを支え，その子どもを育てる家庭を支援するための関係機関である。児童福祉法において児童福祉施設に定義された通所の療育施設で，各地域における児童発達支援の中核的な役割を担っている。地域の未就学の障がいのある子どもを対象として，障がいの状態や発達の過程，特性等に応じた発達支援を行うほか，子どもの発達の基盤となる家族への支援を行う。加えて，地域支援として，保育所等，小学校，特別支援学校等との連携により地域の子育て環境や支援体制の構築を図るとともに，児童発達支援センターの職員が保育所等に出向き，専門的な知識・経験に基づき発達が気になる子どもや集団適応が難しい子どもへの関わり方について相談に応じるなど，保育所等の後方支援を行うものである。

③児童発達支援事業

　児童発達支援センターが発達支援，家族支援，地域支援を行う機関であるのに対し，児童発達支援事業は，専ら発達支援，家庭支援を行う通所施設である。未就学の子どもと家庭が通所しやすいよう，身近な地域に多く設置されている。

④園−小接続に向けた支援（小学校）

　保育所等を修了した子どもの進学先である小学校は，保育所等と強いつながりを持つ関係機関の一つである。家庭支援における保育所等と小学校との連携においては，保護者の不安を軽減し理解を促す取り組みが行われている。少子化の進行により，子育ての経験が少ないまま親になり地域とのつながりをつくることも難しいため保護者も小学校就学への不安を抱きやすく，接続期には，保護者の不安を軽減し理解を促す取り組みもみられるようになった。以前から小学校移行学級などが開催されてきたが，それに加え，保育所等において個別面談を開催したり，小学校の教員を招いて就学に関わる懇談会を開催したりするところもみられる。また，特別な支援が必要な子どもや配慮が必要な家庭の園−小接続については，家庭や行政，医療，福祉等の地域の関係機関と連携により進められている。

⑤乳幼児触れ合い体験（中学校・高等学校）

　2015（平成27）年3月に策定された少子化社会対策大綱では，学校・家庭・地域において，乳幼児ふれあい体験（中学生や高校生等が乳幼児と触れ合う体験）等

の子育てに対する理解を広める取り組みを推進することが示された。中学校学習指導要領，高等学校学習指導要領においても，乳幼児触れ合い体験に関する内容が盛り込まれている。

　中学生・高校生が，保育所，こども園，幼稚園に出向き子ども達と交流する乳幼児触れ合い体験は，少子化が進行し，身近なところで子育てに触れる機会が減少していることから，次に親となる世代が，子どもを産み育てることの意義や子どもや家庭の大切さを理解するための機会となっている。在園児にとっても，年齢の離れた中学生や高校生と一緒に遊ぶ体験は，人と関わる力を育てる上で大切である。

⑥ファミリー・サポート・センター事業（子育て援助活動支援事業）

　乳幼児や小学生等の子育て中の保護者を会員として，児童の預かり等の援助を受けることを希望する者（依頼会員）と，援助を行うことを希望する者（提供会員）との相互援助活動に関する連絡，調整を行う事業である。2009（平成21）年度からは，病児・病後児の預かり，早朝・夜間等の緊急時の預かりなども行っている。相互援助活動の例としては，保育施設までの送迎，保育施設や学校の開始前や終了後の預かり，保護者の病気や急用等の場合の一時的な預かりなどがある。支援を利用するためには事前の会員登録が必要である。提供会員は市町村が実施する講習を修了した地域住民で，主に提供会員の自宅で子どもを預かる。事業利用の一般的な流れとしては，まず，アドバイザーが，依頼会員からの依頼内容と提供会員の活動可能な条件を調整し，相互支援活動をコーディネートする。事前に，依頼会員，提供会員が打ち合せを行い，子どもへの対応の仕方や健康面の留意点など支援の具体的内容について話し合う機会をもつ。その後，相互支援活動がスタートするのである。

　近年，自治体によっては，「子どもが安全に遊ぶ環境が整っている」，「子どもがいつも遊びに来ているから安心感がある」といった理由から地域子育て支援拠点での子育て援助活動が行われる事例も増えている。また，ファミリー・サポート・センター事業と地域子育て支援拠点事業の連携により，ファミリー・サポート・センター事業の事前会員登録を地域子育て支援拠点で行うことができる自治体も多くなっている。

2）地域の子育て家庭への支援

　本項では，主に地域の子育て家庭への支援における関係機関の特徴や社会資源について説明する。

①地域の子育て家庭への支援と関係機関の特徴

　地域と連携した子育て支援について，保育所保育指針では次のように示されている。

> **第4章 子育て支援　3 地域の保護者等に対する子育て支援　(2) 地域の関係機関等との連携**
>
> ア　市町村の支援を得て，地域の関係機関等との積極的な連携及び協働を図るとともに，子育て支援に関する地域の人材と積極的に連携を図るよう努めること。

　保育所等においては，一時預かり事業や地域子育て支援拠点事業を実施する施設も多い。また，園開放や園庭開放，子育て相談などを開催し，地域の子育て家庭への支援を行うところもある。事例には，保育所に併設する地域子育て支援拠点事業を利用していた母親が，乳児家庭全戸訪問事業の際に保育所で一時預かりを実施していることを知り，サービスを利用して歯科を受診したケースがある。また，こども園の一時預かりを頻繁に利用する母親の話から，産後うつのため通院していることがわかり，担当課を経由して地区担当の保健師と連携し，養育支援訪問事業につなげた事例では，定期的な訪問や相談を継続しながら，民生委員・児童委員とも情報を共有して地域での見守りを行った。母親は体調が悪い時には一時預かりを，体調がよい時には親子で地域子育て支援事業を利用するようになり，3歳になった子どもは一時預かりの利用で信頼関係ができていたこども園に入園した。

　地域の子育て家庭への支援には，親が自らの必要性や意思により支援の利用を開始し継続するという特徴がある。つまり，親が利用しない，または利用したくないと思えばその時点で支援が途切れてしまう可能性があるということである。本来，保育所等の利用の有無にかかわらず子育て家庭が抱える問題は，子どもの育ちに関することだけでなく，夫婦関係や家族間の人間関係，配偶者からの暴力，経済的な問題などが複雑に絡み合っている事例が多い。地域の子育て家庭の個々の生活背景や抱える問題，支援ニーズを把握することは，保育所等を利用する子どもの家庭に比べ難しい状況にある。そのため，他の関係機関との情報共有や連携のもとに支援を行うことがさらに重要になるのである。

　また，地域の子育て家庭においては，利用可能な社会資源があっても，事業の内容や利用方法を知らないために利用をためらったり，「親である自分ががんばらなくては…」と支援に頼ることをためらっ

たりする場合が少なくない。そのため，子育て家庭に対し，さまざまな子育ての社会資源とその利用方法に関する情報を届けることも，地域の子育て家庭への支援における関係機関の連携が担う役割の一つであるといえよう。

②利用者支援事業

　利用者支援事業は，子育て家庭や妊産婦が，保育所等の教育・保育施設や，地域の子育て支援事業などから，家庭のニーズに応じて必要な支援を選択して利用できるように，情報提供や支援の紹介を行うものである。子育て親子にとって身近な，地域子育て支援拠点や行政窓口その他の場所で，研修を受けた利用者支援専門員が相談に応じるともに，関係機関とのネットワークを構築し，地域の課題に応じて，必要な子育て支援事業や活動の開発をすすめ，子育てしやすい地域づくりを行うことも目的としている。

　例えば，「子どもを保育所に入れたいがどうしたらよいか」という相談においても，育児休業後の職場復帰の準備をしている場合もあれば，子どもが多動でコミュニケーションが取りづらく母親が一人で世話をする自信や気力を失っている場合など，さまざまな家庭の背景が考えられる。利用者支援事業においては，親の気持ちに寄り添いながら個々の子育て家庭のニーズを丁寧に汲み上げ，必要な支援を利用者である親子とともに考え調整し，その家庭ごとのオーダーメイドの地域子育て支援を作る。「仕事と子育ての両立のため，保育所等の入所手続きとともに，病児保育やファミリー・サポート・センター事業の事前登録を勧める」，「育児疲れ解消のための一時預かりの利用や発達相談，わが子の育てにくさを感じる親同士の子育てサークルを紹介する」など，さまざまな社会資源との連携により支援が作られるのである。

　また，「子どもを保育所に入れたいがどうしたらよいか」との問い合わせが複数の利用者から寄せられ，保育所等の入園に関する情報や相談のニーズが高いことが地域課題として行政担当課と共有されたことから，行政との協働により入園手続きに関するセミナーの開催という新たな社会資源が開発された事例もある。利用者支援事業は，さまざまな社会資源との連携により子育て家庭を支えるとともに，家庭のニーズや地域課題に応じて新たな社会資源を作り出す役割も担っているのである。

③地域子育て支援拠点事業（地域子育て支援センター，子育てひろば）

　地域子育て支援センターや子育てひろばなどの名称で実施される地域子育て支援拠点事業は，親子が気軽に集い相互交流や子育ての不安や悩みを相談できる場を提供するものである。地域の子育て関連情報の提供や，子育て及び子育て支援に関する講習等も実施しており，親子同士のつながりや子育て家庭と地域のつながりができるよう支援する役割を担っている。事業の実施場所として最も多いの

は保育所で33.5%であり，幼稚園，認定こども園を合わせると50%近くを占めている[*1]。保育所等に併設された地域子育て支援拠点事業においては，保育所等の園庭を共有したり，園行事に拠点利用者親子が参加したりする連携が日常的に行われている。

＊1 厚生労働省「令和元年度の地域子育て支援拠点事業の実施状況」2020

　地域子育て支援拠点事業に関しては，「相談支援」（利用者支援事業等），「預かり型支援」（一時預かり事業，ファミリー・サポート・センター事業等），「訪問型支援」（養育支援訪問事業等）のうち複数の事業を併設する，多機能型の子育て支援拠点が増えつつある。地域子育て支援拠点で一時預かりを行っている，地域子育て支援拠点にファミリー・サポート・センター事業の事務局があり事前登録などができるなど，家庭にとって利便性が高い取り組みである。

　2017（平成29）年の「多機能を有する地域子育て支援拠点の取組が利用者にもたらす効果及び包括的な子育て支援事業の展開に果たす役割等に関する調査」において，拠点利用者に対し，拠点に併設する他の子育て支援を利用した理由についてアンケート調査を実施した[*2]。その結果，「拠点で実施されていることにより，安心感があったから」，「拠点の掲示物や職員の説明により，支援内容を以前から知っていた」，「拠点で実施されていることにより，利用手続きなどがしやすかった」といった回答の比率が高く，多機能型の拠点においては，親子が日頃から利用する拠点を入口として，拠点に併設された他の子育て支援サービスの利用につながりやすいことが明らかになった（**図6－2**）。このような多機能型の拠点施設は，ワンストップでの支援や複合的な社会資源の活用が期待できるといえよう。

＊2 渡辺顕一郎・金山美和子「多機能を有する地域子育て支援拠点の取組が利用者にもたらす効果及び包括的な子育て支援事業の展開に果たす役割等に関する調査」（『地域子育て支援拠点の質的向上と発展に資する実践と多機能化に関する調査研究』厚生労働省　平成29年度子ども・子育て支援推進調査研究事業〈研究代表者：坂本純子〉）2018, p184

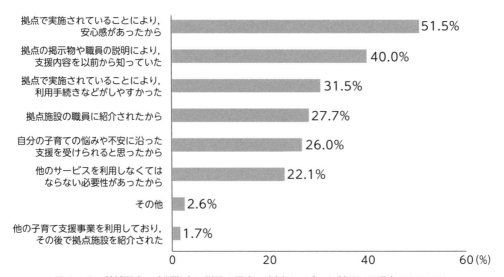

図6－2　地域子育て支援拠点に併設の子育て支援サービスを利用した理由（複数回答）

資料）厚生労働省『地域子育て支援拠点の質的向上と発展に資する実践と多機能化に関する調査研究』2018, p184

④一時預かり事業

　保護者のパート就労や求職活動，疾病や出産，冠婚葬祭，育児疲れ解消等に対応するため，認定こども園，幼稚園，保育所，地域子育て支援拠点その他の場所において，保育所等を利用していない乳幼児を一時的に預かる事業である。

　2015（平成27）年に実施されたNPO法人子育てひろば全国連絡協議会の調査では，「近所で子どもを預かってくれる人はいない」の解答は60.0％であり[*1]，地域の子育て家庭にとって一時預かりに対するニーズは高いと考えられる。また，乳幼児健診や乳児家庭全戸訪問事業，養育支援事業などの関係機関が実施する相談支援において，母親が一人で子育ての負担を抱えていたり，子どもに発達上の課題があるため育てにくさを感じていたりするといったニーズを捉え，家庭を一時預かりにつなぐ連携事例も多くみられる。

＊1 NPO法人子育てひろば全国連絡協議会「地域子育て支援拠点事業に関する調査2016概要版」2017

⑤妊婦健康診査

　妊婦健康診査は，安全・安心な出産のために重要であることから，子ども・子育て支援法第59条により「地域子ども・子育て支援事業」に位置付けられている。妊婦の健康の保持及び増進を図るため，妊婦に対する健康診査として，健康状態の把握，検査計測，保健指導を実施するとともに，妊娠期間中の適時に必要に応じた医学的検査を実施する事業である。

　妊婦健診受診の有無については，子育てに困難を抱える家庭への支援と直結する事例も多く，その後の継続的な家庭支援の必要性を示すものでもある。

⑥保健センターによる各種支援

　保健センターは，市区町村が設置・運営し，地域住民に対する保健サービスの提供を行う機関である。保健師，看護師，栄養士等が配置されており，保健所からの専門的かつ技術的な援助及び協力や，医師会，歯科医師会，薬剤師会，看護協会，栄養士会等の専門職能団体や地域の医療機関との連携のもとに運営されている。子ども家庭支援に関連する具体的な事業としては，母子健康手帳の交付，妊娠・出産のための準備講座，乳幼児の健康診査，健康相談，歯科検診，助産師・保健師による訪問等がある。

　妊娠・出産の準備講座では，妊娠中の健康指導，相談，歯科検診，出産時の呼吸法や沐浴の練習等が行なわれている。1994（平成6）年に改正された母子保健法に父親の役割の見直しが盛り込まれて以来，母子健康手帳とともに父子健康手帳を発行したり，父親の育児を支援するため「母親学級」や「妊婦教室」などが，「両親学級」，「パパママ教室」として実施されたりするようになった。出産後には母乳相談や乳児の健康相談，離乳食講座などが開催されている。その際，地域子育て支援拠点の体験や見学を行ったり，地域の子育て支援情報の案内を行ったりする取り組みが行われている市区町村もある。

⑦乳幼児健康診査

　乳幼児の健康診査は子どもの健康な成長発達を支えるために，親子の健康課題等の早期発見を行う機会であるほか，問診や診察を通して，保護者の不安を軽減したり相談に応じたりするなど子育て支援としての役割も担っている。健診の結果，必要があれば経過観察を行い地区担当の保健師が訪問したり，専門機関の相談へつなげたりするなどの事後指導が行われる。

　乳幼児健康診査の受診率は高く，3〜5か月児が95.4％，1歳6か月児が95.7％，3歳児が94.6％である[*1]。乳幼児健診を月齢の近い子どもを育てる地域の子育て家庭が一堂に集う機会と捉え，地域子育て支援拠点や子育てサークルと連携し，健診の待ち時間に移動子育てひろばを開催したり，子育てサークルの紹介や保護者同士の交流会等を開催したりする自治体もみられる。

　乳幼児健康診査を受診しない家庭については，家庭への電話，文書，家庭訪問等により健診の受診を促すが，その後も合理的な理由がなく受診しない家庭については不適切な養育や児童虐待のリスクが考えられる。妊娠・出産期から関わる社会資源や，未受診児やそのきょうだいが利用する保育所等や地域子育て支援拠点などの関係機関等が情報共有し，地域での見守りや養育支援につないだり，要保護児童対策地域協議会に情報共有を行ったりする場合もある。

⑧乳児家庭全戸訪問事業（こんにちは赤ちゃん事業）

　保健師や助産師等が，生後4か月までの乳児のいる全ての家庭を訪問し，子育ての孤立化を防ぐためにさまざまな不安や悩みを聞き，子育て支援に関する必要な情報提供を行うとともに，支援が必要な家庭に対しては適切なサービス提供に結びつけることにより，地域のなかで子どもが健やかに育成できる環境整備を図ることを目的としている。産後間もない子育て家庭を地域の子育て支援の専門職が訪問することで，親の不安や悩みを軽減したり，家庭が必要とする地域の子育て情報を直接提供したりすることができる訪問型の支援である。少子化の進行により子育て経験が無いまま親になり乳児を育てる親のなかには，身体的にも精神的にも追い詰められ疲弊する者も少なくない。その結果，産後うつや不適切な養育，児童虐待に至るケースもあるため，乳児家庭全戸訪問事業で得られた結果をふまえ，必要とする家庭を適切な支援につなげることが重要である。自治体によっては，訪問時に民生委員・児童委員や地域子育て支援拠点のスタッフなどが同行し，地域の子育て支援の利用につなげる取り組みも実施されている。

⑨養育支援訪問事業

　乳児家庭全戸訪問事業や，妊婦健康診査，乳幼児健康診査，保健センター等の社会資源を通じた情報提供や連絡・通告等により，養育支援が特に必要であると

＊1 厚生労働省「令和元年度地域保健・健康増進事業報告の概況」2021，p2
https://www.mhlw.go.jp/toukei/saikin/hw/c-hoken/19/dl/kekka1.pdf

判断した家庭に対し，保健師・助産師・保育士等がその居宅を訪問し，養育に関する指導，助言等を行うことにより，家庭の適切な養育の実施を確保することを目的とする事業である。家庭の子育て困難は複数の要因が絡み合っている場合が多く，養育支援訪問事業においても，それぞれの家庭にどのような支援が必要なのかニーズを丁寧に聞き取り，地域のさまざまな支援をどのように利用するのか関係機関が連携し，包括的に支援することが求められる。

⑩民生委員・児童委員，主任児童委員の設置と支援活動

　民生委員・児童委員は，厚生労働大臣から委嘱を受けた地域住民が，地域の児童福祉や子育て支援を支える活動を行うものである。民生委員は民生委員法によって設置が定められており，主任児童委員，児童委員は児童福祉法によって民生委員が兼ねることになっている。

　民生委員・児童委員は，自分の居住地域を含むそれぞれの地区を担当し，担当地区の児童・家庭等の実態把握や関係機関への要保護児童の連絡，相談や援護活動などを行なっている。主任児童委員は地区を担当せず，児童福祉に関する事柄を専門的に担当している。個別援助，子育て支援，児童健全育成などの活動をしているほか，児童福祉関係機関と地区担当の民生委員・児童委員との連絡・調整も図っている。

　民生委員・児童委員は高齢者，障がい者世帯等の訪問，見守り，地域住民からの生活上のさまざまな相談に応じ，その内容に応じて行政による支援につないだり，適切な福祉サービスの紹介などを行なう活動も担っており，行政や社会福祉協議会，学校等と連携・協力した活動なども行っている事例もみられる。自治会とのつながりも深く，地域で子どもと家庭を見守る際の社会資源となっている。

⑪ベビーシッター（企業主導型ベビーシッター利用者支援事業等）

　ベビーシッターは，ライフスタイルや雇用形態の多様化による保育ニーズへの対応に加え，近年，待機児童対策としても活用されるようになった社会資源である。内閣府の事業として企業主導型ベビーシッター利用者支援事業が実施されており，自治体によっては，独自に待機児童の解消策としてベビーシッター利用の助成を行うところもある。

　ベビーシッターは，保育施設などで行われる集団保育とは異なり，依頼者の家庭で保育を行なうものである。子どもを保育することの他にも，病後児の保育，保育所や学童保育への送迎，ピアノや英会話などの個人レッスン，家事代行など保護者の要望に応じたサービスを行うベビーシッターもある。

⑫子育てサポーター

　子育てサポーターは，2000（平成12）年度文部科学省の事業として開始された「子育て支援ネットワークの充実」を図るために全国に配置される家庭教育の支

援者の名称である。現在は，市町村が子育てサポーター養成講座を開催し，市町村の委嘱を受けた地域住民が子育てサポーターとして活動しているところが多いようである。主な活動内容は，子育ての悩みをもつ保護者の相談にのったり，子育てひろばや子育てサロンなど，親子が集い交流するための事業を企画したり，地域の子育て家庭の参加を促すことなどがあげられる。また，子育て講座における保育スタッフの役割を担う場合もあり，地域の実情に応じて柔軟に対応することができる子育て支援のボランティアといえよう。

⑬子育てサークル

　子育てサークルは，親子が集まって遊んだり，日頃の子育ての悩みをお互いに相談し合ったり，学習や情報交換をしたりすることを目的とする子育てのグループやその活動のことである。同じ子育て中の親同士がサークル活動を通してお互いに支えあう，いわば相互支援の関係性にある。少子化により，異年齢の子ども集団で遊ぶ経験が少なくなっている現代では，子育てサークルは大切な子どもの育ちの場である。また，異年齢の子どもや親と出会い他の親子の関わり方に触れたり，我が子以外の子どもの世話をしたりすることにより親自身の育ちの場にもなっている。

　地域の子育て家庭が他の親子と交流するという点において地域子育て支援拠点事業と共通しており，地域子育て支援拠点の利用者数名が集まり子育てサークルを立ち上げたり，地域子育て支援拠点において子育てサークルの交流会や会員募集のイベントを行ったりするなどの連携・協働の取り組みもみられる。

3）行政による子育て家庭支援の仕組み，児童相談所等

①行政の仕組み

　子育て家庭の福祉を図るために実施される子育て支援事業の多くは市町村が担っている。市町村は，地域の実情に応じ，市町村子ども・子育て支援事業計画を策定し計画に従い事業の実施を推進する。事業により担当課が異なる場合もあり，行政組織内での連絡調整のもとに進められている。

　地域子ども・子育て支援事業の実施主体は市町村であるが，市町村が認めた者へ委託等を行うことができ，社会福祉法人や社会福祉協議会，NPO法人等が市町村の委託を受け実施する事業も多くある。また，多くの市町村では，行政組織内や関係機関から集約された子育て支援の情報発信を積極的に行っている。子育て情報誌を作成し，母子手帳の交付や出生届を受理する際に配布したり，電子母子手帳機能や子どもの予防接種のスケジュール管理，知りたい子育て情報がプッシュ型で通知されるツールとして子育て支援アプリを導入したりして，子育て家

庭に情報を届ける取り組みが行われている。

　地域の子育て家庭に対する支援は，行政や民間団体，専門機関等がお互いの得意なことを生かし連携して実施することにより，身近な社会資源として機能するのである。

②児童相談所

　前述のように，子育て支援事業の実施主体は市町村であるが，それらの支援の利用者のなかには，児童虐待や要保護児童，社会的養護など児童相談所との連携が必要になるケースも含まれているため，児童相談所の機能や役割について理解しておくことが重要である。児童相談所は，児童の最善の利益を考慮し個々の児童・家庭にとって最も効果的な援助を行なうことを主たる目的とする児童福祉の行政機関で，都道府県や政令指定都市，中核市，特例市などに設置されている。

　児童相談所の基本的な機能として，第一義的な児童家庭相談を行う市町村への援助や，専門的な知識や技術を必要とする児童家庭相談について，必要に応じて，家庭の地域での状況や生活歴，子どもの発達や性格，行動等について専門的な見地から総合的に調査・診断・判定し，援助方針を定め，関係機関等と連携し子どもの援助を行うことがあげられる。そして，虐待などで心身が危険な状態にあるなど緊急の保護が必要な場合，子どもを家庭から分離し一時保護を行うことである。子どもまたは保護者を児童福祉司等に指導させることや，乳児院や児童養護施設等の児童福祉施設に入所させる，または里親に委託する等の措置も行っている。

　児童福祉法の改正後，児童相談所に集中していた子どもと家庭に関する第一義的な相談・通告の窓口は，身近な市町村が担うことになった。児童相談所は，一時保護や施設入所が必要な緊急性があるケースや市町村の対応では困難なケースを主に担当し，市町村との連携により対応することとなった。児童相談所は，市町村の児童家庭相談や市町村要保護児童対策地域協議会で対応しているケースへの助言等の支援など，より専門的な立場からの役割が求められているのである。

【参考・引用文献】

厚生労働省「保育所保育指針」2017

厚生労働省「保育所保育指針解説」2018

厚生労働省「令和元年度の地域子育て支援拠点事業の実施状況」2020

厚生労働省「地域子育て支援拠点の質的向上と発展に資する実践と多機能化に関する調査研究」平成29年度子ども・子育て
　支援推進調査研究事業（研究代表者：坂本純子），2018

NPO法人子育てひろば全国連絡協議会「地域子育て支援拠点事業に関する調査2016概要版」2017

厚生労働省「令和元年度地域保健・健康増進事業報告の概況」2021
　https://www.mhlw.go.jp/toukei/saikin/hw/c-hoken/19/dl/kekka1.pdf

第7章 子育て支援施策と次世代育成支援施策の推進

学びのポイント

- 少子化対策と子育て支援施策について，歴史的背景と制度の概要を把握する。
- 子ども・子育て支援新制度による保育制度や保育事業の類型を学習する。
- 市町村子ども家庭支援指針が示す各専門職の連携の意義を理解する。
- 子育て支援と次世代育成支援施策の今後の課題を押さえる。

1 制度のあらまし

「子育て支援施策」と「次世代育成支援施策」は，いずれも文字通り子育てをしやすくしたり，子育てで困難を抱えている人を支援したりする政府や自治体等の取り組みである。本節では，まずその制度の変遷と歴史的背景を概観する。

1) 少子化対策と子育て支援施策の推移

①子育て支援と働き方改革に向けて

1947（昭和22）年の児童福祉法の制定以降，昭和時代の子育て支援は，共働きやひとり親の家庭の子どもを保育する保育所が中心となって担ってきた。だが，1980年代には少子化の傾向が本格化し，政府は1990年前後から出生率の低下と少子化の進行に対する対策が必要になった[*1]。それ以降の主な少子化対策の施策を**表7－1**に示す。

表7－1　エンゼルプラン以降の主な少子化対策

少子化対策	主な施策内容
エンゼルプラン[*2] （1995～1999年度）	仕事と子育ての両立支援など，子どもを産み育てやすい環境づくり。
新エンゼルプラン[*3] （2000～2004年度）	エンゼルプランと緊急保育対策等5か年事業（保育の量的拡大，低年齢児保育，地域子育て支援センターの整備等）の見直し。
次世代育成支援対策推進法 （2003年）	地方公共団体及び事業主による，次世代育成支援のための取り組みを推進。

*1 村山祐一「育児の社会化と子育て支援の課題について」教育学研究 71(4)（特集 少子社会と子ども・学校・家族），2004, p.435-447
傳馬淳一郎『「子育て支援」概念に関する研究：親子を取り巻く環境と支援の機能』北星学園大学大学院社会福祉学研究科北星学園大学大学院論集(9), 2006, p.13-30

*2 正式名：今後の子育て支援のための施策の基本的方向について

*3 正式名：重点的に推進すべき少子化対策の具体的実施計画について

少子化社会対策基本法 （2003年）	少子化に的確に対処するための施策の総合的な推進。
少子化社会対策大綱 （2004 〜 2010年）	子どもが健康に育つ社会，子どもを生み育てることに喜びを感じられる社会への転換。
子ども・子育て応援プラン （2005 〜 2009年度）	少子化社会対策大綱に盛り込まれた施策の効果的な推進
「子どもと家族を応援する日本」重点戦略（2007年）	働き方の見直しによる仕事と生活の調和の実現。包括的な次世代育成支援の枠組みの構築。
新たな少子化社会対策大綱（子ども・子育てビジョン）（2010 〜 2015年）	1.生命と育ちを大切にする，2.困っている声に応える，3.生活を支える，の姿勢を踏まえた施策。
少子化危機突破のための緊急対策（2013年）	子育て支援と働き方改革の一層強化。結婚・妊娠・出産支援。
放課後子ども総合プラン （2014 〜 2019年）	小学校就学後のすべての児童を対象とした総合的な放課後対策。
少子化社会対策大綱（第3次）（2015 〜 2020年）	子育て支援策の一層の充実，若い年齢での結婚・出産の希望の実現，多子世帯への一層の配慮，男女の働き方改革，地域の実情に即した取り組み強化
子ども・子育て支援新制度 （2015年）	1.子ども子育て支援給付（教育・保育給付と，児童手当）の導入　2.地域子ども・子育て支援事業
新・放課後子ども総合プラン（2019年）	放課後児童クラブの待機児童の早期解消と，すべての児童の安全・安心な居場所の確保
少子化社会対策大綱（第4次）（2020年〜）	希望出生率1.8の実現に向けた「結婚・子育て環境の整備」「子育て家庭の多様なニーズへの対応」「地域の実情に応じた取り組み」「科学技術など新たなリソースの積極的な活用」など。

　エンゼルプラン，新エンゼルプランでは，少子化の原因として，結婚しない人の増加，結婚年齢の上昇（晩婚化）とともに，結婚しても少ない数の子どもしか持たない夫婦が多いことなどを挙げている。また，結婚しても子どもを多く持たない理由として，子育ての大変さ，仕事の忙しさ，子育てや教育にお金がかかることがあると分析している[*1]。

＊1 内閣府「平成17年版少子化社会白書」2005

　しかし，仕事と子育ての両立を支援するための保育の拡充を中心とした対策だけでは不十分であるとして，男性も含めた働き方の見直し，地域における子育て支援なども含め，少子化対策を社会全体の総合的な取り組みにしていく必要が認識されるようになり，2003（平成15）年に**次世代育成支援対策推進法，少子化社会対策基本法**が制定された。

　しかし少子化には歯止めがかからない。2004（平成16）年，国は少子化社会対策基本法に基づいて，**少子化社会対策大綱**を取りまとめた。また，エンゼルプラン，新エンゼルプランの後継政策となる**子ども・子育て応援プラン**が策定された。そのなかでは，保育分野だけでなく，若者の自立や働き方の見直しなど幅広い分野で具体的な目標値が掲げられた。2007（平成19）年には「**子どもと家族を応援する日本」重点戦略**が取りまとめられた。そこでは，働き方の見直しによる仕事と生活の調和（ワーク・ライフ・バランス）の実現，保育所待機児童の解消などが掲げられた。

　2010（平成22）年に，少子化社会対策大綱の改訂版となる新たな大綱（**子ども・子育てビジョン**）が策定された。それと同時に「子ども・子育て新システム」の検討が始まり，消費税率の引き上げの税収を少子化対策にも充てる方針が決まった。2013（平成25）年の**少子化危機突破のための緊急対策**では，それまでの「子育て支援」と「働き方改革」に加えて「結婚・妊娠・出産支援」を打ち出した。

　2014（平成26）年，共働き家庭等の児童の放課後の居場所の整備と，共働き家庭以外も含めた全ての児童が放課後等に多様な体験や活動を行うことができるように，放課後児童クラブ（学童保育所）と放課後子ども教室を一体的に実施する方針を盛り込んだ**放課後子ども総合プラン**が策定された。この政策はその後，2019（平成31）年には**新・放課後子ども総合プラン**として策定しなおされ，放課後児童クラブの待機児童の解消，放課後児童クラブと放課後子ども教室の一体的な実施の推進等による全ての児童の安心・安全な居場所の確保を図ることなどが打ち出された。

②待機児童解消と希望出生率の実現に向けて

　2015（平成27）年から2020（令和2）年までの期間を対象とした**少子化社会対策大綱（第3次）**では，結婚の支援，子育て支援策の充実，若い年齢での結婚・出産の希望の実現，多子世帯への配慮，働き方改革などがうたわれた。同じく2015年に**子ども・子育て支援新制度**が施行された[*1]。2022（令和4）年現在の子育て支援と保育の枠組みは，この制度によっている。しかし，この間も保育所を利用したくても利用できない「待機児童」が社会問題となり，2016（平成28）年には出産後に仕事に復帰しようと保育所の利用を申し込んだにもかかわらず利用できない事態に直面した保護者による「保育園落ちた日本死ね」というSNSの投稿が大きな話題となった。

　待機児童の調査は1995年から行われており，1995年から2002（平成14）年までの期間に国が報告している待機児童数は3〜4万人で推移していた。この時は，認可保育所に申し込んだのに利用できなかった人数が調査されていたが，2001（平成13）年からは待機児童の定義を変えて，認可保育所を希望して入れなかっ

*1 第2節（p.104〜）参照。

た子どもが認可外保育施設などを利用した場合には数えないことにしたため，待機児童の数は2万人台で推移するようになった。

2021（令和3）年4月現在の待機児童は前年の半分以下の5,634人と発表された[*1]。これは，各地で保育所定員の増員が続いたこともあるが，新型コロナウイルス感染症の流行の影響もあるとみられている。

2020（令和2）年からの期間を対象とした**少子化社会対策大綱（第4次）**は，「希望出生率1.8[*2]」の実現のために，「結婚・子育て世代が将来にわたる展望を描ける環境を作る」「多様化する子育て家庭の様々なニーズに応える」「地域の実情に応じたきめ細かな取り組みを進める」「結婚，妊娠・出産，子ども・子育てに温かい社会を作る」「科学技術の成果など新たなリソースを積極的に活用する」という基本的な考え方に基づいて，少子化対策に取り組むという内容である。2022年現在は，この大綱に基づいて少子化対策が進められている。

＊1 厚生労働省「保育所等関連状況取りまとめ（令和3年4月1日）」2021

＊2 **希望出生率1.8**：若い世代が結婚して希望する子どもの数を出産した場合の出生率の水準。「1.8」は国立社会保障・人口問題研究所の「出生動向基本調査」を基に算出されている。

2）児童虐待防止の制度と支援

①制度と政策の推移

子どもへの虐待に関しては第12章で取り上げるので，ここでは関連する制度と政策に関する経緯を概観する。

日本における子どもへの虐待を防止する法律は，1933（昭和8）年の旧児童虐待防止法の制定に遡ることができる。当時，経済恐慌や凶作のなかで，子どもが家計を助けるための道具として扱われ，保護者が子どもに軽業や曲芸を仕込んで見せ物にしたり，物売りや物乞いなどをさせたりすることが問題となって，それらが法律で禁止されたものである。この法律は，1947（昭和22）年の児童福祉法に内容が引き継がれて廃止された。

児童福祉法では，児童相談所が子どもの虐待に対応することと定められている。児童相談所には立入調査の権限，家庭裁判所の承認を得て子どもを施設に入所措置する権限がある。しかし実際には，立ち入り調査も家庭裁判所への申し立ても十分には行われていないと指摘されてきた。また家庭裁判所への申し立てをしても，裁判所の承認が出るまでに長期間かかることが多かった。その一方で，児童相談所の子どもの虐待の相談対応件数は増え続け，虐待による死亡事件も続き，子どもの虐待は大きな社会問題となっていった。

そのような背景のなかで，2000（平成12）年に児童虐待の防止等に関する法律（児童虐待防止法）が制定された。この法律では，子どもを虐待してはならないこと，国と地方公共団体の責任，虐待を受けた子どもの保護のための措置などを定めている。しかしその後も深刻な虐待事例が繰り返され，2004（平成16）年の法

改正では，児童虐待の定義の明確化，国及び地方公共団体の責務の強化，児童虐待の通告義務の範囲の拡大，子どもの安全確認と安全確保のための規定の整備が図られた。また，2007（平成19）年の改正では，子どもの安全確認等のための立入調査等の強化，施設に入所した子どもに対する保護者の面会・通信の制限の強化などが図られた。

　さらに，2011（平成23）年には，子どもの権利擁護のために親権停止と未成年後見人の選任，親権者等がいない子どもの親権を児童相談所長が行うなどの制度が新たに設けられた。

　その後も児童虐待の相談対応件数は増加が続いており，子どもが虐待を受けて命を落とす悲惨な事件が繰り返し起きている。それを受けて，政府は2018（平成30）年に「児童虐待防止対策体制総合強化プラン」を決定し，児童相談所の児童福祉司の大量増員，全ての市町村に家庭や子どもに関する相談支援を行う拠点を整備することなどを目標として定めた。さらに2020（令和2）年には体罰の禁止の法定化，児童相談所における一時保護等の介入と保護者支援の担当者の分離，児童相談所への弁護士の配置促進などを盛り込んだ改正児童福祉法等が施行された。

　また2023（令和5）年4月からこども家庭庁がスタートするのにともない，児童虐待防止対策は同庁の「支援部門」が担うこととなる。従来の虐待防止に向けた取り組みの強化に加えて，「こどもの権利が擁護され，こどもの最善の利益を保障するため，児童相談所が措置を行う場合等において，こどもの意見を聴く仕組みづくりを進める」ことが強調されている*1。

②市町村による子ども家庭支援

　この経緯を見ると，子どもに対する虐待から子どもを守るという観点からの対策が最も重視されてきたことが読み取れる。しかし，それと並行して，虐待が起こらないようにする保護者への支援に関しても，いくつもの施策が行われてきた。

　児童福祉法ではあらゆる子どもの家庭相談について児童相談所が対応することとされていた。しかし子どもの虐待の相談対応件数が大幅に増え，児童相談所の業務に余裕がなくなっていったことで，相談窓口を増やす必要性が出てきた。そこで，2004（平成16）年の児童福祉法改正で，とくに専門性，緊急性の高い事案に児童相談所が対応し，一般的な子ども家庭相談には市町村も対応することが定められた。

　市町村による子ども家庭支援は，子どもの権利擁護のために保護者ごと支えるという視点が強調され，その実施のために厚生労働省からガイドラインとして示されたのが，「市町村子ども家庭支援指針」（2017年）である。また，2018年には，「児童虐待防止対策の強化に向けた緊急総合対策」が打ち出された。そのなかには，

*1 内閣官房「こども政策の新たな推進体制に関する基本方針」2021より。こども家庭庁はp.16のコラムも参照。

子どもを守るための各種の対応強化とともに、リーフレット「子どもを健やかに育むために～愛の鞭ゼロ作戦～」（体罰によらない育児を推進するための啓発資料）が作成され、教育・保育施設における保護者への働きかけを行うことなどが盛り込まれている。

次節以降では、保育を中心とした子ども・子育て支援新制度と、子どもの虐待の予防を主な目的とした市町村による子ども家庭支援について詳しくみていく。

2　子ども・子育て支援新制度

1）子ども・子育て支援新制度の概要

前節で述べたように、1980年代からの少子化の進行に歯止めをかけようと、さまざまな政策がとられてきた。とくに、待機児童問題は子育て中の保護者にとってはとても切実な問題であり、その解消のために、都市部では保育所の新設、保育所定員の弾力化（保育所に定員より多い子どもを受け入れること）が行われた。また、保育の拡充をはじめとする子育て支援の政策を実施するためにかかる費用に、消費税の増税（2014〈平成26〉年に5%から8%へ税率を引き上げ）で増えた税収をあてることが決められて、それと同時に、保育に関する制度が変更された。

この保育制度の変更では、公的な制度のもとで運営される保育の場の種類が増えたことが一つの特徴となっている。保育所、幼稚園、認定こども園というそれまでの保育の場に加えて、それまで「認可外保育施設」などと呼ばれて補助金等の対象外となっていた小規模な保育所、託児所等が、地域型保育事業として公的な保育制度のなかに位置づけられることになった。また、それまで保育所には児童福祉法に基づいて補助金が出され、私立幼稚園には私立学校振興助成法に基づく私学助成金が出されていたが、「施設型給付」と「地域型保育給付」という給付金の制度が新しく作られ、一部の私立幼稚園を除いてこの新しい制度で給付を受けながら運営されるようになった。

2015（平成27）年からの「子ども・子育て支援新制度」は、待機児童の解消のために保育の供給量を増やすこと、それと並行して、親が就労しているかどうかに関わりなく、全ての就学前の子どもが質の高い幼児教育・保育を受けることができるようにすることなどを目指した制度である（**図7－1**）。また、市町村ごとに子ども・子育て支援事業計画（5年間）を立てて子育て支援を進めることとされた。さらに、企業による子育て支援の取り組み（事業所内保育所等）を支援する仕組みも作られた。

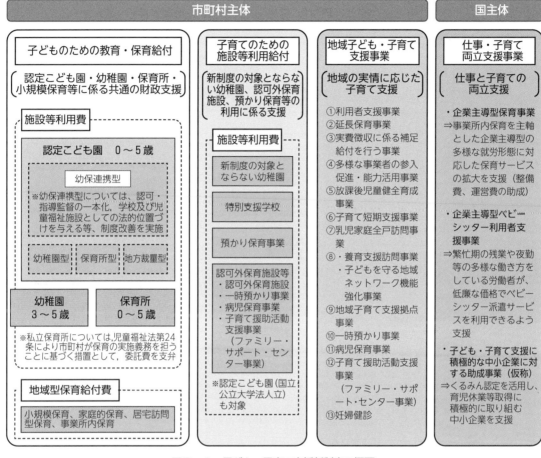

図7－1　子ども・子育て支援新制度の概要

資料）内閣府子ども・子育て本部「子ども・子育て支援新制度について」2021

2）保育の場の種類と給付

　子ども・子育て支援新制度において施設型給付の対象となる施設（保育の場）について，内閣府「子ども・子育て支援新制度ハンドブック（施設・事業者向け）（平成27年7月改訂版）」に掲載されている図を示す（**図7－2**）。

①保育所・幼稚園

　保育所は児童福祉法に基づいて設置されている児童福祉施設であり，0歳から就学前までの保育を必要とする子どもを対象としている。幼稚園は，学校教育法に基づく幼児期の学校教育施設であり，原則として3歳から小学校入学までの子どもを対象としている。

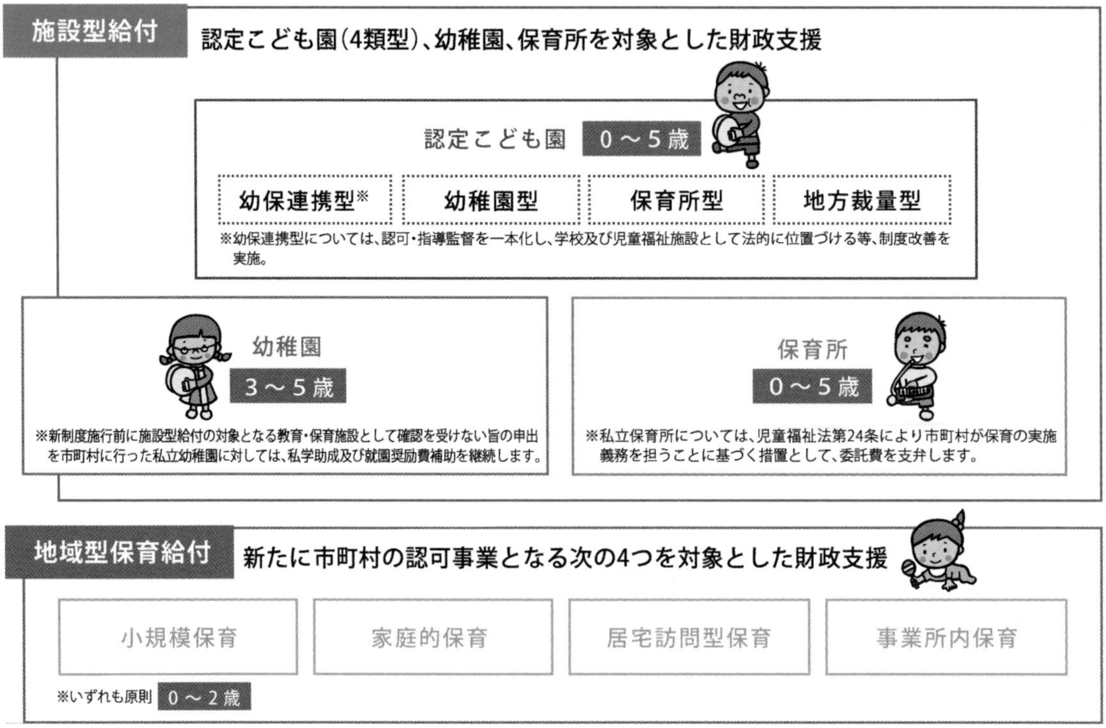

| 施設型給付 | 認定こども園（4類型）、幼稚園、保育所を対象とした財政支援 |

認定こども園 0～5歳

| 幼保連携型※ | 幼稚園型 | 保育所型 | 地方裁量型 |

※幼保連携型については、認可・指導監督を一本化し、学校及び児童福祉施設として法的に位置づける等、制度改善を実施。

幼稚園 3～5歳

※新制度施行前に施設型給付の対象となる教育・保育施設として確認を受けない旨の申出を市町村に行った私立幼稚園に対しては、私学助成及び就園奨励費補助を継続します。

保育所 0～5歳

※私立保育所については、児童福祉法第24条により市町村が保育の実施義務を担うことに基づく措置として、委託費を支弁します。

| 地域型保育給付 | 新たに市町村の認可事業となる次の4つを対象とした財政支援 |

| 小規模保育 | 家庭的保育 | 居宅訪問型保育 | 事業所内保育 |

※いずれも原則 0～2歳

図7－2　子ども・子育て支援法の仕組み

資料) 内閣府「子ども・子育て支援新制度ハンドブック(施設・事業者向け) (平成27年7月改訂版)」2015

②認定こども園

　認定こども園には，幼保連携型，幼稚園型，保育所型，地方裁量型の4種類ある（**表7－2**）。幼保連携型は，幼稚園と保育所の両方の機能を兼ね備えた施設である。幼稚園型認定こども園は，幼稚園で，一部保育所の機能を備えている施設，保育所型認定こども園は，保育所で，一部幼稚園の機能を備えている施設である。これらは名前を見ればその機能が想像しやすい。

　それに対して，地方裁量型認定こども園は，名前だけではどのような施設かがわかりにくいので説明が必要であろう。地方裁量型認定とは，保育所も幼稚園もない地域で，認可外の保育所を自治体の裁量で認定こども園として認めるものである。その認定の基準は都道府県または指定都市が条例で定めことになっている。だが，2017（平成29）年に発覚した兵庫県姫路市の認定こども園の不適切保育と補助金不正受給の事件によって，地方裁量型認定こども園の児童福祉施設としての「質」に対しての懸念が露（あら）わになった。地方裁量型認定こども園の数は少しずつ増えているが，2021（令和3）年の内閣府の統計では，認定こども園の全数8,585園の1%にも満たない82園しかない*1。

*1 内閣府「認定こども園に関する状況について(令和3年4月1日現在)」2021

表7－2　認定こども園の4類型

	幼保連携型認定こども園	幼稚園型認定こども園	保育所型認定こども園	地方裁量型認定こども園
法的性格	学校かつ児童福祉施設	学校（幼稚園＋保育所機能）	児童福祉施設（保育所＋幼稚園機能）	幼稚園機能＋保育所機能
設置主体	国，自治体，学校法人，社会福祉法人※1	国，自治体，学校法人	制限なし	
職員の要件	保育教諭※2（幼稚園教諭＋保育士資格）	満3歳以上→両免許・資格の併有が望ましいがいずれかでも可 満3歳未満→保育士資格が必要	満3歳以上→両免許・資格の併有が望ましいがいずれかでも可 ※ただし，教育相当時間以外の保育に従事する場合は，保育士資格が必要 満3歳未満→保育士資格が必要	満3歳以上→両免許・資格の併有が望ましいがいずれかでも可 満3歳未満→保育士資格が必要
給食の提供	2・3号子どもに対する食事の提供義務 自園調理が原則・調理室の設置義務（満3歳以上は，外部搬入可）	2・3号子どもに対する食事の提供義務 自園調理が原則・調理室の設置義務（満3歳以上は，外部搬入可） ※ただし，参酌基準のため，各都道府県の条例等により，異なる場合がある。	2・3号子どもに対する食事の提供義務 自園調理が原則・調理室の設置義務（満3歳以上は，外部搬入可）	2・3号子どもに対する食事の提供義務 自園調理が原則・調理室の設置義務（満3歳以上は，外部搬入可） ※ただし，参酌基準のため，各都道府県の条例等により，異なる場合がある。
開園日・開園時間	11時間開園，土曜日の開園が原則（弾力運用可）	地域の実情に応じて設定	11時間開園，土曜日の開園が原則（弾力運用可）	地域の実情に応じて設定

※1 学校教育法附則6条園の設置者(宗教法人立，個人立等)も，一定の要件の下，設置主体になることができる経過措置を設けています。
※2 幼稚園教諭免許又は保育士資格のどちらか一方しか有していない者は，新制度施行後5年間に限り，保育教諭となることができます。
資料) 内閣府「子ども・子育て支援新制度ハンドブック(施設・事業者向け) (平成27年7月改訂版)」2015

　保育所の保育について定めた保育所保育指針，幼稚園における教育について定めた幼稚園教育要領，幼保連携型認定こども園における教育・保育について定めた幼保連携型認定こども園教育・保育要領（いずれも2017〈平成29〉年3月告示）では，3歳以上の保育内容，教育内容は幼児期の教育として共通化されている。また，保育所保育指針では3歳未満の子どもの保育内容に関しても，教育的な視点から整理され，3歳以上の保育との連続性が意識されたものになっている。

③地域型保育事業

地域型保育給付の対象となる地域型保育事業には，4つのタイプがある（**表7－3**）。いずれも，原則として0～2歳の乳幼児を対象としている。また，子どもが2歳を過ぎた際に受け皿となる保育所等を「連携施設」として設定することになっている。

この制度には，都市部の待機児童の多くが年齢の低い乳幼児であることから，保育事業所を増やして待機児童の解消につなげるねらいがあった。また，少子化と過疎化の進む地方においては，小規模な保育の拠点を維持できる制度としてこの地域型保育事業が活用されることを想定していた。

小規模保育事業には，保育を担当する保育者数に対する保育士の有資格者の割合に応じてA型（職員は保育士），B型（職員の半数以上が保育士），C型（職員は家庭的保育者）という事業類型が設定されている。

表7－3　地域型保育事業のタイプと概要

事業タイプ	事業主体	保育実施場所等	認可定員等
小規模保育事業	市町村・民間事業者等	保育者の居宅・その他の場所・施設	6～19人
家庭的保育事業	市町村・民間事業者等	保育者の居宅・その他の場所・施設	1～5人
事業所内保育事業	事業主導	事業所の従業員の子ども ＋地域の保育を必要とする子ども	20人以上も可能
居宅訪問型保育事業	市町村・民間事業者等	保育を必要とする子どもの居宅	保育者と子どもは 1対1

資料）内閣府「子ども・子育て支援新制度ハンドブック（施設・事業者向け）（平成27年7月改訂版）」2015

3）子どもの認定区分

保育所と幼稚園では対象となる子どもの年齢が異なっているが，それらを一つの制度で扱うために，年齢や保育の必要性等に応じた子どもの分類が設定されている（**表7－4**）。

1号認定子どもは，幼稚園児に該当する。満3歳から小学校入学前までの幼児で，保護者が働いているなどの「保育の必要な事由」がなく，午前から午後にかけての原則4時間の標準教育時間の保育を受ける子どもである。1号認定の子どもは標準教育時間が終われば帰宅する。また夏休み，冬休みなどもある。

2号認定子どもは，保育所の3～5歳児が該当する。保護者が働いているなどの「保育の必要な事由」があり，1号認定の子どもよりも長時間の保育を受ける。

3号認定子どもは，保育所の0～2歳児に相当する。2号認定子どもと同様に，

保護者が働いているなどの「保育の必要な事由」がある子どもが対象である。

表7-4　保育サービスにおける子どもの認定区分

認定区分	年齢	保育・教育サービスの内容
1号認定	満3歳以上	幼稚園・認定こども園で教育。 利用できる保護者に制限はない
2号認定	満3歳以上	「保育の必要な事由」に該当。 保育所・認定こども園で保育
3号認定	満3歳未満	「保育の必要な事由」に該当。 保育所・認定こども園・小規模保育等で保育

資料）内閣府「子ども・子育て支援新制度ハンドブック（施設・事業者向け）（平成27年7月改訂版）」2015

　2号，3号の保育認定における**保育の必要な事由**としては，「保護者の就労，妊娠・出産，疾病・障がい，親族の介護・看護，災害復旧，求職活動，就学，虐待やDVのおそれがあること，育児休業を取得しているが上の子の保育が必要な場合」などが例示されている。

　1号，2号，3号という子どもの認定区分は，居住している市町村で認定を受けることになっている。子どもの認定区分は，基本的には子どもの年齢と保育の必要性（保護者が共働きであるかなど）で判断される。しかし預かり保育を実施している幼稚園や，2号認定の子どもも通う認定こども園では，1号認定の子どもであっても，保護者が一時預かり（預かり保育）を利用する手続きをすれば，早朝や夕方など標準教育時間の前後や長期休業期間にも保育を受けることができる。そのような施設で保護者が共働きでも幼稚園教育を受けさせたい，という希望がある場合などには，あえて1号認定を受ける場合がある。

4）保育時間の認定

　2号，3号の子どもの保育については，保護者の就労状況などに応じて，保育の必要量（利用できる保育時間の長さ）についても市町村で認定を受けることになる。保育の必要量は2段階ある。

　「保育標準時間[*1]」の認定は，フルタイムの就労を想定した保育時間で，1日あたり最長11時間の保育を利用できる。パートタイム就労を想定した「保育短時間」認定は，1日あたり最長8時間の保育を利用できる。

*1 第3章, p.33参照

5）地域子ども・子育て支援事業

　子ども・子育て支援新制度では，通常の保育の提供以外にも，多様な子育て支援策が取り組まれている。各事業の内容は第11章（p.162）を参照されたい。

3　市町村子ども家庭支援指針（ガイドライン）

　先に述べたように，とくに，最も深刻な子どもの権利の侵害である虐待の予防を効果的に進めるために，それまで児童相談所が担ってきたあらゆる子ども家庭相談について，2005（平成17）年から市町村でも対応することになった。そのために厚生労働省から市町村に示されたのが「**市町村子ども家庭支援指針（ガイドライン）**」である。直接的に子ども家庭相談に携わる人は，必ずしっかり読み込んでおくべきものだが，ここでは紙数も限られているので，ガイドラインのなかで強調されていることの一部だけを紹介する。

　市町村は，妊婦健診，乳児家庭全戸訪問，乳幼児健診，養育支援訪問など，子どもと妊産婦の実情を把握する機会のある事業を数多く行っている。また，保育所の利用，子育て支援拠点の整備・運営なども，最終的には市町村の責任のもとで行われる。保育所や子育て支援センターなどには子どもとその保護者が数多く出入りし，ときには保護者が子育ての悩みなどを相談することもある。あるいは，保護者は何もいわないが職員が保護者や子どもの気になる様子に気づくということもあるかもしれない。そこで，心配な保護者や子どもについての情報をつかみ，必要な支援につなげることで，児童虐待などの権利侵害を防ぐことが大切になる。

　そのためには，それらの業務に携わる保健師，助産師，看護師，保育士，その他の職員が，子どもの権利擁護，子どもの虐待の予防や早期発見に関する知識や視点を持ち，業務にあたることが必要である。

　また，これまで虐待で子どもの命が奪われた事件のなかには，関係機関がもっと円滑に連携していれば別の結果になったのではないかと思えるものもあった。その意味で，「連携」というのは最も重要なキーワードの１つである。

　市町村にとって，連携には２つの側面がある。１つは，市町村内の組織と仕組みのなかでの連携である。そこには公務員だけでなく，管轄内の保育施設の職員なども含まれる。現実に，保健師，看護師，栄養士，保育士，教員といった多くの職種の職員が，それぞれの持ち場で仕事をしている。支援が必要かもしれない子どもや保護者についての情報を，それらの多様な職員間で共有することが必要である。

もう１つの連携は，市町村の外部の機関との連携である。とくに児童相談所は最も重要な連携先であり，市町村レベルで対応が困難なケースは児童相談所の助言を受けたり，児童相談所に引き継いだりすることになる。ケースについて関係期間の担当者が集まって情報共有と対応の分担などを検討する要保護児童対策地域協議会[*1]を設置するのも市町村の責任である。

＊1 第12章，p.178参照

子育てに困難を抱えている保護者や支援の必要な子どもをサポートする資源は，地域により大きく異なる。支援に関わる者は，地域にどのような資源があるか，地域のさまざまな実情について，普段からよく情報を整理しておく必要がある。

4　子育て支援・次世代育成支援施策の現状と課題

子育て支援，とりわけ保育サービスの確保に関しては，人口の多い都市部と少子高齢化，人口減少の進む地方とでは事情が大きく異なっている。

守泉理恵は，首都圏の自治体の子育て支援事業の担当職員にヒアリングをおこない，待機児童問題に関しては，特に1，2歳の3号認定子どもの保育の需要に応えきれていないこと，保育士の確保に課題があることなどを明らかにした[*2]。一方，古橋啓介らは，人口の少ない自治体ほど，財政状況や人材の不足によって子ども・子育て支援新制度に対応した取り組みが遅れている傾向があることを示した[*3]。

そのようななかでも，「保育の必要な事由」のない3歳未満児を保育所と結びつけることで，保護者への子育て支援と子どもへの発達支援を進めようとする事業などの取り組みも生まれてきた[*4]。保護者の就労状況に関わりなく，子どもの健やかな成長と保護者の子育ての喜びにつながるような支援への模索は，現在進行形といえる[*5]。

子どもの虐待防止に関する市町村による支援は，相対的に強い権限を持つ児童相談所とは異なり，「寄り添い型」の支援を特徴としている。佐藤まゆみ（2020）は，市町村による在宅支援を通じた要保護児童とその保護者の支援を「調和的支援」と定義し，要保護児童対策地域協議会を設置しているケースについてそのような支援を行なっている先駆的な自治体について分析し，児童相談所と市町村の役割分担や連携のあり方，社会的養護サービスへのアクセスのしやすさなどの課題を挙げている[*6]。

2022（令和4）年現在，子どもや保護者を取り巻く環境は新型コロナウイルス感染症の影響を強く受けており，待機児童が大きく減少するなどのそれまでにない変化が見られたが，一方で感染症対策のための在宅勤務の増加とともに家庭内

＊2 守泉理恵「市町村子ども・子育て支援事業計画の策定と実施に関する検証：自治体ヒアリングにもとづく考察」社会保障研究 3(2)，2018，p.222-240

＊3 古橋啓介，池田孝博他「子ども・子育て支援新制度導入後の基礎自治体の実態」福岡県立大学人間社会学部紀要 27(1)，2018，p.1-20

＊4 柏女霊峰『これからの子ども・子育て支援を考える：共生社会の創出をめざして』ミネルヴァ書房，2017

＊5 土谷みち子，汐見稔幸，汐見和恵，野井慎吾，山本詩子『今，もっとも必要なこれからの子ども・子育て支援』風鳴舎，2021

＊6 佐藤まゆみ「市町村中心の子ども家庭福祉における在宅支援の方策の検討：調和的支援に焦点を当てて」淑徳大学短期大学部研究紀要 62，2020，p.23-34

暴力の増加傾向も見られている[*1]。社会的状況の変化を見極めながら，施策の再構築が必要となるだろう。

【引用・参考資料】

村山祐一「育児の社会化と子育て支援の課題について」教育学研究 71 (4) (特集 少子社会と子ども・学校・家族)，2004

傳馬淳一郎「『子育て支援』概念に関する研究：親子を取り巻く環境と支援の機能」北星学園大学大学院社会福祉学研究科北星学園大学大学院論集 (9)，2006

内閣府「令和 3 年版少子化社会対策白書」2021

厚生労働省「保育所等関連状況取りまとめ (令和 3 年 4 月 1 日)」2021

朝日新聞デジタル「待機児童問題『見える化』プロジェクト」
http://www.asahi.com/special/taikijido/ 2021 年 12 月 26 日閲覧

普光院亜紀「『日本死ね』から 5 年，待機児童問題は解決したのか」東洋経済オンライン，2021 年 9 月 7 日 (2021 年 12 月 26 日閲覧)

総務省「児童虐待の防止等に関する政策評価書」2012

厚生労働省雇用均等・児童家庭局長通知「『市町村子ども家庭支援指針』(ガイドライン) につい」2018

内閣府「子ども・子育て支援新制度ハンドブック (施設・事業者向け) (平成 27 年 7 月改訂版)」2015

内閣府「認定こども園に関する状況について (令和 3 年 4 月 1 日現在)」2021
https://www8.cao.go.jp/shoushi/kodomoen/pdf/kodomoen_jokyo.pdf 2022 年 1 月 5 日閲覧

内閣府「令和 3 年版子供・若者白書」2021

内閣府「平成 17 年版 少子化社会白書」

内閣府「令和 3 年版男女共同参画白書」2021

守泉理恵「市町村子ども・子育て支援事業計画の策定と実施に関する検証：自治体ヒアリングにもとづく考察」社会保障研究 3 (2)，2018

古橋啓介，池田孝博他「子ども・子育て支援新制度導入後の基礎自治体の実態」福岡県立大学人間社会学部紀要 27(1)，2018

柏女霊峰『これからの子ども・子育て支援を考える：共生社会の創出をめざして』ミネルヴァ書房，2017

土谷みち子，汐見稔幸，汐見和恵，野井慎吾，山本詩子『今，もっとも必要なこれからの子ども・子育て支援』風鳴舎，2021

佐藤まゆみ「市町村中心の子ども家庭福祉における在宅支援の方策の検討：調和的支援に焦点を当てて」淑徳大学短期大学部研究紀要 62，2020

*1 内閣府「男女共同参画白書令和 3 年版」2021

第8章 子ども家庭支援の内容と対象

学びのポイント
- 妊娠期から児童期に至る支援の体制と事業内容を概観する。
- 相談支援の方法と内容を学ぶ。
- 保護者・支援者による情報提供の重要性とポイントを押さえる。
- 保育ドキュメンテーションなど保護者との相互理解に向けた取り組みを知る。

1 妊娠期からの切れ目のない支援

1) 妊娠から児童期に至る支援体制と事業

　子ども家庭支援は子どもが生まれてから始まるものではなく，女性に妊娠の可能性が生じた時から始まるものである。厚生労働省による調査では，2019（令和元）年度の虐待死亡事例（72例）のうち，0歳での死亡事例が全体の約50％を占め，さらに0歳0か月での死亡事例は全体の約19％と高い割合を示している[*1]。このため，出産後から支援を開始するのでは，支援の手が届く前に子どもの命が危険にさらされる事態も生じてしまう。このような背景から，妊娠期からの切れ目のない支援が求められており，妊娠期の支援として，公費の補助で「妊婦健康診査」などが行われている他，両親学級などで親になる準備を支援している。また，要保護児童対策地域協議会でも養育に困難が生じる可能性が高い妊婦については，「特定妊婦」として妊娠中から手厚い支援を行う体制が整えられている。母子保健法に基づく支援体制を**図8－1**にまとめている。

　出産直後は，産後うつのリスクもあり，特に初めての出産の場合は両親も育児に対する見通しが持てず，不安や育児ストレスが高まりやすい。この時期のフォーマル（公的）な支援として，生後4か月までに母子保健推進員や保健師等が家庭を訪問して相談対応や情報提供を行う「乳児家庭全戸訪問事業（こんにちは赤ちゃん事業）」や，乳児健診や予防接種などでの小児科を受診した際の相談などが多くなる。もちろん支援はフォーマルなものだけではなく，親族や友人，地域の子育て支援に関わる団体などのインフォーマルな支援も重要である。

　さまざまな要因で養育に支援が必要であると市町村等に判断された家庭に対し

*1 厚生労働省「子ども虐待による死亡事例等の検証結果等について（第17次報告）」2021

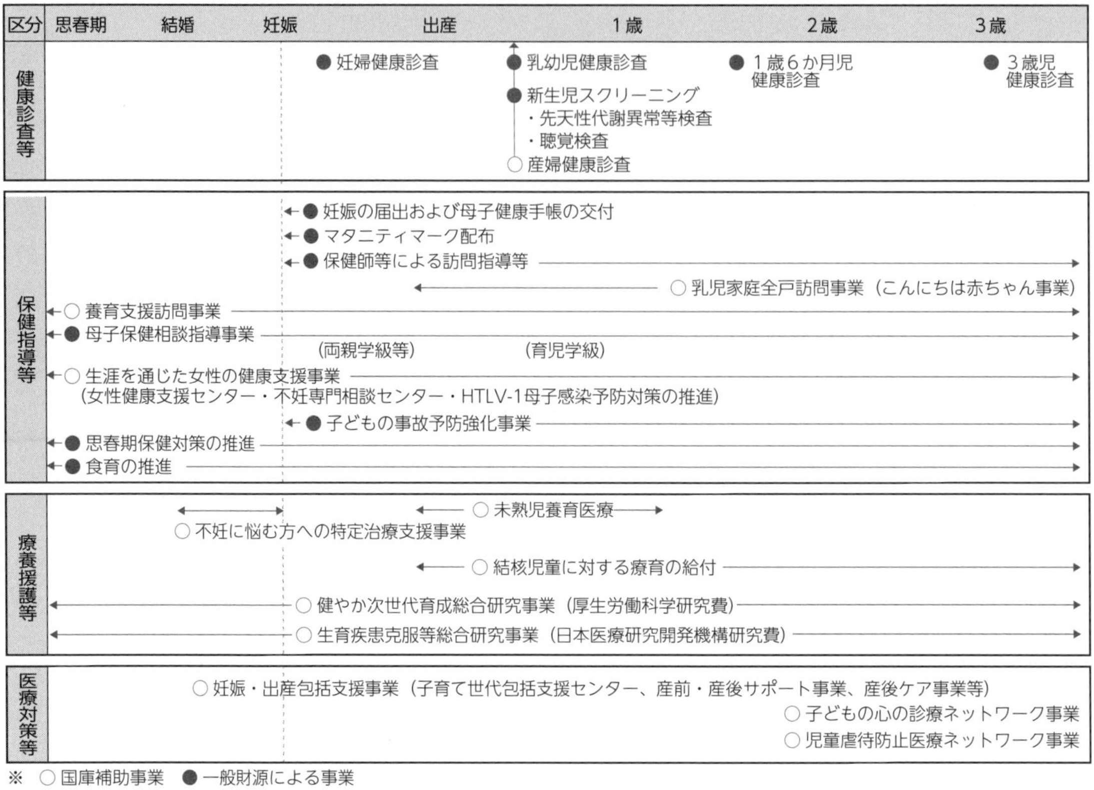

区分	思春期	結婚	妊娠	出産	1歳	2歳	3歳
健康診査等			● 妊婦健康診査	● 乳幼児健康診査 ● 新生児スクリーニング ・先天性代謝異常等検査 ・聴覚検査 ○ 産婦健康診査	● 1歳6か月児 健康診査		● 3歳児 健康診査
保健指導等	○ 養育支援訪問事業 ● 母子保健相談指導事業 ○ 生涯を通じた女性の健康支援事業 （女性健康支援センター・不妊専門相談センター・HTLV-1母子感染予防対策の推進） ● 思春期保健対策の推進 ● 食育の推進		← ● 妊娠の届出および母子健康手帳の交付 ← ● マタニティマーク配布 ← ● 保健師等による訪問指導等 （両親学級等）　　　　（育児学級） ● 子どもの事故予防強化事業		← ○ 乳児家庭全戸訪問事業（こんにちは赤ちゃん事業）		
療養援護等	○ 不妊に悩む方への特定治療支援事業		○ 未熟児養育医療 ○ 結核児童に対する療育の給付 ○ 健やか次世代育成総合研究事業（厚生労働科学研究費） ○ 生育疾患克服等総合研究事業（日本医療研究開発機構研究費）				
医療対策等			○ 妊娠・出産包括支援事業（子育て世代包括支援センター、産前・産後サポート事業、産後ケア事業等）			○ 子どもの心の診療ネットワーク事業 ○ 児童虐待防止医療ネットワーク事業	

※ ○ 国庫補助事業　● 一般財源による事業

図8-1　母子保健対策の体系

資料）厚生労働統計協会『国民衛生の動向2021/2022』2021

ては，子育て経験者等による育児・家事の援助，または保健師等が訪問して具体的な養育に関する指導助言等を実施する「養育支援訪問事業」により支援が行われる場合もある。くわえて，相談支援やその他サービスの提供だけではなく，児童手当や市町村独自の子どもの医療費の補助など経済的な支援も重要な子ども家庭支援の一つである。

　乳幼児期の支援では，保育所や幼稚園，認定こども園などの保育施設や，地域の身近な場所で気軽に親子の交流や子育て相談ができる「地域子育て支援拠点」が重要な役割を果たす。その他に，乳幼児や小学生等の子育て中の保護者と子育て支援に協力が可能な地域の住民を会員として，子どもの預かりなどの援助を受けることを希望する家庭会員を，援助を行うことを希望する会員の活動に関する連絡，調整を行う「ファミリー・サポート・センター」や，保護者の出張や冠婚葬祭，病気などにより，育児ができない場合に，短期間の宿泊で子どもを預かるショートステイや，平日の夜間などに育児ができない場合に，一時的に子どもを預かるトワイライトステイなどの「子育て短期支援」，保育所等における「一時預

かり」などの支援が展開されている。

　子どもの障がいや発達の遅れ・偏りについては医療機関や児童発達支援セン
ター，養育に関する問題については児童相談所や児童家庭支援センターなど，そ
れぞれの課題に対応するための専門機関による相談・支援も準備されている。

　児童期以降は，幼児期に引き続き「ファミリー・サポート・センター」などに
よる支援に加えて，「放課後児童クラブ」が子育て支援で非常に重要な役割を果た
す。放課後児童クラブは保護者の就労などにより下校後の放課後の時間に家庭で
面倒をみることができない場合に子ども達が安全・安心に過ごすことを支援する
ために，専用施設や小学校の余剰教室，児童館などおいて開所されている。しか
し，保護者が就労する家庭の子どもの多くが小学校就学後も放課後児童クラブを
利用するため，保育施設と同様に現在の定員ではその支援ニーズを満たすことが
できず，放課後児童クラブでも待機児童が生じている地域もあり，定員拡充への
取り組みが進められている。

　これらの支援の対象は，子どもの両親だけではなく，親権を行うもの，里親や
養育を行っている祖父母など両親以外も支援の対象となることを理解しておく必
要がある。

2）子育て世代包括支援センターの活用

　前述の通り，さまざまな発達段階にさまざまな機関がさまざまな支援を行って
いるが，支援機関それぞれがもつ情報や資源が共有されず，子どもや家庭の支援
の必要性は変わっていないのに年齢などの区切りから支援が利用できなくなった
り，別のニーズが生じたため他の機関を利用する際に支援機関の連携が十分でな
く適切な支援を受けることができない場合がある。特に妊娠から出産直後の主に
母子保健としての支援の対象になる時期から，乳幼児期の本格的な育児が始まっ
て以降の子育て支援の対象となる時期への移行やサービスの引継ぎがスムーズに
行えないことや，母子保健と子育て支援双方の連携が十分でないことが指摘され
ていた。このため，国や地方自治体は子育て世代包括支援センター（法律上の名
称は母子健康包括支援センター）の設置を進めている。子育て世代包括支援セン
ターは母子保健と子育て支援を一体的に提供し，妊娠直後から子育て中の切れ目
のない支援を行うことを目指している（**図8－2**）。この子育て世代包括支援セン
ターは現在のところほとんどが市町村の直営で運営されており，市町村保健セン
ターや市役所・町村役場内に設置されていることが多い[*1]。

*1 子育て世代包括支
援センターと子ども家庭
総合支援拠点は，母子
保健法と児童福祉法の
改正（2022〈令和4〉年6
月）により，2024（令和
6）年度から「こども家庭
センター」に一元化され
る。その役割は「妊娠届
から妊産婦支援，子育て
や子どもに関する相談を
受けて支援をつなぐため
のマネジメント（サポート
プランの作成）等を担う」
とされ，市町村にはセン
ター設置が努力義務とし
て課される。

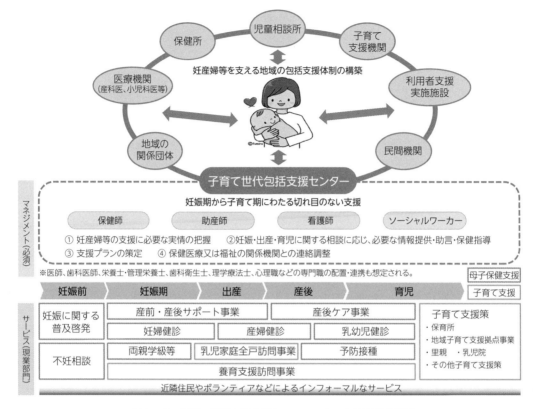

図8-2　子育て世代包括支援センターによる支援と連携体制

資料）厚生労働省「市町村・都道府県における子ども家庭総合支援体制の整備に関する取り組み状況について」2018

　これらの他に，例えば保護者の職場が子育てに理解を示し，子育て中でも働きやすいフレックスタイムを導入したり，子どもの病気や園行事の際に遠慮なく休みがとりやすい雰囲気をつくることなど，社会全体で取り組むような子育ての支援も重要である。

　妊娠期から子育て期の支援においては，問題が発生した際に対応していくことは重要だが，可能なら問題が生じる前に予防的に関わり問題を未然に防ぐことや，問題の兆しがあった際に早期に発見して対応につなげて，問題が複雑化・深刻化する前に対応を行っていくことが望ましい。また，問題を予防する視点をさらに一歩すすめて，現在問題なく子育てを行っている家庭に対しても支援を行い，保護者の子育てに関する喜びや満足度をより高めて，さらに前向きに子育てに向かえるように開発的な取り組みを行うことも必要である。問題への対応だけではなく，問題の予防や開発的な取り組みのためにも，保育士，保育所をはじめ，さまざまな専門職，専門機関が連携して，それぞれの専門性を生かした支援を展開していくことが重要である。

2　相談支援

相談支援は，子育てに関する相談に応じ，助言，指導その他の援助を行い，必要に応じて関係者との連絡及び調整を行うことであり，ソーシャルワークといわれる場合もある。

1）相談支援の過程と内容

相談支援の際の基本的な態度は，保育所保育指針に示されているように，保護者の気持ちを受け止め，相互の信頼関係を基本に，保護者の自己決定を尊重することや，保護者が子どもの成長に気付き子育ての喜びを感じられるように努めることである。

相談支援は計画的に実施することが重要であり，一般に**図8－3**の流れで進められる。

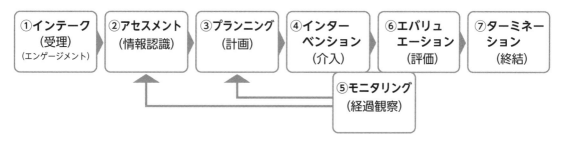

図8－3　相談支援の過程

①インテーク

面接などを通して相談を受けた家庭の現状や背景，支援ニーズを整理しながら信頼関係をつくり，支援を開始していくことをインテーク（受理面接）という。インテークではまず保護者の困難や不安についてしっかりと受け止め，主訴やニーズ，子どもの発達状況や家庭の状況，問題の背景などを丁寧に聞き取っていくことが必要となる。

相談を受けて支援が開始されるまでにはいくつかのパターンがある。まず保護者からの相談をきっかけとして支援が開始されるパターンである。育児に関する不安などについて，保護者が保育者等の支援者や行政の相談窓口などに相談をする。このように保護者自身が相談を希望した場合は，保護者自身が相談の必要性を感じて自ら動いていることから，相談から支援の開始までスムーズに進んでいくことが多い。もう一つが，保育者等の支援者側から保護者に気になることを伝

えて相談や支援につながるパターンである。この場合も，保護者自身からは相談をできていなくても，保護者が子育てなどについて不安や困難を自覚している場合は支援の開始につなげられることが多い。だが，保護者自身が保育者から伝えられる内容や提案に納得できず，支援の必要性を感じられない場合は支援を希望せずにその先につながらない場合もある。支援を受けないことも保護者の自己決定であり，その判断は尊重される必要がある。緊急性がある場合を除いて，保育者は保護者に支援を受けることを強くすすめ続けるのではなく，保護者や子どもの困難やニーズの理解を深めながらしばらくの間見守り期間をおいて再度提案したり，別の形での支援を提案するなど保護者の意思を尊重した対応が求められる。

②アセスメント

　支援のための情報収集や分析・評価のことをアセスメントという。アセスメントでは，子どもの状況だけではなく，保護者の心身の状況や，家族構成や家族内外の関係性，家庭のおかれている社会的・経済的状況などの情報を集めて整理分析を行い，保護者の主訴についての理解を深める。この時，「家庭の課題」と考えられる否定的な面にとらわれすぎず，保護者やその家庭の強みや長所，潜在能力についても理解を深めていく必要がある。

　アセスメントの方法は，面談による聞き取りや普段の親子の様子の観察，その家庭に関する過去の記録の整理などがある。また，子どもの発達に関する課題の場合は，専門機関での発達検査・心理検査の結果などから，支援に必要な情報を集めて現状を評価していく場合もある。このように家庭や子どもについてアセスメントをすすめていく際に，エコマップ*1やジェノグラム*2を作成して家庭の状況を整理，視覚化していくことで有益な情報が得られることも多い（**図8-4**）。

*1 **エコマップ**：生態地図，家族関係地図などといわれる，支援対象の家庭と社会資源との関係を図式化して示したもの。

*2 **ジェノグラム**：家族構成や年齢などを図式化して示したもの。

《記号の意味》
□ 男性（数字は年齢）
○ 女性（同上）
◎ 相談対象
× 死亡
⧸⧸ 離婚
赤線内は同居

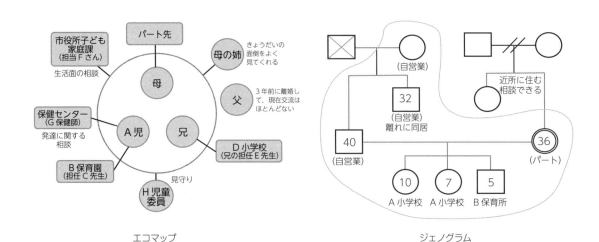

図8-4　エコマップとジェノグラムの例

③プランニング

　アセスメントをもとに，支援のための具体的な計画を立てていくことをプランニングという。

　一般的にプランニングの最初の段階として，長期目標と短期目標の2つの目標を設定する。長期目標とは1年程度の期間で達成を目指す比較的大きな目標であり，短期目標とは1〜3か月程度での達成を意図した長期目標につながる具体的な目標となる。

　例えば，長期目標を「友だちと仲良く遊べるようになる」と設定した場合，短期目標は，「順番を守れるようになる」，「『遊ぼう』『入れて』と周囲の子どもに声をかけられるようになる」などが考えられる。この際に，必要に応じて「先生と『一緒に遊ぼう』『入れて』と声をかけられるようになる」，「自分一人で『一緒に遊ぼう』『入れて』と声を掛けられるようになる」などスモールステップで具体的な目標を定めていく。どのような目標設定が正解ということではなく，保護者の興味・関心や困り，取り組みやすさ（少し頑張ればできそう，など），子どもの特性という点を重視する必要がある。

　長期目標と短期目標は相補的なものであり，例えば，「友だちと仲良く遊べるようになる」という目標だけでは，具体的に何に取り組む必要があるのかがあいまいになり，「順番を守れるようになる」という目標だけでは，具体的ではあるが何のために順番を守れる必要があるのかわからない。

　目標を設定した後に，目標を達成するための支援の具体的な内容・方法を検討する。この場合，6W1Hを意識して支援内容を具体的に記述することが計画の実効性を高める。6W1Hとは，「When：いつ（支援の期間や頻度）」，「Where：どこで（支援が行われる場所）」，「Who：だれが（支援の実施者）」，「Whom：だれに（支援を受ける人）」「Why：なぜ（支援の目的は，長期目標で把握されているので内容・方法には書かないことが多い）」，「What：何を（支援の内容）」，「How：どのように（支援の方法）」などである。

　保育者と保護者が子どもの状況についての共通理解を深めることを目標とした場合，「週に1回以上送迎時に（いつ・どこで），主任保育士が保護者に対して（誰が・誰に），園での生活の様子を伝えて家庭での様子を聞き取る（何を・どうする）」というような具体的な支援内容が考えられる。

　このように目標や支援方法を検討していくが，目標の設定や支援方法の選択を行うのは保育者ではなく，あくまで保護者や子どもであり，保育者の役割はより効果的な目標（方法）になるようにいくつかの選択肢を提示したり，保護者の主体的な目標設定を援助することである。一般的に適切と考えられる支援目標であっても「○○に家庭で取り組んで下さい」と保育者の考えを指示することは適

切ではない。また，知識が十分でなく，何をすればいいかわからない保護者に対して，「△△さんの思われるように自由にやってみて下さい」と全てを任せるのも保護者が主体性を発揮できる状況とはいえない。目標や方法とその選択肢を提案することは必要だが，あくまでその目標に取り組むか取り組まないか，どのような方法を選ぶかということの決定の主体は保護者や子どもであることを意識しなければならない。

　支援の計画が完成した場合は，保護者ともに内容の確認を行い，園内で十分に共有して取り組んでいくことが望ましい。計画の共有のための方法の一つとして重要なのが，カンファレンスの実施である。カンファレンスとは，園内（外）の関係者が支援に必要な情報の共有や支援の検討を行い，共通理解を深めるために集まって話し合いを行うことであり，事例検討やケース会議などといわれることもある。

④インターベンション，⑤モニタリング

　計画した支援を実施していくことをインターベンションという。また，支援についての経過観察（評価）を行うことをモニタリングという。支援の実施と同時に注意深く支援の効果についてモニタリングを行い，必要なら目標や支援方法の再検討を行う必要がある。

　支援の実施の際には，保育者としての子どもの発達や生活の援助，遊びなどに関する専門的な知識・技術を用いて，保護者の子育てが楽しいという思いを引き出していけるように関わっていくことが基本となる。そのうえで，保護者のニーズに関連した社会資源に関する情報提供を行ったり，必要に応じて社会資源を活用するための連絡・調整を行ったりすることが求められる。

　モニタリングを効果的に行うためには，支援の実践やその評価を記録していく必要がある。記録は可能な限り，読み手による理解の誤差が少なくなるように意識して，客観（事実）と記録者の主観（理解や解釈）を区別する。主観的な記述を行うことがいけないということではなく，客観的な事実と記録者の主観的な記述を読み手が区別できるように記述することが重要となる。また，モニタリングを行う際には，支援や目標達成の状況だけでなく，それ以外の親子の様子の変化や新たな問題の発生などにも注意を払う。

　より効果的な支援を行うためには，専門機関との連携を常に検討しながら支援行う必要がある。連携の際には，それぞれの専門性や良さを生かして，単独の機関では十分に対応できない部分を補い合うことを意識していくことが大切である。保育者の側からみると，医療機関や児童相談所などの専門機関は，高度な支援を行っており，それらの機関に自分たちには口をはさむ余地はないので任せる

と考える場合もある。確かにこれらの機関は高い専門性や強い権限を有しているが，支援が必要な家庭と日常的に関わりをもつことは難しい。その点，保育施設は，日々継続的な関わりができることが非常に大きな強みとなるなど，保育者自身の専門性や強みをよく認識したうえで，連携を行うことが重要となる。

⑥エバリュエーション

一定期間経過後に，目標が達成され問題が改善されたかどうか，支援者からの支援や保護者の取り組みのうち効果的があった（良かった）部分はどこか，なぜ効果が出た・出なかったのか，などを評価することをエバリュエーションという。

家庭や子どもの課題の改善についての評価を行い，課題が維持されている（改善されていない）と判断される場合は，アセスメントをやり直して再度課題の分析をしたり，目標設定や具体的な支援内容をより適切で効果的なものとしたりするために，プランニングからやり直すなどの対応を行う。課題に改善がみられている場合は引き続き支援を実施し，支援の必要がない水準まで改善した場合は目標を再設定したり，支援を終えて見守りなどに移行する。課題が改善する前に，転園や卒園などによって支援が中断（終了）する場合もある。支援が中断した場合は，転園先の保育所や就学先の小学校に情報や支援を引きつぐなどの対応を行う必要が生じる。

この事後の評価についても，保育者側が一方的に行うのではなく，保護者や子どもの意見を十分に取り入れていく必要がある。例えば，保育者側からみると課題が順調に改善したように見えても，保護者や子どもの側からみると取り組みの負担がとても大きく継続は難しいということや，園では効果が見られたが家庭では効果があまりみられなかったと感じるなど保護者側は支援が妥当であったと評価できない場合もあるため，評価は保育所や保育者など支援者側のだけの視点ではなく，保護者や子どもの視点も生かしながら行う必要がある。

上記の相談支援において忘れてはならないのが，最初に述べたようにその目的は保護者が子どもの成長・発達に喜びを感じられるようになることや，保護者や家庭が持っている子育ての力を引き出していくことであり，保育者が一方的に相談支援を「提供」するのではなく，保護者が自らの子育てに自信を持ち，子どもの成長を楽しみ，主体的に子育てに取り組むことを「支える」ということである。そのためには，保育者や周囲の人がその保護者の子育ての力を肯定的に捉え，信じることで，保護者が周囲に自身や自身の子育てを認めてもらえている，支えてもらえているという安心感をもち，保護者自身の自己肯定感を高めることが大切である。

3 情報提供

　子育てに関する情報提供は，市町村など居住地域の自治体が中心となり，さまざまな形で行われている。ほとんどの自治体で子育てに関する情報をまとめた冊子が作製されており，近年はウェブサイトやSNSなども活用しながら子育てに関する情報の発信が行われている。また，市町村報への情報の掲載や，地域の子育て支援センター，児童館，公民館などの公共施設，保育施設や学校等を通しての子育てに関する情報の発信も積極的に行われている。

　現在，多くの保護者が情報を入手する主要な手段としてインターネットが活用されている。多様な情報を手軽に入手できることは，情報が必要な保護者にとって便利である一方，インターネット上にあふれる膨大な情報から自身が必要とする情報やサービスを取捨選択することは難しく，自身の子育てに当てはまらない情報に翻弄されることもある。

　その点，保育者や支援者からの情報提供は，保護者のニーズを聞き取り，ある程度必要とされる情報やサービスを絞り込んだうえで情報を提供することで，保護者が情報やサービスの選択や判断を行いやすくなる。ニーズを理解することで，保護者が全く興味がない，必要のない情報について話を聞かされて情報を生かすことができず，双方の時間を無駄にしてしまうことも防ぐことができる。また，「このサービスを利用しましょう」と保護者を説得するのではなく，その家庭の子育てなどに役立つと思われる情報やサービスを整理していくつか簡潔に提案したうえで，保護者自身の意見を聞き，選択するように促すことが重要である。情報はたくさんあればよい，強く勧めて利用につなげればよいというものではなく，ニーズにあった情報を保護者が子育てに活用できるように整理をして提供し，保護者が主体的に選択できるように配慮することが重要となる。

　また，さまざまな支援制度や子育てに有益な情報があっても，その情報を必要としている家庭に届いていないために，子育て家庭が適切なサービスを利用できないこともある。このような問題を改善するために，2014（平成26）年度から「利用者支援事業」が独立した事業として開始された。利用者支援事業とは，子育て家庭や妊産婦が，教育・保育施設や地域子ども・子育て支援事業，保健・医療・福祉等の関係機関を円滑に利用できるように，身近な場所での相談や情報提供，助言等必要な支援を行うとともに，関係機関との連絡調整，連携・協働の体制づくり等を行うことを目的とした事業である。子育て世代包括支援センターや地域子育て支援拠点などに併設されて実施されている場合もある。この利用者支援事業のような役割は，利用者支援事業の実施の有無にかかわらず，子育て世代包括支援センターや地域子育て支援拠点など支援の中心となる施設には求められてお

り，地域の保育所等においても可能な範囲でさまざまな関係機関を円滑に利用できるように情報提供や利用に関する助言を行うことができることが望ましい。

その他，紹介する施設については，ウェブサイトやリーフレットなどで知ったことを保護者にそのまま伝えるのではなく，保育者自身が実際に足を運び施設を見学させてもらったり，職員の方の話を聞くなどして施設についての理解を深めると保護者への説明も具体的で充実したものとなり，保護者も安心をして利用を検討することができる。

さらに，可能なら口頭の説明だけでなく，説明のメモやサービスの案内資料などを渡すと家庭に戻ってから家族と相談をしながらゆっくりと考えたり，必要に応じてさらに保護者自身が情報を集めたり，後日質問を行うことも可能になる。

くわえて，情報提供は行政や支援者からのみなされるものではないことも理解しておく必要もある。他の保護者，特に先輩ママから提供される，子どもを丁寧にみてくれる歯科，子ども連れでも入りやすい飲食店など日常の子育てに関する情報や，その時期に子育てに悩んだこと，利用して役だった公的なサービスなどについての情報は，行政や支援者では提供できない視点や内容が含まれる。このように，保護者同士が交流して，情報交換ができる機会を設定することも情報提供の役割を果たすために役立つこともある。

情報提供とは，単に情報を提示することではなく，保護者の必要としている情報を探り，ニーズにあった施設やサービスを保護者が選択できるように整理して提示することである。

4　保育所等を利用している家庭への支援

保育所や児童発達支援事業など子どもが日常的に通所する施設は，子どもや保護者が保育者と継続的に関わることができ，保育者が子どもや家庭の状況についての理解を深めたり，相互に信頼関係を築きやすいなどの利点がある。また，日常的に接触の機会があるために，タイミングの良い支援やスモールステップで焦らずに支援を行うことも可能となる。

保育所などを利用している家庭への支援ではまず，育児と就労等の両立に向けた支援を行うことが重要となる。そういった意味では，日常的な保育を行うこと自体，子育て支援として重要な意味を持っている。しかし，育児と就労等の両立のためには通常の保育だけではニーズに対応できない場合もある。子どもが体調を崩して通常の保育が難しい場合の病児・病後児保育，通常の保育の保育時間外に保育が必要となった場合に利用できる延長保育や夜間保育，休日保育などが補完

的な役割を果たしていくための支援となる。

　保育所保育指針では，保育所を利用している保護者に対する子育て支援として，「保護者との相互理解」「保護者の状況に配慮した個別の支援」「不適切な養育等が疑われる家庭への支援」の3点がポイントとして示されている*1。

＊1 保育所保育指針　第4章 子育て支援　2 保育所を利用している保護者に対する子育て支援より

1) 保護者との相互理解

　保護者との相互理解では，保育者と家庭との日常的なコミュニケーションを充実させることが基本となる。送迎時の短い会話や連絡帳などで子どもの様子を伝え合うことが中心だが，近年は**保育ドキュメンテーション**などを活用して保護者に保育やその意図に対する理解を深めてもらう取り組みも広がっている。このような取り組みが注目される背景として，保育施設と保護者が連携を深めることにくわえて，保育所・保育者が保育の専門機関・専門家としての説明責任を果たすことが今まで以上に求められていることがある（**図8−5**）。

図8−5　保育ドキュメンテーションの例

写真提供）別府大学附属幼稚園

　保育ドキュメンテーションは子どもの活動や会話を写真やメモとして記録して，パネルや配布資料，掲示物として構成し，子どもや保護者が見える場所に掲示（配布）するものである。保育ドキュメンテーションの効果として，写真など視覚的な資料があることで，文章だけで表現される連絡帳などよりも活動全体がイメージしやすくなる。また，現在の園だより・クラスだよりなどは「（活動や行事を）した」という発信が中心であり，そもそもなぜその活動を計画したのかという活動のねらいや保育の方法（プロセス），その活動での学びの成果などについて，あまり触れられていないことが多い。さまざまな形で保育者が保育のプロセスについての情報を発信して，日々の保育は何をねらいとし，どのようなプロセスで行われ，その結果どのような教育的効果が得られているのかを保護者が知ることで，保育所や保育者への信頼が増し，家庭での子育てに対する意識が向上するなどの効果が期待される。

　保育ドキュメンテーションと同様の効果が期待されるものとして，個々の子どもの育ちや学びの様子に関する写真や保育者の記録，子どもの作品などさまざまな資料をファイリングしていく**ポートフォリオ**の作成に取り組む園もある。ただし，保育ドキュメンテーションやポートフォリオの作成はあくまで保育所としての説明責任を果たして，保護者との相互理解を深めるための手段であり，これまでのおたよりや連絡帳，掲示物などを作成する際にも保育のプロセスや教育的な効果を伝えていくことを意識していくことでこれらの目的を果たしていく必要がある。

　保護者と保育者が相互理解を深めていくための活動として，保護者が積極的に保育へ参加する取り組みもさまざまに進められている。例えば，以前は保育参観と呼ばれていた取り組みも，参観するだけではなく子どもと一緒に保護者も運動遊びや製作遊びに参加する保育参加といわれるものに変化しつつある。また，最近少しずつ広がっている取り組みに保育者体験といわれるものがある。保護者が自身の子どもが通う保育施設で保育者体験を行いながら，わが子やその他の子どもたちと関わり，園での日常の様子や保育について理解を深め，子育てを考えていくことをねらいとした取り組みである。このような活動に参加した保護者の感想として，

- 集団のなかでの子どもの姿を見ることで，指示や援助がなくても子ども自身でできることが多いことに気が付いた
- 遊びのなかに子どもたちのさまざまな表現や対話，学びがあることが理解できた
- 子ども同士のコミュニケーションが豊かなことに驚いた
- 保育者の生活面への指導や援助が参考になった

などの感想が聞かれる。また，保育所・保育者の側のメリットとしても，保護者との信頼関係の構築や子どもについての共通の認識をもてることや，保護者の子育て観や親子関係の理解が深まること，保護者からの意見を生かすことで保育の質の改善にも結び付くことなどがある。これらの取り組みを通して，保護者と保育者の相互理解を深めていくことが保育所保育指針でも特に強調されている。

2）保護者の状況に配慮した個別支援

　保護者の状況に配慮した個別の支援について，保育所保育指針には，障がいや発達上の課題をもつ子どもの家庭，外国にルーツのある家庭などの特別な配慮を必要とする家庭への個別的な支援について示されている。

　障がいや発達上の課題をもつ子どもの家庭へ支援では，子どもの発達状況の詳細な理解に加えて，保護者の心情やその変化を意識する必要がある。例えば，ダウン症や脳性まひなど出産直後から障がいがあることが分かっていたのか，比較的軽度の知的障がいや発達障がいなどで出産直後には判明せず現在疑いがある状態なのか，診断を受けた直後なのか，診断後ある程度の時間が経過しているのかなどにより，保護者の障がい受容や障がい特性に対する理解の程度などが大きく異なる。また，これまでに受けてきた支援に満足しているのか，それともこれまでに支援者に対して不信感を抱くような経験があったのかなどによって，支援に対するニーズや期待も変わってくる。そういった個別的な子どもや保護者，家庭の状況を理解してそれぞれに合わせて丁寧に関わっていくことが必要である。

　また，障がいなどがある子どもの場合は専門機関で定期的な診察や療育などを受けている場合が多いため，通っている専門機関との連携が必要になる。加えて，途切れない支援のために小学校や放課後児童クラブ（放課後等デイサービス）との連携など就学やその先を見通した支援を検討していくことも重要となる。

　外国にルーツのある家庭も近年増加傾向にあり，就学前の年齢の外国籍の乳幼児約10万が日本で生活しており，地域の保育施設にも外国にルーツのある子どもが通っていることもけっして珍しいことではなくなっている。

　外国にルーツのある子どもや保護者の困難としては，一番大きなものは言葉の壁である場合が多い。子どもは保育施設での子ども同士のコミュニケーションや，保育者の指示や注意を理解することが難しいなどの言葉の面での困難が生じ，保護者と保育者とのコミュニケーションにおいても，例えば，けがをした際に状況を説明したり注意事項を伝えたりすることが難しいなどの困難が生じる。その他，文化的・宗教的な違いや，一般的な日本の子育て観とは大きく異なる子育て観を持っていたり，給食を宗教的理由から食べられなかったり，日本の味付けに

馴染むことができなかったりといった課題も生じる。そういった外国にルーツのある家庭としての特徴的な課題も生じるが，当然，一般的な育児不安や子どもの発達の遅れや偏りに関する対応など外国にルーツのある家庭に限らない課題についても配慮していく必要がある。

　このように，個別的な配慮を必要とする事例は，例えば同じ障がいがあるなど状況は同様で同じような支援ニーズのある家庭に見えても，それぞれの家庭ごとに実態や支援ニーズは大きく異なる可能性があることを十分に認識して，それぞれの家庭に個別的な支援を行っていくことが重要である。

3）不適切な養育等が疑われる家庭への支援

　不適切な養育[*1]等が疑われる家庭への支援では，子どもの安全や良好な養育環境を確保するために見守りを必要とする事例は市町村の児童福祉担当部局などとの連携が特に重要となる。不適切な養育の背景には，保護者自身も適切な養育を受けることができていなかった，子どもの障がい，DV（ドメスティックバイオレンス），保護者自身の精神的・身体的な疾患，ひとり親での子育て，経済的困難などさまざまな問題が絡み合っていることが多い。このような家庭への支援も，不適切な養育が疑われる家庭とひとくくりにするのではなく，その背景について十分に理解を深めて，アプローチが可能な部分に少しずつ働きかけていく必要がある。背景となる理由や家庭が活用できる資源が異なれば，当然支援方法も異なってくる。

　そうした理解を深めていくためにもさまざまな保護者に対して，保育者は受容的で効果的なコミュニケーションをとる必要がある。その方法にも，連絡帳など直接対面する時間が確保できなくても行える方法や，送迎時の会話や個人面談などお互いの時間を合わせる必要があるがスムーズなやり取りでお互いの思いも伝わりやすい方法などがあり，家庭の負担が小さく良好なコミュニケーションをとれるようにさまざまな方法を組み合わせながら支援を行っていくことが重要である。

＊1 **不適切な養育**：第3章，p.47参照。

5 　地域の子育て家庭への支援

　保育所には，通常の保育に支障がない限り，地域の保護者に対して保育所保育の専門性を生かした子育て支援を積極的に行うことが努力義務として求められている。また，認定こども園については法的な義務として地域の子育て家庭への支援が求められている。

子どもが園に通うといった日常的な関わりのない地域の子育て家庭への支援は，保育者と保護者がじっくりと信頼関係を築くことが難しく，限られた回数・時間でできる限り保護者のニーズを適切に把握する必要がある。また，子どもが日常的に通っているわけではないので，保護者が保育所や保育者に不満や不信感を抱いた場合は，不満を伝えずそれ以降その施設を利用しなくなることが多い。このようなことから，在園児の保護者に対する支援よりも，さらに会話や関わりの一つひとつを丁寧に行っていく必要がある。

　保育所の施設・設備や保育者等の専門性を生かした地域の子育て家庭への支援の代表的なものとして，一時預かり事業がある。通常は家庭で育児を行っている家庭において，保護者の病気や妊娠出産，冠婚葬祭，リフレッシュなどのために子どもを一時的に預ける必要が生じた際に，子どもを保育する。日常的にその子どもの保育を行っているわけではないので，子どもの側には緊張や不安があり，また日常の生活リズムとの違いなどが生じる。保育者の側も子どもの性格や配慮が必要な点等が十分に把握できていないため，通常の在園児に対する保育とは違う配慮やより丁寧な保育を行うことが求められる。

　保育所の特性を生かした支援として，子育て支援活動に力を入れている保育所も増えている。園庭をはじめとする施設の開放や育児相談への対応，定期的に子どもや保護者が楽しんだり，交流を行うことができるような活動の提供などを行っている。

　都市部や市街地中心部など居住する子どもの数が多く，子育て支援のセンター（地域子育て支援拠点事業）などが充実している地域であれば地域の保育所等に対する地域の子育て家庭のニーズは小さくなる場合もあるが，逆に，地方や郊外になると車や公共交通機関を利用しないと子育て支援センターなどが利用できない場合もある。このような場合は居住地の身近にある，保育施設に対する施設の開放や育児相談，子育てに関する情報提供，保護者や子ども同士の交流の機会の提供などのニーズが大きくなり，保育施設が地域の子育て支援に大きな役割を果たすことになる。特に，周囲に子どもが少ない地域の場合は，保護者は自然にママ友・パパ友ができる機会も少なくなるので，近隣に居住して交流しやすく今後長期的な関係を築ける可能性のある保護者同士の交流の機会を強く求めている場合もある。また，こうした子育て支援に関する活動は保護者が子どもを通わせる園を選択する際の参考になっている場合もある。

　このような直接的な子育て家庭への支援だけでなく，園行事に地域の人を招いたり，中高生の職業体験学習を受け入れたり，園児とともに地域に出ていくことで，子どもや子育てについて地域住民が関心を高めることや，子育て家庭に関わる機会を持つことは地域の子育て力の向上にも影響をあたえる。こうした間接的

な子育て支援も存在する。

　その他，園内には保育士以外にも栄養士や看護師などの専門職が働いている。離乳食や栄養面での相談を栄養士が受けたり，看護師が子どものけがや病気についての相談を受けるなど，園全体で子育て支援に取り組むことも重要である。

　保育所等には身近な子育てに関する専門機関として地域の子育てを支える役割が求められている。こうした支援活動を行う際には，他の支援と同様に地域の関係機関との連携が重要である。特に，個別的な支援のニーズを持つ家庭や不適切な養育が疑われるような家庭の支援の際は，市町村などと緊密に連携をしていくことが求められる。

【参考・引用文献】
厚生労働省「子ども虐待による死亡事例等の検証結果等について（第17次報告）」2021
厚生労働統計協会『国民衛生の動向2021/2022』2021
厚生労働省「子育て世代包括支援センター業務ガイドライン」2017年
内閣府・文部科学省・厚生労働省「子ども・子育て支援新制度なるほどBOOK」2016
厚生労働省「保育所保育指針」2017

第9章 子育て初期（周産期〜1歳）の子ども家庭支援

学びのポイント
- 妊娠以前の子ども家庭に対する支援の意義と必要性を学ぶ。
- 出生前診断の役割やハイリスク妊娠などの知識を得る。
- 分娩時や授乳の不具合が母親に与えるダメージについて理解を進める。
- 乳児の育成に有用な情報と専門機関について知る。

1 妊娠に至るまでの時期と妊娠早期の家庭支援

1) 不妊治療中の家庭支援

　みなさんは，子育てはいつから，どこから，始まると思っているだろうか。子育てとは，オギャーと子どもが生まれた日から始まるものだろうか。現代では，子育てとは精子と卵子が受精するその前から始まっていて，それに付随して子ども家庭支援は，妊娠する前の早い段階から始まっている。では受精前の子ども家庭支援の意義や必要性とは何なのであろうか。

　不妊を心配したことのある夫婦は3組に1組を超え，実際に不妊の検査や治療を受けたことがある（または現在受けている）夫婦は全体で18.2%であり，これは夫婦の約5.5組に1組にあたる[*1]。

　国は「厚生労働省における妊娠・出産，産後の支援の取組」を発表し，安心安全で健やかな妊娠出産，産後を支援する体制のなかで，妊娠前の不妊相談への支援も掲げている[*2]。

　そのなかの一つ，不妊専門相談センター事業の目的は，不妊や不育症の課題に対応するための適切な体制を構築することで，生涯を通じた女性の健康の保持増進を図ることとしている。対象者は，不妊や不育症について悩む夫婦である。相談の内容には費用や助成制度に関すること，不妊症の検査治療に関すること，不妊治療をしている医療機関の情報提供，不育症に関すること，世間の偏見や無理解による不満，不妊治療と仕事の両立についてなどが相談されている。

　先にも述べたように親になるということは，赤ちゃんがオギャーと産まれたその瞬間から親になるのではない。不妊症や不育症で悩んでいる家庭の場合，精子

*1 国立社会保障・人口問題研究所「社会保障・人口問題基本調査（結婚と出産に関する全国調査）第15回出生動向基本調査結果の概要」2015, p.25
夫婦調査は妻の年齢が50歳未満の夫婦を対象（回答者は妻）とした全国標本調査である。「不妊検査や治療を受けた（または現在も受けている）」の割合は，前回の2000年調査では16.4%だった。

*2 厚生労働省「厚生労働省における妊娠・出産，産後の支援の取組」2020
成育基本法，産後ケア，若年妊婦等支援，産前・産後サポート，不妊治療など行政による支援事業が簡潔にまとめられている。
https://www.gender.go.jp/kaigi/senmon/jyuuten_houshin/sidai/pdf/jyu23-03.pdf

や卵子が受精するずっと前の状態から，子育てはすでに始まっているといっても過言ではない。その家庭に対する支援を国は力を入れて取り組んでいるところである。相談内容にもあるように，不妊症に取り組んできた夫婦は，世間の偏見や無理解によっていろいろな辛い思いをしてきていることも非常に多い[*1]。加えてやっと母子健康手帳がもらえて安心している矢先に，妊娠初期・中期の流産に至ってしまうこともある。このようなたくさんの辛い思いを経験した後に迎える子育ては，ほんの些細なことが不安であったり，あるいは妊娠することそのものがゴールになっていたり，なかなか子育てメインの生活に適応できなかったりすることがある。そしてそのような家庭は少なくないのである。保育者が行う子育て家庭の支援としては，まずこのような家庭があるということ，またその背景を理解しておく必要があるのではないかと思う。

*1 前掲「厚生労働省における妊娠・出産，産後の支援の取組」では，2017(平成29) 年度の相談総数24,830件のうち，「世間の偏見や無理解による不満」は446件にのぼる。

　また「2人目不妊」という言葉を聞いたことがあるだろうか。最初の子どもはスムースに自然妊娠に至ったものの，2人目の子どもをなかなか授かれないといった家庭である。この場合，保護者は仕事と家庭と子育てと，そして不妊治療の両立をしていかなければならない。「不妊治療と仕事」や「不妊治療と家事」「不妊治療と上の子の子育て」の両立は心身ともに非常に負担が大きい。保育者はこのように「2人目不妊」という状況もあるのだということを理解しておかなければならない。

2）若年妊娠の家庭支援

　次に若年妊娠である。若年妊娠をして出産に至る家庭の場合，計画的でない妊娠が圧倒的に多いと推測される。まだ充分に心と体が成熟していない状態で妊娠するわけだから，親になる心構えというのも充分にできていないということが考えられる。また，予定外の妊娠は，経済的な問題や育児サポートの問題もしくは就学中の保護者もいるであろう。これらの若年妊娠の問題に対しても国は支援を考えている。「若年妊婦等支援事業」である。これは新しく2020（令和2）年度から国家予算化された厚生労働省の政策の一つであるが，予期せぬ妊娠などにより，身体的，精神的な悩みや不安を抱えた若年妊婦等が，身近な地域で必要な支援を受けられるよう，SNSなどを活用して相談支援等を行うものである。若年妊婦等への支援に積極的で機動力のあるNPOに，アウトリーチ型の支援をはじめとする，若年妊婦等への支援の業務の一部及び全てを委託することなどにより，さまざまな地域の実情に応じた支援を行うものである。

　不妊治療中の家庭支援も若年妊娠による家庭支援も，まだ子どもはこの世に誕生していないが，子どもを迎えるうえでとても重要な支援である。保育者の多く

は，生まれた子どもに対しての保育を実施し，その家庭を支援することが多いが，このような過程を経て子どもを産み育てている人がいることを理解しておかなければならない。

2　妊娠期の異常と家庭支援

1）出生前診断

　出生前検査とは，母体内の胎児の状況を把握するために行われる検査をいい，近年，体への侵襲が少ない母体血を用いた検査（母体血清マーカー，NIPT）を行う妊婦が増加している。なかでも，21トリソミー[*1]（ダウン症候群）の検出頻度が99％を超えるNIPT（無侵襲性出生前遺伝子学的検査）に注目が集まっている。日本のNIPTでわかる染色体異常は21トリソミー，18トリソミー（エドワーズ症候群），13トリソミー（パトウ症候群）である。NIPT出生前検査を受検する人は年間約1万人に達するといわれており，背景には高齢妊娠・高齢出産がある[*2]。高齢の妊娠に至る経緯に不妊治療がある場合も多い。

　このような種々の検査を経て，出生前診断を行うのであるが，出生前診断には，妊娠期に胎児の状態を把握し，病気を発見することで，児の出生後に備えて医療の準備を整えられるなどメリットがある。その反面，先天性疾患を持つ子どもの出生を危惧する妊婦及びそのパートナーが人工妊娠中絶を選択する可能性がある[*3]。

　国は，遺伝カウンセリングなどの十分な説明と情報提供に力を入れており，出生前検査を受検するか，しないか，検査結果に基づいた確定診断後，妊娠を継続するか，中断するか，妊婦とその家族が自律的に決定できるような相談支援を推奨している。2021年には女性健康支援センター事業の一つとして「妊婦等への出生前検査（NIPT等）に係る相談支援体制の整備」を加えた[*4]。

　保育者としてこれらの家庭に関わるのは，児が生まれた随分あとになるかもしれないが，出生前診断を受けて「産む」と決意した家族は，時折「自分が下した決断であり弱音は吐けない」と一人で抱えこんでしまうことがある。重い決断をし，さまざまな困難を乗り越えてきた家庭に対しどのような支援ができるであろうか。それはやはり保育者による子ども家庭支援の意義の一つである「子どもの育ちの喜びの共有」ではないだろうか。

2）ハイリスク妊娠

　ハイリスク妊娠とは，妊娠中・出産中・産後に，母体または胎児や新生児に健

*1　乳幼児が生まれつきもつ先天性疾患のうち，染色体の数が通常より1本多いことに由来する疾患を「トリソミー」と呼ぶ。

*2　日本産科婦人科学会，倫理委員会，周産期委員会（周産期遺伝に関する小委員会）「NIPT受検者のアンケート調査の結果について」2021

*3　厚生科学審議会科学技術部会，NIPT等の出生前検査に関する専門委員会「NIPT等の出生前検査に関する専門委員会報告書」2021

*4　厚生労働省「妊娠・出産，生殖に関する政策動向」2021, p.12

康上の問題や合併症を悪化させる危険性がある，もしくは死の危険があるなど，何らかのリスクを伴う可能性のある妊娠を意味する。次のような要素がハイリスク妊娠の原因となることがある。

- 16歳未満の低年齢の妊娠，また40歳以上の高齢妊娠
- 血液型不適合妊娠（Rhマイナス）
- 妊娠高血圧症候群
- インスリン依存型糖尿病
- 腎臓病や心臓病の合併妊娠
- 薬物やアルコール乱用
- 貧血，甲状腺機能亢進症，全身エリテマトーデスなどの内科疾患
- HIV感染などの性感染症の罹患
- B型肝炎ウイルス保有者
- 2回以上の流産の既往
- 子宮などに異常がある場合
- 多胎妊娠[*1]

ここでは，ハイリスク妊娠のなかでも，わが国の多胎妊娠家庭への支援について述べていく。

*1 **多胎妊娠**：双子や三つ子のように，一人の母親が同時に複数の子どもを妊娠すること。

　孤立しやすく，産前産後で育児等の負担が多い多胎妊産婦を支援するため，国は産前産後サポート事業に支援のためのメニューを創設し，多胎妊産婦への負担感や孤立感の軽減を図ることを実施の目的とした支援を開始した。実施主体は市町村で，事業内容の一つに，多胎ピアサポート事業がある。これは同じような多胎児の育児経験者家族との交流会の開催や，多胎育児経験者による相談支援を実施している。

　ふたつ目に多胎妊産婦サポーター等事業である。多胎妊婦や多胎妊婦家庭のもとへ育児サポーターを派遣し，産前や産後において外出の補助や日常の育児に関する介助を行う。あわせて日常生活における不安や孤立感などに対応した相談支援を実施する。多胎妊婦等へ派遣される育児サポーターに向け，多胎妊娠に関する研修会も併せて実施する。このような事業に国をあげて取り組んでいるところである。

　保育者として念頭に置くことは，まず，きょうだいへのアプローチである。例えば，第一子は保育所に通所中である家庭で，第二子・第三子が多胎妊娠という場合，妊娠週数が進むにつれ，上の子どもの抱っこを制限したり，切迫早産の治療のために母体管理入院になったりすることがある。上の子どもからすると，ある日突然，お母さんが居なくなってしまうという危機的な状況になりうる。そこで重要な役割を果たすのは保育者であろう。

　つぎに，多胎妊娠といえば育児に大変な面を持ちながらも，可愛い子どもが2人いるという肯定的なイメージをしている人も少なくない。しかしながら，2人の子どもが健康に同じように出生するとは限らず，1人が胎内死亡になってしまうケースも見受けられる。双胎間輸血症候群といい，胎盤を共有することによって起こる病態である（図9－1）。胎児の1人が血液（酸素や栄養）を供給する側，もう一方の胎児が血液を受け取る側になってしまう。供給する側の胎児は循環血液量の減少に伴い，最悪の場合には胎児死亡に至る。多胎妊娠では受精から誕生まで二人の子どもが健康に生まれてくることそのものが奇跡なのである。それほどリスクを伴っているのが多胎妊娠なのである。

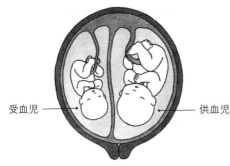

受血児　　　　　　　　　　　　　　　　　供血児

図9－1　双胎間輸血症候群

3　分娩時の異常と家庭支援

　人それぞれの妊娠期を過ごし，今か今かと待つ子どもの誕生。100人のお産には100通りの経過がある。ここでは，2つの事例とともに分娩時の異常と保育者に期待される家庭支援について考える。

1）予期せぬ分娩の経過

【事例1】　帝王切開で出産したことへの想い

　Bさん（26歳）は初産である。妊娠経過はおおむね順調であった。妊娠39週5日（予定日の2日前），定期受診で産院を受診した。母体の血圧が高く，そのまま入院となり陣痛促進剤を使用して促進分娩を試みた。途中，破水と胎児心拍も低下がみられ，緊急の帝王切開にて出産した。
　産後はしばらく育児に追われて気に留めなかったが，SNSのオープン

チャットで自分だけが帝王切開で出産し，他のママ友はみな自然分娩で産んでいた。「本当は自然分娩ができたのではないか，夫の立ち合いがあれば自然分娩で産めたのではないか」。出産から8か月も経過しているが，いまだにBさんの心をモヤモヤとさせている。

　Bさんは，胎児心拍低下という状況で緊急帝王切開に切り替わったケースであるが，出産後，月日が経過してもモヤモヤとした気持ちが継続している母親である。このようなケースは特殊なケースではなく，しばしば見受けられる。緊急手術であり，その場で医師からの説明は受けているけれども，母親の頭には何も残っていない。周囲の「赤ちゃん最優先で」という言葉に，頭ではわかっていても，心がついていってないのである。パートナーは「もうこんなに時間も経過していて，こんなに元気に子どもも大きくなってるのに，まだそこ（帝王切開になったこと）にこだわっているのか，おかしいぞ」と理解できない場合も多い。

　このような場合の有効な家庭支援とは何であろうか。出産からかなり月日が経過している場合も多い。母親の気持ちを受け止めるのは，医療従事者ではない場合も多いだろう。

　帝王切開でお産になった場合，程度の差はあるが「普通の女性ができることができなかった」という喪失感や自責の念を覚えることがある。母親はこのような「喪失感」を時間をかけて受容していく。そのプロセスには1年半ほど要するという研究結果も見受けられる[1]。このプロセスは大切な人を失った時や予期せぬことが起こった時と同じ「悲嘆のプロセス」を辿るといわれている。また，周囲の心無い言葉で傷つけられる場合も多い。例えば「ラクして産んで良かったじゃない！」「がんばれなかったんだね（根性がないね，ひ弱だね）」「自然分娩の苦しみはそんなものじゃない」などである。これは意外にも同性の出産経験者の心無いひとことであったりすることも多いのである。

＊1 今崎裕子「緊急帝王切開を体験した女性の出産後約1年半までの出産に関する気持ち」日本助産学会誌20(1), 2006, p.79—88

2）NICUへの入院と母子分離状態

【事例2】　新生児集中治療室（NICU）の緊急帝王切開で生まれたM君

　M君は生後4か月。予定日より3か月早く緊急帝王切開により，出生体重750gで生まれてきた。NICU（新生児集中治療室）入院になった。生まれてすぐ腸が破裂してしまい，緊急手術を施行。生後3か月の時には全身の臓器障がいを起こす敗血症にかかり，数時間の命かもしれないと宣告されたことも

あった。

　新生児集中治療室（通称NICU）は，低出生体重児や一般の病院では治療が難しい重い病気の新生児に，24時間体制で専門的な治療を行う場所である。新生児仮死・染色体異常などでNICUに入院する新生児は，年間推計7万人といわれ，全出生の約10％である[*1]。反面，新生児死亡率は年々低下しており，NICUでの救命率は格段に上昇した。

　救命率の上昇は喜ばしいことではあるが，重い障がいや後遺症が残ることもある。背景にあるのは医療技術の進歩である。高度な医療を提供すればするほど，今まで救えなかった命が助かり，その結果，合併症や後遺症が残ることもあり，NICUを退院した後に育児をしているなかで，悩んでる父親や母親が多いという現実がある。そのようななか，近年のNICUの治療のテーマは「高度な集中治療」と「家族の時間の確保」を両立することといわれている。その一つに親子だけの時間に慣れることが，退院後の家庭での暮らしの準備になるといわれており医療現場で実践されている。またNICUに入院してもしなくても，子どもと親には愛着の形成が必要である。愛着は，毎日抱っこして，授乳をしたり，オムツを変えたりしながら，子どもと触れ合うことで自然に育まれていくものである。「高度な集中治療」と「家族の時間の確保」の両立はこのような愛着形成にも重要な役割を果たしている。

　NICUに入院している子どものいる家庭では，その子どもとともに次の季節を迎えられることは大変喜ばしいことである。「来年のクリスマスを迎えることができないかもしれない」，そのように1年生きることが難しい子どももいる。保護者のなかには，妊娠中に胎児の病気が発見し，産む決断をし，その結果NICUに入院になった子どももいる。自分たちの選択なので「つらい」といえず，心に抱えている保護者もいる。在宅医療に移行する家族もいる。在宅医療ではその子にとって両親が命綱である。両親には休まる時間がない。事例のM君のように出産予定日より3か月も早く生まれてくると，当然のことながら実日齢，実月齢，実年齢とは違う発達を遂げている場合も多い。しかしながら，子どもは発達していくものであり，M君もやがて保育所に入所の春を迎える。

　人と比べずに成長を見守ることが大事であるとわかってはいるものの，悩みを共有する場が必要である。当然，NICUに入院していた子だけが子どもではない，そのきょうだいもいる。保育者としてNICUを卒業した子ども達と関わるのは，療育支援の場かもしれないし，一般の保育所かもしれないし，重度心身障がい児（者）施設かもしれないし，子育て支援の場かもしれないが，このような過程を経て，彼らが生き抜いてきたといことを頭に入れておきたい。

＊1 厚生労働省「周産期医療・小児医療の現状と第7次医療計画における取組み状況等について」第15回医療計画の見直し等に関する検討会資料, 2019

また，2019（令和元）年年末から発生した新型コロナウイルス感染症（COVID-19）の影響で，医療現場では患者への面会が制限されてきた。NICUにおいて面会とは「見舞い」ではなく「愛着形成の場」なのである。この重要な機会に制限の加わった時を過ごしたことを，我々は医療従事者とともに共有しておかなければならい事実であろう。

4 新生児期の家庭支援

みなさんは「ディーマー」という言葉を知っているだろうか。次の事例を読んで，もし保育者としてこの母親から相談を受けた場合，どのように回答するだろうか。

【事例3】 「ディーマー」症状に苦しむ母親

第1子を出産し，母乳はよく出ていたAさん（29歳）。授乳をする（母乳を吸わせる）と吐き気や冷や汗や不快感情を感じ，徐々に体調が悪くなってしまった。ミルクに頼ってしまい，気づいたら生後3週間で母乳が止まった。特に母乳育児にこだわりはないが，母乳がよく分泌していたので，母乳育児をがんばろうと思っていたが体がついていかなかったのである。

もともと「ディーマー」という言葉は知らず，授乳を気持ち悪いと思うのはなぜだろう？と思っていたところ，子どもが生後4か月の時にSNSを見て，ディーマーを知った。SNSのコメント欄を見ると，同じ症状で苦しんでいる人がたくさんいた。ディーマーと判った場合，母乳をあげない方が良いのか？　それとも我慢してあげるべきだったのか？　第2子が生まれてもディーマーは治らないのか？　周りに理解してもらうにはどう説明すればいいのか？　Aさんは母乳のことを考えているだけでも吐き気が止まらない。

D-MER（Dysphoric milk ejection reflex）＝不快性射乳反射という。原因は授乳によって起こるホルモン変化による体の反応だと考えられている[*1]。授乳によって頭痛や吐き気，嘔吐などの身体症状と涙が止まらなくなる，死にたいという気持ちになるなどの精神症状がみられる場合がある。射乳反射を司るオキシトシンの影響（オキシトシン経路の誤配線）だという説[*2]と，授乳の際に必要になるプロラクチンというホルモンが増え，その影響で脳内のドーパミンの低下による影響だという説[*3]とがある。

人それぞれ不快を感じるレベルがあり，我慢できるレベルなのか，日常生活

＊1 Kerstin,U.M.& Kathleen,K.T., The Mystery of D-MER: What Can Hormonal Research Tell Us About Dysphoric Milk-Ejection Reflex?, Clinical Lactation, 9(1), 2018, p.23-29

＊2 前掲資料同ページ

＊3 D-MER.org
https://d-mer.org/

もままならないレベルなのか見極める必要がある。授乳のし始めから数分間にD-MERの症状が出現することが多く5分以上授乳をしていると，症状が消えていく場合もある。であるから，授乳の最初の5〜10分を授乳に集中せず，母親の気をそらすことで乗り越えられる場合もある。その場合，授乳中に電話をしたり，授乳中にテレビを観たり，大好きな音楽を大音量で（ヘッドホンで）聞きながら授乳したり，母親の大好きなものを食べながら授乳したり，その5〜10分を何かの方法で授乳に意識を向けない方法を助言することが大事である。それさえも困難な場合は，断乳することもある。第2子，第3子の出産時も，ホルモンの変化に対する体の反応なので，おそらくD-MERの症状が出る可能性が高いが，対処法を知っていれば母乳で乗り切れる場合もある。

　保育者として知っておかなければならないことは，下線部の対処法である。従来「授乳中は子どもと視線を合わせて」や「語りかけながら」など，授乳は愛着を形成する場として重要な役割を担っていた。しかしながら，D-MERの母親の場合，そうすることが症状の悪化につながるのである。事例文のなかにあるように，Aさんが周囲に理解してもらうためにはどうしたらいいのであろうか。このように現代の新しい情報ツールで情報を得られる時代に，我々専門職が既存の学識だけで家庭を支援していくことは，困難になりつつある。

5　乳児期の家庭支援

1）乳児に関わる全ての人に対する教育の必要性

　乳児家庭において授乳の時間は1日に何度も訪れる時間である。少し前までは「3時間おきに飲ませる」という育児指導がなされていた。だが3時間おき授乳はもう古い，人工乳でも，母乳でも赤ちゃんのほしがるときに飲ませることが指導の主流になっている。

　また，乳児のスキンケア一つをとっても「天花粉」「シッカロール」の使用は主流でなくなり，はたまた「ベビーオイル」の使用も少なくなってきている。現代は「新生児期からの保湿」である（保湿剤とベビーオイルを混同している人も少なくない）。

　また，乳児の「泣き」はいつの時代も乳児家庭を悩ませるものである。新米の母親は「赤ちゃんがなぜ泣いているのかわからない」といい，サポートする祖父母にいたっても「病気ではないか」と心配になる。

　小さい子と関わることなく大人になった父親と母親。加えて1人か2人しか育てたことがない祖父母。科学の発展に伴い大きく変化していく最新の知見。私た

ち乳児に関わる全ての人が，アップデートを重ねて新しい知見を収集していかなければならない。なかでも乳児家庭を支える祖父母の存在は大きい。そのような1番身近な支援者である祖父母に対して，各自治体やNPOで祖父母に向けた育児講座が開催されている。その一つNPO法人 孫育て・ニッポンでは，祖父母を対象に「孫育て10か条」や「子育て今と昔」の資料公開や孫育て講座を開催している（図9－2）。

祖父母とのおつきあい 10か条

1. 祖父母を頼りすぎない
2. 「ありがとう」「ごめんなさい」を言う。親しき仲にも礼儀あり
3. 育児方針，してほしくないことを祖父母に伝える
4. 祖父母のタイプを見極める 孫とあまり関わりたくない祖父母もいる
5. 今と昔（祖父母世代）の子育ての違いを知る
6. 預けた時は，文句を言わない
7. お金をもらったら，口と手がついてくる
8. 孫の扱いは，決して平等にはならない
9. 祖父母の生活，年齢，体力を気にかける
10. 子どもの祖父母を敬う気持ちを育む

孫育て 10か条

1. 育児の主役はパパ・ママ，祖父母はサポーター
2. パパ・ママの話を聞く
3. 今と昔の子育ての違いを知る
4. とがめるより，補う
5. 他の子，親と比べない
6. 手、口、お金は、出しすぎず、心と体力にゆとりを！ 断る勇気も持とう
7. 「ありがとう」「ごめんなさい」を言う 親しき仲にも礼儀あり
8. 孫のほめ役、夢の最強応援団になる
9. 自分のライフスタイルも大切に
10. 老いていく姿を見せる

子育て今と昔、何が変わった？

●出産後すぐの沐浴
体温低下、皮膚のバリア機能を保つため沐浴はせず拭くのみ

●母乳とミルク
母乳をすすめる。ママのやり方を尊重

●白湯・果汁
お風呂上がりなど、白湯でなく母乳、ミルクを。果汁も与えない

●抱き癖
抱き癖は気にせず、たっぷり抱っこ。抱っこは赤ちゃんとの愛着形成、信頼関係を築く

●うつぶせ寝
乳幼児突然死症候群予防のためうつぶせ寝はしない

●日光浴
外気浴を。紫外線予防のしすぎに注意

●離乳食
開始時期、ゆっくり。かみ砕いて与えない。虫歯予防

●アレルギー
予防接種
昔は少なかったが現在は増えている

●洋服
着せすぎない

●歩行器
使用しない

子/孫とかかわる7つのヒント

人間が進化の過程で獲得したことを、遊びに取り入れましょう

1. 二足歩行　手をつないでお散歩 脱クルマ、脱自転車
2. 手を使う　つまむ、混ぜる、手仕事
3. 道具を使う　はさみ、包丁、針…
4. 火を使う　料理
5. 言葉　生の声を
6. 笑う
7. 触れる　　　　スキンシップ、マッサージ

※赤ちゃんには、6.笑う、7.触れる、5.言葉をかける、そして、1.抱っこでお散歩を！

©NPO法人 孫育て・ニッポン

図9－2　孫育て10か条

資料）NPO法人 孫育て・ニッポン　ホームページ　https://www.magosodate-nippon.org/

2）乳児の健康と専門知識

　乳児期の子どもを育てる家庭では，先に述べた通り，乳児の一般的な世話とともに，健康に関する専門的な知識を持ち合わせていなければならない。例えば，憤怒けいれんは「泣き入りひきつけ」とも呼ばれ，乳児期の子どもに時々見られる現象である。激しく泣いた時にけいれんし，息を止め，全身を真っ青にして親を驚かせるものである。しかし，この憤怒けいれんは長引くことはなく，自然に

治るものである。この知識を乳児に関わる人が身に付けておかなければ，慌てて救急車を呼んでしまうかもしれないし，両親に対して誤った助言をしてしまうこともあるかもしれない。

　発熱も，月齢によってはすぐに受診した方が良い発熱もあれば，夜中に高熱を出しても慌てて受診する必要のない発熱もある。このように乳児の健康を守るためには，医学的な知識も併せ持っておかなければならないことが，新米の両親にとって難しいところである。具体的な支援としては，若い両親が活用しやすい方法としてスマートフォンアプリケーションを活用したツールがある。

　「教えて！ドクター」（図9−3）は，長野県佐久市にある病院の小児科が中心となり作成されたアプリケーションである。「救急車を呼ぶ？即時受診？」の判断や，「症状から探す」のコンテンツでは赤ちゃんが泣き止まない時の対処が紹介され，「よくある質問」のコーナーも設けられている。母親が乳児を抱っこしていながら，片手で，指1本で，操作できるところがありがたい。

　長野県在住でなくても利用できる。

図9−3　一般社団法人長野県佐久医師会主宰「教えて！ドクター」（ホームページバナーより）
https://oshiete-dr.net/

　「全国版救急受診アプリQ助」（図9−4）は，総務省消防庁の開発したアプリケーションである。このアプリでは，選択式の症状チェック方式になっており，最終的には救急車を呼ぶかどうかの判断を行ってくれるアプリである。このアプリの良い点は，何度もやってみることができ，実施者を変えることもできる。

図9−4　総務省消防庁「全国版救急受診アプリQ助」（広報チラシより）
https://www.fdma.go.jp/mission/enrichment/appropriate/appropriate003.html

また以前から展開されている厚生労働省の「子ども医療電話相談事業（♯8000）」も活用されたい。子どもの病気は日中の明るい時間に発病するとは限らず，休日・夜間に相談できる窓口である。小児科の医師や看護師に相談できるものである[*1]。

また対応地域は限定されてしまうが，急なケガや病気のとき，救急車を呼んだが方がいいか，今すぐに病院に行った方がいいかなど，判断に迷うことがある。そのようなとき，専門家からアドバイスを受けることができる電話相談窓口が総務省消防庁の「救急安心センター事業（♯7119）」である[*2]。

我々支援者は，地域の実情と現代の親世代に親しみのあるツールをうまく掛け合わせた情報提供をすることが望まれる。スマホを活用した子育ての全てが悪いというわけではないことがわかる。乳児期の子どもを育てている家庭では，この時期の子どもの病気を一つひとつ経験しながら，親として成長していく。可愛い我が子が初めて高い熱を出すと「死んでしまうのではないか」と心配になるのは，どの親も同じである。私たち支援者は，その思いに共感していく姿勢が大切だと考える。

＊1 厚生労働省「子ども医療電話相談事業（♯8000）」
https://www.mhlw.go.jp/topics/2006/10/tp1010-3.html

＊2 総務省消防庁「救急安心センター事業（♯7119）」
https://www.fdma.go.jp/mission/enrichment/appropriate/appropriate007.html

3）乳児期に必要な家庭支援

この時期に重要なことは「心身両面で母親を支え，母親一人で子育てさせない」「子育ては母親一人の責任ではない」「母親の心と体の変化を理解する」ということである。乳児期に必要な支援は大きく次の3つであり，そのためのサービスが官民あわせて複数ある（**図9-5**）。

①母親の心身の疲労軽減に関する支援
②育児に関する知識・経験不足を補う支援
③母親の孤立防止に関する支援

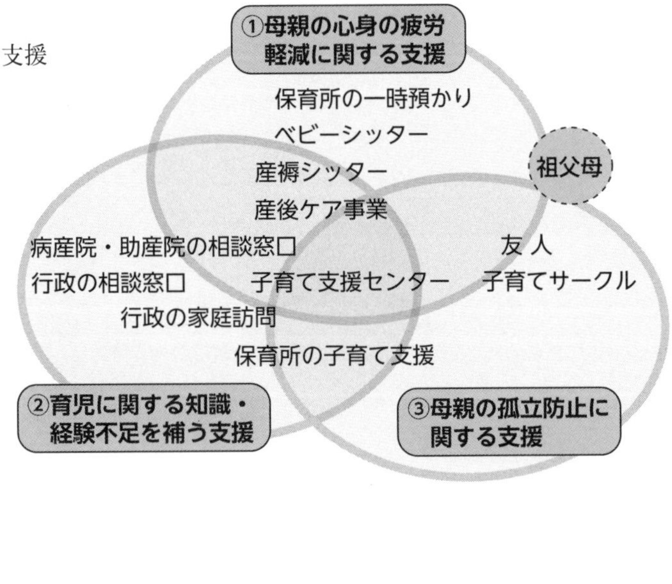

図9-5
乳児家庭への支援と官民のサービス
資料）太田光洋編「子育て支援・保育者に求められる新たな専門的実践・」同文書院, 2022

①母親の心身の疲労軽減に関する支援
保育所の一時預かり
ベビーシッター
産褥シッター
産後ケア事業
病産院・助産院の相談窓口
行政の相談窓口　　子育て支援センター
行政の家庭訪問
保育所の子育て支援
②育児に関する知識・経験不足を補う支援
③母親の孤立防止に関する支援
祖父母
友人
子育てサークル

そのサービスのなかでも「産後ケア事業」は，病産院退院後から利用でき，病産院や自治体が設置する場所（保健センター等），または対象者の居宅において支援がなされる。助産師等の看護職が中心となり，母親の身体的回復と心理的な安定を促進するとともに，母親自身がセルフケア能力を育み，母子の愛着形成を促し，母子とその家族が健やかな育児ができるよう支援することを目的とする事業である。産後ケアに対する地域におけるニーズや社会資源等の状況から，短期入所（ショートステイ）型，通所（デイサービス）型（個別・集団），居宅訪問（アウトリーチ）型の3種類の実施方法がある。

●**短期入所（ショートステイ）型**

地域の助産所などへの宿泊入所により母親の体力の回復やケア，乳児のケアといった支援を受けることができる。利用期間は原則として7日以内とし，分割して利用することができる。

●**通所（デイサービス）型**

上記の短期入所施設での日帰り利用。6～7時間滞在するタイプと2～3時間滞在しケアを受けるタイプがある（自治体による）。

●**居宅訪問（アウトリーチ）型**

利用者と日時を調整し居宅を訪問して保健指導やケアを行う。申し込み時の内容により，助産師をはじめとする専門職が十分な時間をかけ，専門的な指導またはケアを行う。

法律に基づく産後ケア事業とは離れるが，その他の支援として次のような民間サービスもある。

●**産褥シッター（産後ドゥーラ，産後ヘルパーなどともいう）**

居宅で，家事や乳児の世話を手伝ってくれるサービスである。産後はもちろんのこと，つわりやお腹が大きくなって動くのがつらい産前も利用できる。食事の支度や洗濯，ペットの世話や庭の清掃などの依頼も可。

これと似たサービスの「ベビーシッター」は主に子どもの世話をするものである。他にも一時預かり事業などさまざまな子育て支援事業などもある。

6　乳児期の家庭を支える全ての人へ

乳児期の家庭支援は，ある日突然始まるものではなく，妊娠期・分娩・そして産後の一連の流れの続きにある。

ある母親が，泣き叫ぶ乳児を抱き一生懸命泣き止まそうとしている。「ミルクあげたらどうかな？」という助言に「ミルクの時間まであと8分ありますから…」

という。

　みなさんは，この母親に「ミルクの時間なんて，そんな数分，気にしなくていいのですよ。飲みたい時に飲ませていいのですよ」と助言するであろうか。はたまた，母親の意志を尊重し，8分が過ぎていくのを共に待つであろうか。

• この母親が10数年にわたる長期間の不妊治療を経て，厳密に体調を管理してきた母親だったらどうだろうか

• この子が長期間NICUに入院し，飲水には制限のある子だったらどうだろうか

　我々専門職は目の前の状況だけで判断するのではなく，この母子にどんなストーリーがあるのか（あったのか），しっかりと見極めて適切にアセスメントする力をつけていかなければならない。家庭の状況に応じた支援を行っていくことが重要であろう。また，今後の課題として，周産期に問題を抱えていた家庭の「その後」を医療従事者から子育てを支援する専門職へ「専門的なバトンタッチ」をしていくことが重要であると考えられる。

【引用・参考文献】

国立社会保障・人口問題研究所「社会保障・人口問題基本調査（結婚と出産に関する全国調査）第15回出生動向基本調査結果の概要」2015
　http://www.ipss.go.jp/ps-doukou/j/doukou15/NFS15_gaiyou.pdf

厚生労働省「厚生労働省における妊娠・出産，産後の支援の取組」2020
　https://www.gender.go.jp/kaigi/senmon/jyuuten_houshin/sidai/pdf/jyu23-03.pdf

日本産科婦人科学会，倫理委員会，周産期委員会（周産期遺伝に関する小委員会）「NIPT受検者のアンケート調査の結果について」2021
　https://www.mhlw.go.jp/content/11908000/000754902.pdf

厚生科学審議会科学技術部会，NIPT等の出生前検査に関する専門委員会「NIPT等の出生前検査に関する専門委員会報告書」2021
　https://www.mhlw.go.jp/content/000783387.pdf

厚生労働省「妊娠・出産，生殖に関する政策動向」第4回NIPT等の出生前検査に関する専門委員会資料，2021

今崎裕子「緊急帝王切開を体験した女性の出産後約1年半までの出産に関する気持ち」日本助産学会誌20（1），2006

厚生労働省「周産期医療・小児医療の現状と第7次医療計画における取組み状況等について」第15回医療計画の見直し等に関する検討会資料，2019

Kerstin,U.M.& Kathleen,K.T. The Mystery of D-MER: What Can Hormonal Research Tell Us About Dysphoric Milk-Ejection Reflex?, Clinical Lactation, 9(1), 2018

D-MER.orgホームページ
　https://d-mer.org/

NPO法人 孫育て・ニッポンホームページ
　https://www.magosodate-nippon.org/

教えて！ドクターホームページ
　https://oshiete-dr.net/

総務省消防庁ホームページ「全国版救急受診アプリQ助」
　https://www.fdma.go.jp/mission/enrichment/appropriate/appropriate003.html

厚生労働省ホームページ「子ども医療電話相談事業（#8000）」
　https://www.mhlw.go.jp/topics/2006/10/tp1010-3.html

総務省消防庁ホームページ「救急安心センター事業（#7119）」
　https://www.fdma.go.jp/mission/enrichment/appropriate/appropriate007.html

太田光洋編『子育て支援 - 保育者に求められる新たな専門的実践 - 』同文書院, 2022

第10章 保育所・こども園・幼稚園を利用する子ども家庭支援

学びのポイント
- 法令や指針に示された保育所，こども園，幼稚園それぞれの役割を押さえる。
- 保育の専門家としての支援のあり方について事例を通じて学ぶ。
- 子育て家庭が抱える支援ニーズの内容とその背景を理解する。
- 保育施設の特性を生かした支援の方法について知る。

1 保護者に対する支援

現代の子育て家庭は，少子化や核家族化などによる地域社会のつながりの希薄化や社会情勢の変化による共働き世帯の増加，保護者の子育て不安や孤独な子育て等の問題を抱えている。そのような社会情勢のなかで，保育所や幼保連携型認定こども園，幼稚園等の保育機関においては，入所児童やその家庭，さらには地域も含めた子育て家庭を支援することを担っており，乳幼児期の子どもの健やかなる成長を育むためには，子育ての専門職である保育者（保育士・保育教諭・幼稚園教諭等）の役割が極めて重要である。

1）保育機関の支援の特徴

①保育所の役割

保育所は，児童福祉法39条の規定に基づき，保育を必要とする子どもの保育を行い，その健全な心身の発達を図ることを目的とする児童福祉施設である。厚生労働省より公表された「保育所等関連状況取りまとめ」によれば，2021（令和3）年の保育所等数は3万8,666か所で，2015（平成27）年の2万8,783か所から約1万か所増えている*1（**図10−1**）。都市部では待機児童数も多く，保育所不足が社会問題となっているが，年々保育所等数は増加しており，それに伴い利用児童数も増加の一途である。同調査によれば，2021（令和3）年の利用児童数は274万2,071人で，2015（平成27）年の237万3,614人より，約37万人増えている。以上のことから，保育所は社会福祉施設のなかでも施設数が多く，かつ全国的に広く分布していることから，最も身近な社会福祉施設であるといえる。

*1 特定地域型保育事業，認定こども園，保育所の総数。以下の利用児童数も同様。厚生労働省「保育所等関連状況取りまとめ（令和3年4月1日）」2021

図 10 − 1　保育所等施設の数と利用児童数の推移

資料）厚生労働省「保育所等関連状況取りまとめ（令和3年4月1日）」2021

保育所保育指針の第1章　総則には家庭や保護者に関する内容が示されている。

第1章 総則　1 保育所保育に関する基本原則　（1）保育所の役割

ウ　保育所は，入所する子どもを保育するとともに，家庭や地域の様々な社会資源との連携を図りながら，入所する子どもの保護者に対する支援及び地域の子育て家庭に対する支援等を行う役割を担うものである。

エ　保育所における保育士は，児童福祉法第18条の4の規定を踏まえ，保育所の役割及び機能が適切に発揮されるように，倫理観に裏付けられた専門的知識，技術及び判断をもって，子どもを保育するとともに，子どもの保護者に対する保育に関する指導を行うものであり，その職責を遂行するための専門性の向上に絶えず努めなければならない。

1つ目の**ウ**では，保育所は入所する子どもの保護者への支援と共に，地域の子育て家庭に対する支援の役割も担うことが示されている。それは，家庭や地域社会において育児についての見聞や経験が乏しい人が増えている一方で，身近に相談相手がなく，子育て家庭が孤立しがちな現状のなかで，地域に広く存在する保育所には，子育てのプロ（専門職）がおり，安心・安全な環境のもとで親子を温かく受け入れることができる特徴があるからである。

2つ目の**エ**では，児童福祉法第18条の4を踏まえ，保育士は子どもの保育や家庭での子育ての支援に関する専門職として，保育所保育の中心的な役割を担うことが示されている。

子育て支援で求められる保育士の主要な知識及び技術とは，

①子どもと保護者の関わりを見守りその気持ちに寄り添いながら適宜必要な援助をしていく関係構築の知識及び技術，

②保護者等への相談や助言に関する知識及び技術である。よって，保育士はこれらの専門知識及び技術を，子どもや家庭を取り巻く状況に応じた判断の下，適切かつ柔軟に用いながら子どもの保育と保護者への支援を行うことが求められる。

また，保育所保育指針の第4章「子育て支援」，そして同解説では，現代の保育所における子育て支援の重要性が記されている。保育所保育指針解説より，「保育所における保護者に対する子育て支援の原則」を引用する[*1]。

＊1 厚生労働省「保育所保育指針解説」2018，第4章 子育て支援

> 子どもの保護者に対する保育に関する指導とは，保護者が支援を求めている子育ての問題や課題に対して，保護者の気持ちを受け止めつつ行われる，子育てに関する相談，助言，行動見本の提示その他の援助業務の総体を指す。子どもの保育に関する専門性を有する保育士が，各家庭において安定した親子関係が築かれ，保護者の養育力の向上につながることを目指して，保育の専門的知識・技術を背景としながら行うものである。（以下略）

上記を踏まえると，保育士が行う保育指導とは，以下となる。

- 保護者が抱える現状・課題を理解すること
- 受容と傾聴を心がけること
- 保護者の相談に応じながら，助言や行動見本を示すこと

なお，相談を受けた際は必ずしも助言をする必要はない。保護者が子育てについての悩みや困り感を抱いている際，保育士に話を聞いてもらいたいという信頼関係がある状態，つまり子育ての理解者としての存在が最も重要である。

②幼保連携型認定こども園の役割

幼保連携型認定こども園は，認定こども園法（平成18年法律第77号）に規定される施設であり，「義務教育及びその後の教育の基礎を培うものとしての満3歳以上の子どもに対する教育並びに保育を必要とする子どもに対する保育を一体的に行い，これらの子どもの健やかな成長が図られるよう適当な環境を与えて，その心身の発達を助長するとともに，保護者に対する子育ての支援を行うこと」を目的としている（下線は筆者）。

幼保連携型認定こども園教育・保育要領の第1章総則第3幼保連携型認定こども園として特に配慮すべき事項には，「7　保護者に対する子育て支援に当たっ

ては，（中略）保育並びに保護者に対する子育て支援について相互に有機的な連携が図られるようにすること。また，（中略）保護者が子どもの成長に気付き子育ての喜びが感じられるよう，幼保連携型こども園の特性を生かした子育ての支援に努めること。」（下線は筆者）とあり，保護者との連携を図りながら，保護者自身が子育てに前向きに，やりがいを持つことができるような支援を行うことが保育教諭等に求められる。

　また，保育所保育指針と同じく，第4章には「子育て支援」がまとめられており，内容については保育所保育指針とほぼ同様である。

③幼稚園の役割

　幼稚園教育要領において，幼稚園の役割や家庭との連携などについて次のように示されている。

第1章 総則　第6 幼稚園運営上の留意事項

2　幼児の生活は，家庭を基盤として地域社会を通じて次第に広がりをもつものであることに留意し，家庭との連携を十分に図るなど，幼稚園における生活が家庭や地域社会と連続性を保ちつつ展開されるようにするものとする。（中略）また，家庭との連携に当たっては，保護者との情報交換の機会を設けたり，保護者と幼児との活動の機会を設けたりなどすることを通じて，保護者の幼児期の教育に関する理解が深まるよう配慮するものとする。

第3章 教育課程に係る教育時間の終了後等に行う教育活動などの留意事項

2　幼稚園の運営に当たっては，子育ての支援のために保護者や地域の人々に機能や施設を開放して，園内体制の整備や関係機関との連携及び協力に配慮しつつ，幼児期の教育に関する相談に応じたり，情報を提供したり，幼児と保護者との登園を受け入れたり，保護者同士の交流の機会を提供したりするなど，幼稚園と家庭が一体となって幼児と関わる取組を進め，地域における幼児期の教育のセンターとしての役割を果たすよう努めるものとする。
（以下略）

※下線，筆者

　つまり，幼稚園においても，幼稚園の機能を生かして，家庭との連携を図り，地域の子どもの健全な育ちを育むための幼児期の教育センターとしての役割が求められている。

2）保育の専門性を生かした子ども家庭支援とその意義

①子ども家庭支援の意義

　保育所保育指針の「第4章　子育て支援」では，「保育所の特性を生かし，保護者が子どもの成長に気付き子育ての喜びを感じられるように努めること」とある。乳幼児期は，子どもの成長にとって最も重要な愛着形成を図る時期であり，保護者が我が子を愛し，子どもの姿を肯定的に捉え，試行錯誤しながらも次第に親として成長していく過程である。さらに，乳幼児期は保護者にとって子育ての始まりであるからこそ，親子関係が良好な状態でスタートできるよう保育所における保育の専門性を生かした支援が求められる。

　子どもは家庭という環境のなかで育つ。その家庭において最も重要な環境は，人的環境である保護者である。しかし，現代の子育て家庭を取り巻く環境は大変厳しく，核家族化などの影響により身近に子育ての協力や援助してくれる存在も乏しい。保護者の年齢も幅広く，各家庭が抱える問題は実にさまざまである。そのようななかで，保護者にとって保育所は，我が子を安心して預けることができる施設であり，そこには日々我が子を温かな眼差しで保育してくれる子育ての専門職がいる。保護者にとって，保育者は我が子の最大の理解者であり，子育てのパートナーでもある。両者は，子どものより良い育ちを共通の目的として日々連携を図っていく。よって，子育て支援の意義とは，子育てしにくい現代において子どもの健やかなる育ちを保障するために保育施設が子育て家庭を支えていくことである。

②子どもの保育と共に行う保護者の支援

　人間の一生にとって最も成長著しい乳幼児期は，年齢ごとに，乳児であれば月齢ごとに子どもの姿（発達段階）が異なる。また，同じ年齢であっても，一人ひとりの子どもの生まれ持った性格や気質の違いによって，子どもの姿はさまざまである。保育者は，常に一人ひとりの子どもの姿を捉え，適切な発達を促していく。それがまさに保育という営みであり，保育者は子どもの保育と共に保護者への支援を行っていく。子どもが育っていく過程において，保護者が直面する困り感や悩みを受け止め，子どもの成長とともに保護者の子育て力の向上を図ることが重要である。よって，保育者は縁の下の力持ちとして，保護者自身が子育てに自信を持ち，卒園後も子どもの成長に寄り添うことができるような支援が求められる。

　このように，対象者（ここでは保護者）自身がその問題を解決し，本来の能力を引き出すよう働きかけることをエンパワメントという。そのためには，保育者は子育ての伴走者として保護者に寄り添い，側面からの支援を行っていくことが

重要である。

　以下の事例で具体的に理解していこう。

【事例1】　初めての子育てに一生懸命な1歳児の夫婦

　2月生まれで1歳児クラスに入園してきたAくん（男児）。両親は，20代後半で共働きの若い夫婦であり，毎日8時前に父親と一緒に登園し，お迎えは18時半頃（延長保育を利用）に母親が迎えに来ており，第一子のAくんを夫婦で協力しながら子育てをしている。月齢が低いこともあり，4月の入園当初は生活面などについては大人の援助が必要だったが，食べることも大好きだったAくんは次第に手掴みやスプーンを使って少しずつ自分で食べたり，月齢の高い友だちの真似をして自分で着替えようとする意欲も見られるようになり，その日々の成長を送迎時や連絡帳を通して家庭に伝えていた。

　しかし，登園や降園の際の保護者の様子を見ていると，生活のほとんどの場面で親が手伝っていることがうかがえた。日中は自分で靴下を履くようになったことを連絡帳で伝えたばかりなのに，迎えに来た母親は一方的に履かせており，Aくんもなされるがままである。担任は，「お母さん，Aくん自分で履けるようになったんですよ」と声を掛けるが，母親は「はい，……でも無理矢理やらせようとすると大声で泣くので，アパートでも皆さんのご迷惑にならないように，私がやってあげてます」と申し訳なさそうにいった。担任は，「自分でできることはやらせてあげた方がAくんの成長につながりますよ」と伝えたが，「私は全然大変じゃないので，ご心配していただかなくても大丈夫です」と答えた。

　Aくんの両親は，第一子ということもあり，Aくんを大事に育てようとする思いが伝わってくる。朝は父親，迎えは母親が担当しており夫婦で協力して仕事と育児をこなして，Aくんは両親からたくさんの愛情を受けている。一方担任は，Aくんの日々の成長を連絡帳に記し送迎時にもこまめに伝えており，子どもの成長を共に喜びながら，初めての子育てに奮闘する若い夫婦が親として成長する過程を支えようとしている。しかし，園でできるようになったことでも，両親が全てやってあげていることが送迎時の様子から伝わり，担任はどのように伝えていけば良いか悩んでいた。Aくんの家庭環境に目を向けると，アパート暮らしで，一旦泣くと隣近所に迷惑になるため，泣かれないようにしている夫婦なりの努力もうかがえる。しかし，その結果Aくんにとって両親は全て「やってくれる」存在になっており，それはAくんの成長には望ましくないと担任は捉え，助言は

したものの，母親には受け入れてもらえなかった事例である。

　家庭支援において重要なのは，まず保護者の置かれている家庭環境に目を向けることである。園と同様の働きかけを行うことはＡくんの育ちをより促すことになることは明らかであるが，「泣かれると困る」という保護者の強い思いを無視することは，結果的に「先生たちは私たちのことを理解してくれない」という不信感につながる可能性が高い。子どもにとって望ましい働きかけを行うことは大切であるが，保護者との協力関係なくしては家庭支援は成立しない。よって，「自分でできることはやらせてあげた方が…」というアドバイスは，一見すると子どもの発達を促す関わり方を保護者に指導しているように見えるが，保護者にとっては受け入れ難い働きかけである。ここでは，母親の言葉（思い）を傾聴することが望ましい。傾聴とは，相手の言葉をそのまま受け止めながら聴くことである。例えば，「そうですか。Ａくん，おうちでは大きな声で泣いてしまうのですね。泣かれると近所迷惑になって困りますもんね。お母さんもお父さんも，周りに気を遣ってらっしゃるのですね。」と返すことで，母親の言葉（思い）に対して共感的理解を示すことになる。

　この事例はその後，担任が保護者の思いを傾聴し，受容し続けたことで，次第に「親がなんでもやってあげるのは良くないと思います。でもどうすればいいのでしょうか。」と子どもとの関わり方について，母親自身からアドバイスを求めるようになっていった。保育者から見れば，望ましくない関わり方をする保護者に対し，どう伝えれば良いかを悩むことは多いが，保護者自身が自己決定することが重要である。そのためには，保護者との信頼関係が不可欠である。保護者は，子どもの成長と共に親になっていく。これを「親育ち」という。子どもが成長していくことで，保護者の育児に対する悩みは軽減されていくことが多い。それは，親が親として成長し，養育力が向上するからであろう。この親育ちの過程を支え続けていくことが家庭支援における保育者に求められる役割である。

3）日常的・継続的な関わりを通じた保護者との相互理解

　保育所等の保育施設が持つ最大の特徴は，保育者が子どもや保護者と日常的に接する機会を得られることにある。それは，入園から卒園まで継続的に続いていく。子どもは，１日のなかで，家庭と園を行き来しており，保護者と保育者が交互に子どもを保育している。両者を取り巻く環境の違いは当然あるが，人的環境である保護者と保育者が，同じ子どもに対し，同じ目線で，同じ価値観で保育にあたることが望ましい。それを達成するには，保護者との相互理解と信頼関係の形成が不可欠である。

信頼関係を形成していくためには，保育者が保護者を丸ごと理解することから始まる。中には，子どもへの関わり方が望ましくない保護者や，怒ってばかりで子どもが可哀想だと感じてしまうこともある。しかし，保護者が置かれている状況に目を向けると，育児に対する知識が未熟であったり，仕事や家事に追われて子どもの世話に手が回らなかったり，祖父母や親類等の協力が得られなかったりとさまざまな背景がある。また，保護者の生育歴によっては，子どもを十分受け止めることができなかったり，感情のコントロールが苦手であったり，攻撃的で子どもや園を責めるといった保護者（モンスターペアレント）もいれば，逆に自分自身を責めてうつ状態に陥りやすい保護者もおり，「子どもは可愛いけれど保護者との関わりが不安」という声が保育学生から聞かれるのも事実である。

　では，どのようにして信頼関係を得れば良いのだろうか。それにはまず，子どもの保育をしっかり行うことである。保育施設の重要な役割は，子どもの保育であり，子どもの成長を促すことである。日々，少しずつ成長していく子どもの姿を保護者に伝え，子育てを共有していく毎日を経ることで，保護者は保育者を，そして保育施設を信頼していく。かつて，保育現場で保育士として勤務していた筆者は，保護者との関わりに悩む若手に対し，「保護者と連携が取れない場合でも，きちんと保育をしましょう。子どもの姿を親に伝え続けていきましょう。子どもが成長すれば，親も安心しますし，やがて保育園を信頼してくれるようになります。」と繰り返し伝えていた。なかなか信頼関係が作りにくい保護者もいるが，家庭支援の基本は子どもの保育である。信頼関係の形成は長期的な視点が必要であり，保護者と子どもと毎日継続して関わることのできる保育施設だからこそ可能なのである。

2 　保護者や家庭が抱える多様な支援ニーズへの気づき

1）子育て家庭が抱えるニーズの背景

　保護者に対する子育て支援については，「子どもの保育に関する全体的な計画と密接に関連して行われる業務[*1]」であり，保育施設の保育者が担う役割は大変重要なものとなっている。現代の子育て家庭が抱えるニーズの背景は，家庭内の子育て機能の低下によるものである。

　近年では，社会・経済・技術の進展に伴うグローバル化やIT化，インターネット等の普及により，子どもへの教育の低年齢化，遊びの変化（三間の不足）等も

＊1 保育所保育指針解説 第1章 総則 3 保育の計画及び評価 (1) 全体的な計画の作成より

問題視されており，子育てを取り巻く環境の変化に伴い，子育て家庭が抱えるニーズも変化してきていることから，現代の子育て家庭に合わせた保育施設，及び保育者による子育て支援が重要である。

2）保護者が抱えるニーズの特徴

　これまで述べてきたように，現代の保護者は子育てしにくい環境のなかにいることがわかる。それらを保護者が抱えるニーズとして捉えると，大きく２つのニーズが考えられる。

①育児行動を学ぶ機会の取得

　育児行動，つまり保護者が育児と向き合う姿勢や態度[*1]を育むことが重要である。これらは本能的な行動ではなく，後天的な学習によって身に付けられるものである。例えば，自分のきょうだいや親類等の乳児との関わりのなかで，オムツを変えたり一緒に遊ぶ経験は，かつては当たり前にあり，自然と育児に向き合う態度が育まれていた。しかし，現代の親は，親になって初めて赤ちゃんと関わるケースが多く，育児を学ぶ機会が十分に得られていない現状がある。国立社会保障・人口問題研究所「世帯動態調査」の出生年次別平均きょうだい数を見ると，1950年代中盤以前は平均きょうだい数が３人を上回っていたが，1960年代以降は2.40〜2.44人程度で推移していた[*2]。また，国民生活基礎調査では，1986（昭和61）年の平均きょうだい数は1.83であったのが，2021（令和3）年は1.69人と減少しており，育児行動が育たない状態で自らの子どもを産み育てている傾向がさらに高まっている[*3]。

　上述の通り，現代は自然と育児に向き合う態度が育つ環境ではないことから，意図的に乳児と関わる機会を作ることが求められる。それに最も適した施設が，保育施設であり，人的環境としての保育者である。なお，育児と向き合う保護者への支援プログラムとして，カナダにおける親支援プログラム「ノーバディズ・パーフェクト[*4]」とアメリカにおける親支援のソーシャルスキルトレーニングである「コモンセンス・ペアレンティング[*5]」が日本でも導入されてきている。

②育児における孤立感の軽減

　現代の保護者は，子育てに関する相談や不安を打ち明ける相手が身近におらず，子育て不安が高い傾向にある。よって，保育施設を媒介として，保育者や子育て家庭同士とのつながりを持たせることにより，現代の孤立しがちな子育て環境から豊かな人間関係のなかで子育てができるよう保育者が支援していくことが求められる。例えば，遠足や運動会，発表会，保護者懇談会等の行事などは，保育者や保護者同士との交流の貴重な機会でもある。ただし，幼保連携型認定こども園

[*1] かつて育児は母親がするものというジェンダー意識から，「母性」という言葉が使われたが，現代では性別・年齢を問わず育児と向き合うことが望ましいとの考えから「育児性」という言葉が用いられることがある。

[*2] 国立社会保障・人口問題研究所「第7回世帯動態調査」2014

[*3] 厚生労働省「2021年国民生活基礎調査」2022

[*4] **ノーバディズ・パーフェクト**：プログラム名のノーバディズ・パーフェクトは「完璧な親はいない」の意味。ある特定の価値観から見た正しい子育て方法を親に教え込むというアプローチではなく，親が自らの長所に気づき，子育てに対する前向きな展望を持つように支援するプログラムである。

[*5] **コモンセンス・ペアレンティング**：アメリカの児童養護施設ボーイズタウンで開発された親支援のプログラム。コモンセンスとは，「当たり前の」「常識的な」という意味であるが，怒鳴ったり，体罰を用いたりせずに子育てを行うためのスキルトレーニングである。「効果的な褒め方」「予防的教育法」「問題行動を正す教育法」「自分自身をコントロールする教育法」などから構成されている。

においては，特に幼稚園型利用の1号認定と保育所型利用の2号認定の保護者が混在しているため，保護者が参加する行事の持ち方（日程・内容等）の検討が課題となっている。

3）保育士による相談支援活動（保育ソーシャルワーク）

　保育所保育指針解説によると，子育て支援の方法としてソーシャルワーク機能を挙げており，保育士はソーシャルワークの原理（態度），知識，技術等を取り入れた「保育ソーシャルワーク」を展開することが必要であるとされている。ソーシャルワークとは，生活課題を抱える個人・集団・地域社会等を対象として，そのニーズを明らかにし，社会資源などを活用しながら問題解決する相談援助活動のことであり，主に社会福祉士などのソーシャルワーカーによって行われている。保育士は，社会福祉の専門職として家庭支援を行う側面をもつことから，保育に関するソーシャルワークを実践していくことが求められており，保育教諭や幼稚園教諭においても同様な役割が期待されている。以下に保育所，及び保育士の例を挙げる。

　保育ソーシャルワークは，保育所が行うものと保育士が行うものの2通りがあるが，ここでは保育士が行う保育ソーシャルワークである相談支援活動を取り上げる。保育所で想定される相談支援場面は，個別援助（ケースワーク），集団援助（グループワーク），地域援助（コミュニティワーク），ネットワーキングなどが挙げられる。

①個別援助（ケースワーク）

　保育士が行う個別援助とは，通常，面接などを中心とする相談支援であるが，保育所の場合は相談室においての面接とは限らず，子どもの送迎時，例えば保育室の片隅で行う場合もある。また，送迎時間に余裕がない保護者や主に親以外が送迎する家庭においては，電話や連絡ノートでのやりとりによる支援になることもある。個別援助の過程としては，インテーク，アセスメント，プランニング，介入，モニタリングである[*1]。

②集団援助（グループワーク）

　保育士が行う集団援助（グループワーク）とは，通常，クラスごとに定期的に行われる懇談会や親の会，障がい児の親の会，地域の親子向けの活動の会などが考えられる。このような保護者が複数参加する会において保育士が心がけることは，保育士が一方的に進めたり助言をするのではなく，参加した保護者同士が自由に発言し，お互いの悩みや経験が引き出されるような雰囲気づくりである。例えば，1歳児クラスの懇談会で，家庭でトイレトレーニングに悩む保護者がいた

*1 相談支援の各過程については第8章，p.117を参照。

場合，上のきょうだいをもつ保護者からの経験談を聞いた方が，同じ親の目線でのアドバイスや共感が得られ，クラス内で支え合える関係づくりにつながる。

　集団援助においては，参加した保護者同士が共感し，お互いが役立ち合えるような連帯感を育んでいくためのファシリテーターとしての役割が保育士には求められる。

③地域援助（コミュニティワーク）

　保育士が行う地域援助の代表的なものとしては，保育室や園庭を解放し，地域の親子に利用してもらうことである。毎日，あるいは曜日を決めて一定時間，専用の保育室で担当の保育士が地域の親子支援を行う場合もある。例えば，季節の行事を取り入れることで，地域の子育て家庭が継続して参加すれば，入所していない保護者も子育ての専門家である保育士とつながり，子育てに関する悩みを聞いてもらったり，他の子育て家庭とつながることも期待できる。また，急な用事（冠婚葬祭，出産等）や育児疲れなどで一時的に子どもを預かる「一時保育」を行っている場合もある。

　地域援助において，保育士が心がけることは，地域の親子が安心して保育所を訪れるような環境づくりである。また，子育て家庭だけでなく，地域の特性を生かして，小・中学生や老人会などと世代間交流を積極的に図ることも良いだろう。地域全体で子どもたちの育ちを支え合う取り組みを保育所が中心となって行うことが，地域の子育て力の向上につながるのである。

④ネットワーキング

　保育士は，地域の子育ての専門職として，その地域の子育てや福祉に関するさまざまな機関と連携することが求められる。具体的には，児童相談所，福祉事務所，市町村の保育・保健担当，療育機関，医療機関，幼稚園，小中学校，地域の児童委員などと連携し，定期的に相談し合うことが望まれる。また，地域の要保護児童対策地域協議会などにも出席し，地域の子どもの福祉のために発言することもある。

　このように，一人ひとりの子どもが健やかに育っていくために，保育所を中心として，必要に応じて各専門機関が連携し，支援の輪を広げていくことがネットワーキングである。保育士はその調整役（コーディネーター）としての働きが求められているのである。

1）保育施設が持つ環境的特徴

　保育施設の特性を生かした保育者の家庭支援について考えていく。保育施設は，毎日保護者が子どもを送迎する。つまり，日常的に保育者と保護者が直接顔を合わせるので，保護者と継続的に関わる機会が得られるという特性がある。なお，幼稚園や幼保連携型認定こども園の1号認定の家庭は園バス利用の有無によっては直接保護者と会わないケースもあるが，連絡帳などでの交流は図られる。保護者の子育ての喜びや悩みは，子どもの成長と共に変化していくが，保護者を継続的に支援できることが保育施設における家庭支援の最大のメリットであるといえる。

　保育施設で行われる具体的な保護者への支援の方法としては，連絡帳の交換，定期的に発行されるおたより（園だより，クラスだより，給食だより等），保育参観，クラス懇談会等がある。また，遠足や運動会，発表会など保護者参加の行事については，保育者と保護者の関わりだけでなく，保護者同士の交流の機会になることから，重要な家庭支援の機会として捉え，計画していく必要がある。

2）子ども家庭支援の基盤

①送迎時のやりとり

　在園児に対する子ども家庭の基本は，送迎時のやりとりである。短時間ではあるが，直接保護者と顔を合わせ，会話することは保護者理解につながる。「おはようございます」「行ってらっしゃい」「お帰りなさい」「お疲れさまです」など，保育者から元気で明るい挨拶が毎日繰り返されることで，「園は毎日変わらず子どもや私（保護者）を受け入れてくれる安心できる場所」という肯定的なイメージを保護者が持つことにつながり，信頼関係が形成されていく。

　また，送迎時の保護者の様子や変化を捉えることも重要である。例えば，「子どもの話をあまり聞いていない」「ため息が多い」「保育者との会話を避けている」「最近登園（お迎え）時間が遅い」などの様子から，「仕事が大変かもしれない」「何かのストレスが溜まっているのかもしれない」「夫婦関係がうまくいっていないかもしれない」などと保護者のSOSに早めに気づき，早期対応につながることもある。また，保育施設での子どもの姿や保育者の子どもへの働きかけ（行動見本の提示）を見てもらう機会でもあり，保護者による保育や子どもの発達への理解にもつながる。

②保護者と関わる際の基本的態度

　保護者と関わる際，あるいは相談を受ける際の保育者の基本的態度は，傾聴の姿勢である。傾聴とは，「話し手のお話をそのまま受け止めながら聴くこと」である。保護者にとって，保育者は，我が子の成長を共に喜び，子育ての悩みを分かち合う存在であることが重要である。必ずしも助言する必要はない。保護者に代わって問題を解決するのではなく，保護者自身がその状況を改善できるよう，側面から支援していくことを心がけたい。保育者は，保護者の子育ての一番の理解者として，保護者を丸ごと受け止め，支え続けていく姿勢が求められる。

③保育の様子を伝える方法

●連絡帳

　保護者と保育者（担任）が子どもについて情報交換するコミュニケーションツールである。保護者にとっては，日中の園での我が子の様子を知ることができたり，気軽に子育てについての悩みや相談ができるメリットがある。また，保育者にとっては，家庭での子どもの様子や保護者の思いや悩みを知ることができ，ケースによっては個別相談につなげていくこともできる。このように，連絡帳は個別のやりとりであるため，信頼関係の形成につながる反面，文字による伝達方法であることから，記録として残るという側面がある。よって，怪我や子ども同士のトラブルなどのデリケートな内容については，直接口頭で伝えた方が良い。

●おたより

　保育施設においては，さまざまな種類のおたよりが家庭に向けて発行されている。「園だより」は，期ごとに発行されることが多く，内容は園全体への連絡事項や園（所）長から園運営への理解と協力を促す等である。「クラスだより」は，毎月発行されるもので，内容は子どもたちの様子（遊び面・生活面・行事への取り組み等），発達段階と特徴，子どもへの関わり方，各家庭への連絡事項等である。そのほか，給食だよりや保健だより，各行事（遠足・運動会・発表会等）についてのおたよりもある。これらは，一斉に全家庭に同じ内容が周知されることから，共通理解を図りやすいというメリットがある。

●個別面談

　年度内に定期的に実施される他，保護者や園側の事情により臨時に行われることもある。個別面談の際は，落ち着いて話ができる場所を確保すること，保護者の置かれている状況や現在の子どもの様子をまとめ，面談の目的を明確にして臨む必要がある。また，面談時間をあらかじめ決め，秘密が保持されることを確認する。バイスティックの7原則[*1]の相談援助技術を用いながら行うと良い。

*1 第5章, p.76参照。

●保育ドキュメンテーション，ポートフォリオ

　最近では，園での子どもの遊びや活動の様子について，写真や文字などを用い

て視覚的に表現するドキュメンテーションを用いる園が増えており，保育の様子が可視化されることから，保護者の園の保育の理解につながることが期待できる。また，ポートフォリオとは，写真や子どもの作品等をまとめて記録したもので，保護者と子どもの活動への取り組みや成果，成長を共有するものである。

【引用・参考文献】

厚生労働省「保育所等関連状況取りまとめ（令和3年4月1日）」2021

厚生労働省「保育所保育指針」2017

厚生労働省「保育所保育指針解説」2018

文部科学省「幼稚園教育要領」2017

文部科学省「幼稚園教育要領解説」2018

内閣府・文部科学省・厚生労働省「幼保連携型認定こども園教育・保育要領」2017

内閣府・文部科学省・厚生労働省「幼保連携型認定こども園教育・保育要領解説」2018

石動瑞代・中西遍彦・隣谷正範編著『保育と子ども家庭支援論』みらい，2020

上田衛編『保育と家庭支援（第2版）』みらい，2016

井村圭壯・相澤讓治編著『保育と家庭支援論』学文社，2015

井村圭壯・今井慶宗編著『現代の保育と家庭支援論』学文社，2015

井村圭壯・松井圭三編著『家庭支援論の基本と課題』学文社，2017

第11章 地域の子育て家庭への支援

学びのポイント
- ●地域子ども・子育て支援事業の内容や支援対象を学ぶ。
- ●子育て支援ネットワークなど家庭の孤立を防ぐ施策を知る。
- ●「共育て」における保育所の役割を理解する。
- ●保育所が連携すべき地域の関係機関と，連携内容を押さえる。

　本章では各地域において進められている，子育て家庭への支援内容や方法，今後の展望などについて見ていく。根拠法となる児童福祉法及び拠り所となる保育所保育指針では，地域の子育て家庭に対する支援について次のように示している。なお，子育て支援を行うことが必須となっている幼保連携型認定こども園教育・保育要領においても，第4章で地域における子育て家庭の保護者等に対して，地域の実態等を踏まえながら関係機関等との連携及び協働を図り，積極的な地域の人材活用に努めることが述べられている。

児童福祉法

第48条の4　保育所は，当該保育所が主として利用される地域の住民に対してその行う保育に関し情報の提供を行い，並びにその行う保育に支障がない限りにおいて，乳児，幼児等の保育に関する相談に応じ，及び助言を行うよう努めなければならない。(以下略)

保育所保育指針

第4章 子育て支援　3 地域の保護者等に対する子育て支援　(1)地域に開かれた子育て支援

ア　保育所は，児童福祉法第48条の4の規定に基づき，その行う保育に支障がない限りにおいて，地域の実情や当該保育所の体制等を踏まえ，地域の保護者等に対して，保育所保育の専門性を生かした子育て支援を積極的に行うよう努めること。

1 　地域の親子に対する支援の内容と方法

1) 子ども・子育て支援新制度と地域子ども・子育て支援事業

　地域の子育て家庭に対する支援事業の基礎となるのが，子ども・子育て支援新制度（以下，新制度）である。2012（平成24）年8月に成立した子ども・子育て関連3法をもとに，仕事と子育てが両立できる環境の整備や，社会全体で子育てを支えるしくみづくりとして，2015（平成27）年度から新制度が本格実施されている[*1]。

　新制度では，市区町村が主体となって行う主要施策の一つとして「地域子ども・子育て支援事業」が掲げられ，子ども・子育て支援法第59条が定める13の事業が進められている。以下に各事業の内容や対象者について解説する。

*1 子ども・子育て支援新制度は第7章，p.104を参照。

①利用者支援事業

　教育・保育施設や地域の子育て支援事業について情報提供を行うほか，必要に応じて相談・助言等を行い，関係機関との連絡調整，連携・協働の体制づくり等を行う。地域子育て支援拠点事業と一体的に運営されることで，市区町村の子育て家庭支援機能を強化する。
○支援対象：子ども・保護者等，妊娠している方
○支援担当者：利用者支援専門員，保育コンシェルジュ
○実施する場所：利用者にとって身近な実施場所

②地域子育て支援拠点事業

　乳幼児及びその保護者が集い，相互に交流できる場所を開設し，以下4つの基本事業を行う。(1) 子育て親の交流の場の提供と交流の促進，(2) 子育て等に関する相談，援助の実施，(3) 地域の子育て関連情報の提供，(4) 子育てと子育て支援に関する講習などの実施。常設の「一般型」と，児童館等の児童福祉施設で開設される「連携型」がある。
○支援対象：子育て親子
○支援担当者：市区町村もしくは市区町村より委託された社会福祉法人・NPO法人・民間事業者
○実施場所：公共施設，保育所等，児童館などの地域の身近な場所。公共施設の空きスペースや商店街の空き店舗，民家，マンション・アパートの一室も活用

③妊婦健康診査

　妊婦の健康の維持と増進を目的に，妊婦の健康診査として，「健康状態の把握」「検査計測」「保健指導」を実施する。また，妊娠期間中の適時に必要に応じた医学的検査を実施する。妊娠初期から23週までは4週間に1回，24週から35週は2

週間に1回，36週から分娩までは1週間に1回の受診が基準となっている。公費負担の対象となる検査もある。

○支援対象：妊婦

○実施する場所：地域の医療機関

④乳児家庭全戸訪問事業（こんにちは赤ちゃん事業）

　生後4か月までの乳児がいる全家庭を訪問して，子育て支援に関する情報提供や養育環境等の把握，育児に関する不安や悩みの相談を行い，支援が必要と判断された場合は，適切なサービスや関係機関と結びつける。産後うつや児童虐待防止策としても重要な取り組みであり，訪問時に民生委員・児童委員や地域子育て支援拠点のスタッフなどが同行する自治体もある。

　　○支援対象：生後4か月までの乳児のいるすべての家庭

　　○支援担当者：保健師または助産師

　　○実施する場所：各家庭（訪問）

⑤

a）養育支援訪問事業

　養育支援が必要となっている家庭を訪問して，子育て経験者等による育児・家事の援助や，保健師等による具体的な養育に関する指導助言等を実施し，個々の家庭の抱える養育上の諸問題の解決，軽減を図る。

○支援対象：育児ストレス，産後うつ病，育児ノイローゼ等の問題によって，子育てに対して不安や孤立感等を抱える家庭や，さまざまな原因で養育支援が必要となっている家庭

○主な担当者：子育て経験者や保健師等

○実施する場所：各家庭（訪問）

b）子どもを守る地域ネットワーク機能強化事業（その他要保護児童等の支援に資する事業）

　要保護児童対策協議会（子どもを守る地域ネットワーク）の機能強化を図るため，調整機関職員やネットワーク構成員（関係機関）の専門性強化と，ネットワーク機関間の連携強化を図る取り組みを実施する。

⑥子育て短期支援事業

　保護者の疾病などにより，家庭での養育が一時的に困難となった場合に，児童養護施設等で一時的に（原則7日以内）子どもを預かる「ショートステイ事業」，保護者の仕事等の理由により平日の夜間はまた休日に不在となる家庭の子どもを預かる「トワイライトステイ事業」がある。里親等への直接委託も検討されている。

○支援対象：家庭での養育が一時的に受けられない乳幼児

○主な担当者：児童養護施設等のスタッフ

○実施する場所：児童養護施設，母子生活支援施設，乳児院，保育所，ファミリーホーム等

⑦ファミリー・サポート・センター事業（子育て援助活動支援事業）

　乳幼児や小学生等の児童を有する子育て中の保護者を会員として，児童の預かり等の援助を受けることを希望する者と，当該援助を行うことを希望する者との相互援助活動に関する連絡，調整を行う

○支援対象：会員である子育て中の保護者とその子ども

○主な担当者：アドバイザー

⑧一時預かり事業

　仕事の都合や，病気・けがといった保護者の事情により家庭での保育が一時的に困難となった場合のほかに，育児ストレスの軽減などを理由として，主に日中に下記の保育所等で一時的な預かりをする，もしくは居宅を訪問して，必要な保護を行う。上記のように「一般型」「幼稚園型」「余裕活用型」「居宅訪問型」があり，「居宅訪問型」は障がいや病気で集団保育が困難な子ども家庭や，ひとり親家庭で一時的に夜間仕事をする必要がある家庭などの居宅で保育を行う。一定の研修を修了した保育士等が担当。

○支援対象：家庭で保育を受けることが一時的に困難となった乳幼児

○実施する場所

  ● 一般型：保育所，幼稚園，認定こども園

  ● 幼稚園型：認定こども園，幼稚園

  ● 余裕活用型：利用児童数が定員に達していない保育所等

  ● 居宅訪問型：利用児童の居宅など

⑨延長保育事業

　保育認定を受けた子どもについて，通常の利用日や利用時間以外の日，及び時間において，認定こども園，保育所等で保育を実施する。

○支援対象：市町村の保育認定を受けた児童

○実施する場所：民間保育所等，小規模保育事業所，事業所内保育事業所，家庭的保育事業所，駅前等利便性の高い場所，公共的施設の空き部屋等

⑩病児・病後児保育事業

　病児と病後児を対象に，病院・保育所等に付設された専用スペース等において，看護師等が一時的に保育等を実施する。

○支援対象：病児，病後児

○主な担当者：研修を修了した看護師や保育士

○実施する場所：病院や保育所等の専用スペース，自宅

⑪放課後児童クラブ

　保護者が労働等により昼間家庭にいない小学校に就学している児童に対し，授業の終了後に小学校の余裕教室，児童館等を利用して適切な遊び及び生活の場を与えて，その健全な育成を図る。

○支援対象：保護者が労働等により昼間家庭にいない小学校に就学している児童

○主な担当者：放課後児童支援員等

○実施する場所：学校の余裕教室，学校敷地内専用施設，児童館など

⑫実費徴収に係る補足給付を行う事業

　保護者の世帯所得の状況等を勘案して，特定教育・保育施設等に対して保護者が支払うべき日用品，文房具その他の教育・保育に必要な物品の購入に要する費用，または行事への参加に要する費用等を助成する。

○支援対象：低所得世帯等

○補助額（1人当たり月額）：給食費4,500円，教材費・行事費等2,500円

⑬多様な事業者の参入促進・能力活用事業

　多様な事業者の新規参入を支援するほか，特別な支援が必要な子どもを受け入れる認定こども園の設置者に対して，必要な費用の一部を補助する。

○支援対象：新規参入施設，私立認定こども園

○基準額：1施設当たり年額　巡回支援400,000円　1人当たり月額65,300円

2）子育て家庭の孤立を防ぐ地域に密着した支援

　1997（平成9）年の児童福祉法改正により，18歳までのすべての子どもと子育て家庭の支援を目的に，児童相談所よりも身近な相談窓口として，児童家庭支援センター（子ども家庭支援センター）が，児童福祉施設に併設する形で全国に設置された。児童虐待の防止や里親への支援など，児童相談所につなげる，あるいは児童相談所の役割を補う役目を期待されてスタートしたものだが，広く一般の家庭の育児についてもさまざまな悩みを幅広く相談できるようになっている。また，子ども家庭支援センター，児童相談所，母子生活支援施設の複合施設として「子ども家庭総合支援拠点（2022年度末までに全市町村に設置）」など，包括的な子育て支援スタイルが目指され，妊娠中の母親への支援を含む「子育て世代包括支援センター」の全国展開と[*1]，地域における子育て支援ネットワークの構築が進められている。

　みずほ情報総研による「子育て支援ネットワーク構築に向けた調査研究」によれば，子育て支援ネットワークの立ち上げ時期は行政主体と民間主体ともに2001（平成13）年以降，大幅に増えている（**図11-1**）。また，運営主体（運営事

*1 2020（令和2）年4月1日時点で，全国の子育て世代包括支援センターは1,288市区町村に2,052か所設置。
厚生労働省「子育て世代包括支援センター実施箇所一覧（2020年4月1日時点）」2020
なお子育て世代包括支援センターと子ども家庭総合支援拠点は，2024（令和6）年度より「こども家庭センター」として一元化され，こども家庭庁が管轄する。

務局）は行政では，市町村・都道府県の子育て支援所管課等が最も多く（93.8%），民間の場合はNPO法人（36.2%），次いで保育所・幼稚園・認定こども園と社会福祉協議会（ともに8.5%），子育てサークル（6.4%）と続く。

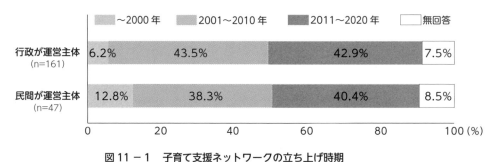

図11－1　子育て支援ネットワークの立ち上げ時期
資料）みずほ情報総研「子育て支援ネットワーク構築に向けた調査研究　報告書」
（厚生労働省令和2年度子ども・子育て支援推進調査研究事業）2021

　このような流れは，子育て家庭の個別のニーズを把握し，必要な事業とつなぐ取り組みの一環であり，「子ども及びその保護者が置かれている環境に応じて，子どもの保護者の選択に基づき，多様な施設又は事業者から，良質かつ適切な教育及び保育その他の子ども・子育て支援が総合的かつ効率的に提供されるよう，その提供体制を確保する[*1]」という子ども・子育て支援新制度の趣旨を踏まえたものである。子育てが「孤育て」ともいわれる現代において，悩みを抱える保護者が地域のなかで孤立することを防ぐ子育て支援施設の存在意義は大きい。

　国や県，市区町村の事業だけでなく，一時預かり事業及び子育てサロンやイベントの企画運営，育児相談や子育て情報の発信，ボランティア育成支援など，地域に密着した支援を行う子育て支援センターを併設している保育所等も多い。地域性を理解した顔見知りの保育者だからこそ相談できる保護者もいる。地域の行事や環境を理解しているからこそ企画できるイベントや交流活動もある。そして，地域のなかの暮らしに思いを馳せることができるからこそ，必要なタイミングで適切な情報提供や声掛けが可能になることも多い。

　地域子ども・子育て支援事業の動向や具体的な事業内容と手続きについて把握することに努め，子どもと保護者の変化に気づいて適切な支援を組み立て，あるいは一緒に探り当てる（創出する）姿勢が保育者には求められる[*2]。そのためにも，地域とつながりを持ち，「地域に開かれた園」であることが重要である。ICTも効果的に活用して，子育てに関する情報発信に努め，地域交流や保育相談等を工夫するなど，園及び子ども・保育者と地域がつながる日常的な取り組みが大切になる。

[*1] 子ども子育て支援法第3条3より

[*2] 平松知子「保育の場からみる貧困へのまなざし」発達151，ミネルヴァ書房，2017，p.37-41

2　「共育て」という支援

1）家庭のニーズと関係機関をつなぐ保育所の役割

「孤育て」に対して「共育て」という語が用いられることもある。

前者は，パートナーや親族の協力が得られず，近所との付き合いもなく孤立したなかで子育てをせざるを得ない状況を表している。そのような状況が育児不安を強め，児童虐待にもつながる場合があることから，「共育て」の重要性が語られるようになった。社会が子育てを担う方法を模索していることは，前節の地域子ども・子育て支援事業に見ることができる。それぞれの事業は，子育てが親子の間で閉じられたものではなく，人間本来の子育てが，多くの人々との出会いとつながりのなかで営まれることを踏まえた施策なのである。

「共育て」を共同的で社会的な人間本来の子育てと捉えた上で，ひとり親家庭，障がい児を育てる家庭，共働き家庭，看護や介護を必要とする家族のいる家庭などについて，「共育て」の視点を持った対応が必要な状況を理解することは，支援を考える上での知見を得ることにつながる。また，保育所等が持つ地域の子育ての拠点としての役割や，「地域に開かれた園」を目指した取り組みを知ることは，保育者のあり方について認識を深める。

以上を踏まえ，2つの事例から「共育て」という支援を考える。

【事例1】　障がい児を育てる共働き家庭への支援

K男は公務員の共働き夫婦の長男で，姉と一緒に1歳から保育所に通っていた。2歳を迎えても言葉を発することがなく一人遊びが多いことから発達の遅れが心配されていた。保護者は1歳半健診の結果を知ることをためらって受診しなかったが，2歳を過ぎた時点で障がいを覚悟して発達相談支援センターを訪れることとなった。その間，保育所はK男の障がいに触れることなく，日々の様子を送迎時の会話や連絡帳で具体的に知らせるに留めてきた。

K男の様子を観察し，育ちの経過と現状を確認して自閉スペクトラム症の疑いがあることを担当医から伝えらえた保護者は，その結果と療育上配慮すべきことなどをまとめて保育所に報告した。報告を受け，保育所では障がい児枠での保育を申請すれば継続して引き受ける旨を保護者に伝えた。その後も，保育所内でK児をはじめとした特別なニーズを有する児に関する情報共有を行いながら，きめ細かい対応が重ねられた。

小学校は，地域の小学校の特別支援学級に入ることになり，保護者の了解

を得て，作成していた個別の指導計画をもとに小学校との引き継ぎを行った。保護者も複数回の見学を経て入学式を迎えた。そして，入学してしばらくの間は，放課後を児童館で過ごすことは難しいと保護者が判断し，学生ボランティアやホームヘルパーに保護者が帰宅するまでＫ男の自宅で一緒に過ごしてもらった。学校生活に慣れてからは，障がい児を対象とした放課後ケアの利用を始めた。このようにして保護者は，入学後の生活の変化を乗り越え，共働きを継続した。

資料）菅原弘『自閉症児とその家族の10年』明治図書，2002をもとに作成

【事例2】 養育と介護と仕事を抱えるひとり親家庭への支援

　Ｓ子の母はひとり親で，理容業を営み，早朝や夜間のアルバイトもして生活を支えている。最近，介護を必要とする祖母が同居することになった。年長児になって生活に落ち着きが見られるようになってきたＳ子だったが友だちとのトラブルが増え，わざと悪ふざけをして注意を引こうとするような変化が見られるようになった。保育者が心配して，その様子を母親に伝えた時に，祖母との同居という生活の変化が分かったのである。祖母との同居以前からＳ子は延長保育や一時預かりを利用していたが，生活の変化を把握することができたことで，発達相談支援センターや児童相談所とも連携して，居宅訪問を含めた支援を検討し実施した。

　「Ｓ子のおかげで私は素晴らしい人々と出会わせてもらいました。私でできることで恩返しがしたい」というＳ子の母の言葉が忘れられない。この一言は，保育所から特別支援学校，そして一時的な施設入所を繰り返しながら辿った生活を振り返って語られたものである。Ｓ子の母は現在も入所施設への定期的な訪問（面会と入所者への理容ボランティア）を続けている。

　まず，障がい児を育てる「共働き家庭」と「ひとり親家庭」の例を挙げたが，いずれも保育者の信頼関係を築く日々の努力が保護者の生活を支えた事例である。保育者が保護者と関係機関をつなぐ役割も担っていることが分かる。保育コンシェルジュ等の支援をコーディネートする専門職と共に，最も身近に居る保育者

は，子どもと保護者のニーズを把握し，支援制度等の知識を踏まえて関係機関とつなぎ，保護者と一緒に具体的な支援策を探す姿勢が大切である。保育所は，保護者によって名付けられ，人格を有する目の前のかけがえのない子どもを，その保護者と共に育てるという意味での「共育て」の中心的な施設である。子どもと保護者を孤立させないという重要な使命を担っていることは忘れてはならない。

2）地域の子育て拠点となる保育所

保育所等には，次に挙げるような，地域の子育ての拠点としての役割がある。

【事例3】　引っ越しの多い家族への支援

　Ｔ子（1歳）一家（両親とＴ子）は父の転勤に伴って転居の多い生活を送っている。今回初めて地方への転勤となり，方言が理解できないことと相まって，初めての土地での生活に少なからず困惑していた。

　母親が転居に伴う種々の手続きを済ませ，町内会の決まり事などを少しずつ理解し始めたころ，回覧板の保育所や児童館で開かれる親子行事や講習会の記事が目に留まった。インターネットで検索してみると主催する保育所や児童館の様子が詳しく掲載されていた。これまでの親子行事や講習会の様子が写真入りで紹介されている。記事を見て，「そういえば，引っ越してからＴ子は家族としか接していない」ことに気づき，自分もまた不慣れな土地での生活に戸惑いを感じていたことを再認識して，母親は「Ｔ子と一緒に出かけてみよう」と思ったのだった。

　保育所では園庭開放や遊びの広場が行われていた。そこには保育所の在園児親子だけでなく，地域の子どもと保護者が集い楽しく語り合える雰囲気があった。保育者の子どもへの接し方や先輩ママの経験談は，食事や排泄などの基本的生活習慣の自立に関する情報や遊び方や玩具の使い方などの子育てに関する知識を増やし，行動見本ともなり得るものだった。また，子育てに関する情報だけではなく，地域の身近な生活情報を知ることが何より楽しく，日々の生活に役立った。そして，語り合える顔見知りができることで，不慣れな土地での漠然とした不安が解消されていった。その後，Ｔ子が保育所に通うようになると，父親も運動会の実行委員や父親教室に参加して汗を流し，父親同士のつながりを楽しむようになった。

【事例４】 子育てのしやすい地域を目指した取り組み

　R男は県庁所在地に核家族で暮らす，きょうだい３人の末っ子である。元気よくあいさつができる活発な年長児である。一番年上の兄は高校生，姉は小学５年生で，R男の通う保育所を卒園した。R男の送り迎えの際に，共働きの両親が，子ども（兄と姉）が家事を手伝うようになって助かっていると話すのをよく保育者は耳にするようになった。両親は子育てにとりわけ熱心という印象はなかったものの，運動会や遠足などの保育所の行事には欠かさず参加し，父親も準備係などの仕事に汗を流す。

　懇談会で母は，「先輩ママから一言」と発言を求められて，経験談を子育て初体験の母親に面白おかしく伝える。そのため，通所していない地域の子育て家庭を対象とした「子育て教室」でもゲストスピーカーを依頼されるようになった。また，高校生を対象とした「乳幼児とのふれあい教室」や「保育体験」を経験した兄は，自分の保育所生活を振り返りながら「Rも赤ちゃんのときは可愛らしかったなあ」と弟をからかいながら遊びに誘うことがある。姉は少し離れてそんなきょうだいの様子を見ているが，「保育士か看護師（助産師）になりたい」と母に話し始めた。姉は，登下校の際に，赤ちゃんを抱っこしている見知らぬ母親から「お母さんに元気をもらいました。ありがとう」などと声をかけられて戸惑うこともあったが，「赤ちゃんかわいいですね」などと応じて，顔見知りになることでうれしい気持ちも味わっている。

　地域の子育ての拠点として，保育所は交流の場と活動を提供している。直接子どもと接する保育者や育児経験者の対応を見て学ぶ機会や，体験を語り合い，地域の行事や生活に密着した情報を交換する機会を設けることも子育て家庭の育児不安を軽減するきっかけになる。そのほか離乳食づくり等の育児講座や給食試食会，玩具作り（作った玩具での親子遊び）など，参加者全員が楽しむことができる工夫も行われている。そして，それらの情報は，園だよりを回覧したり，町内会などの掲示板や行政の広報に掲載したりするだけでなく，現在はホームページやSNSを介して，周知と情報交換が行われている。幅広い年代や職種を巻き込んで，次世代育成を含めた内容を企画するなど，地域の特性を生かした子育てに優しい地域づくりに向けた取り組みが行われている。

　「地域に開かれた園」としての模索も続けられている[*1]。身近な自然環境や働く人々とのふれあいや，子どもたちが市民として参加する地域社会を，コミュニティコーディネーターと共に創出する挑戦が行われている。また，１時間ボラン

＊1 姉尾正教，関山隆一，松本理寿，木村創，瀬沼幹太，三輪律江「特集2 地域に開かれた園へ」発達166，ミネルヴァ書房，2021，p.47-90

ティアをすると1時間子どもを預けることができる「園内通貨」を発行して地域住民を呼び込んだり，高齢者が時間を見つけて園を訪れることを日常化したり，園児に親しみやすくなるように，保育園に訪れるボランティアに「コミちゃん」という名称をつけるなどの工夫が行われている。そのような取り組みを通して，赤ちゃんと保護者，外国人留学生や合唱サークル等との関わりが広がっている。また，保育所が，子どもの育ちに欠かせない対人関係（群れ遊ぶこと）とまねる対象（憧れを抱く模倣モデル）を地域に探し求め，子どもたちに楽しくつながりを持たせる経験が地域の共助力を高める事例も指摘されている。地域の資源を生かし，人と人をつなぐ工夫が子どもたちの育ちを支え，子育て家庭の孤立を防ぐ手立てとなる。それは同時に，子どもと多様な人との出会いの保障につながる。

3　地域資源を生かし，つなぐ相談と支援
（保護者及び地域が有する子育てを自ら実践する力の向上に資する支援）

保育所保育指針には地域の関係機関との連携について次のように示されている。

> **第4章 子育て支援　（2）地域の関係機関等との連携**
> **ア**　市町村の支援を得て，地域の関係機関等との積極的な連携及び協働を図るとともに，子育て支援に関する地域の人材と積極的に連携を図るように努めること

「地域に開かれた園」を目指した取り組みはこの具体例でもある。

地域には社会制度としての資源（保育や児童福祉に関する法律や制度等），専門的な施設や機関（行政の公的な機関や施設，民間も担っている専門機関），公式な人的資源などのフォーマルな資源がある。また，家族や友人，ボランティア，ママ友やセルフヘルプ・グループ等の人的な資源や情報を得るためのツールや施設利用に際しての交通手段なども広い意味での社会資源（インフォーマルな資源）と捉えることができる。フォーマルな資源とインフォーマルな資源を**表11－1**に整理した。

表11－1　フォーマルな資源とインフォーマルな資源

フォーマルな資源	インフォーマルな資源
○公的な専門機関 児童相談所，福祉事務所，家庭児童相談室，市区町村の子育て支援及び保育，教育担当課，子ども家庭総合支援拠点，保健所，保健センター，警察，家庭裁判所 ○公民いずれも運営している機関 保育所，認定こども園，幼稚園，学校，病院，児童館，放課後児童クラブ，児童発達支援センター，療育施設，地域子育て支援拠点事業所 児童福祉施設（児童福祉施設，乳児院，母子生活支援施設等） ○地域の専門的活動 民生委員，主任児童委員，社会福祉協議会，ファミリーサポートセンター	家族，親戚，近隣住民，友人，知人，ママ友，パパ友，職場の同僚，PTAや親の会等 ○営利組織（企業） 塾，家事代行サービス ベビーシッター 子育てサークル，子ども会 交通機関（送迎の有無等） 情報通信手段（ICT機器等） マスメディア（新聞，TV等） ○ボランティア NPOによる相談，支援 子ども食堂など

　保育者は，各家庭のニーズを把握し，利用できる地域資源を探し，必要に応じて専門機関等との連携を進めながら，保護者が主体的に社会資源を活用して状況を改善することができる支援を行うことが求められる。

　保育者が地域の子育て親子に対して相談・助言を行う場面には二つある。一つは保護者が子育てや生活上の相談がしたいと思って訪れる場合であり，もう一つは交流の場に参加している親子の様子から相談援助活動へと導いていく場合である。いずれの場合も，保育者の対応が子育ての負担軽減につながるだけでなく，虐待等の不適切な養育の予防の効果を持つ。相談援助の際には，発達・教育心理学，及び相談支援や保育に関する専門的な視点で親と子の状況を捉えて対応する必要がある。

　保育所保育指針には以下のように記されている。

第4章 子育て支援　1 保育所における子育て支援に関する基本的事項

（1）保育所の特性を生かした子育て支援

　ア　保護者に対する子育て支援を行う際には，各地域や家庭の実態等を踏まえるとともに，保護者の気持ちを受け止め，相互の信頼関係を基本に，保護者の自己決定を尊重すること。

　イ　保育及び子育てに関する知識や技術など，保育士等の専門性や，子どもが常に存在する環境など，保育所の特性を生かし，保護者が子どもの成長に

気付き子育ての喜びを感じられるように努めること。

(2) 子育て支援に関して留意すべき事項

ア　保護者に対する子育て支援における地域の関係機関等との連携及び協働を図り，保育所全体の体制構築に努めること。

イ　子どもの利益に反しない限りにおいて，保護者や子どものプライバシーを保護し，知り得た事柄の秘密を保持すること。

　子どもの最善の利益を考慮することを常に念頭において，保護者の気持ちに共感するよう努めることがニーズを把握する出発点となる。保育者が発する言語的・非言語的メッセージ（表情・動作・姿勢・服装・子どもへの関わり方等）を受け止め確認しながら，非審判的態度で傾聴する。そして，そのような対応により得られた情報を整理して適切なアセスメントにつなげる。ニーズの把握とアセスメントに際しては，弱み（苦境）を他人に知られることを避けたいと思うと同時に「分かってほしい」「分かり合いたい（つながった実感を持ちたい）」という欲求を誰もが持っていることを忘れずにいたい。生活や子育てに悩みを抱いている場合はなおさらである。それでも誰かとつながろうとしている相手への敬意を払った対応が必要不可欠である。理解しようと真摯に努める相手として認識され，「この人なら話しても良いかもしれない」という気持ちが保護者に芽生えることで，問題解決の糸口が見つかる可能性も高まる。

　以上のようにして信頼関係を築きつつ，利用できる地域の子育て資源を探し，手続きを進め，必要なつながりを作っていく。そして，定期的なモニタリングを行って，（変容）経過や，手立ての適否あるいは効果を確かめる。そのような支援体制を構築するために，担当者間の情報交換や引継，そして専門機関間の連携のあり方を工夫し続ける必要がある。

　前節の【事例3】や【事例4】，そして「地域に開かれた園」のように，社会的なつながりが子どもの生活を豊かにし，育児不安等を軽減する取り組みも行われている。保育所等の子育て支援においては，個別の相談活動と並行して，当事者（集う親子）の力を相互に利用した活動も有効な手立てとなる。その際，保育者は，「促進者」「状況整備者」といわれるファシリテーターの役割を担う。話し合いやグループ活動が主体的で自立的な活動となるように場の設定や進め方，そしてアドバイスの仕方を工夫する。親子が相互に穏やかに話し合える場を整え，自らの体験を語り合うなかで，参加者が学び合い，支え合えるような場を作る。「完璧な親はいない（Nobody's Perfect）」という支援プログラム*1のように，抱えている悩みや関心事をグループで出し合うことも支えや励みになることを踏まえ，自分に合った子育ての方法を見つけていく姿勢を大切にした子育て講座を企画するこ

*1 第10章, p.155参照。

ともある。どのような場合でも，保護者同士が支え合える（ピア・サポート）関係となるように，同じ問題を抱えた者同士が横（水平）の関係で対話できるよう配慮する。偏見にもつながる凝り固まった見方や考え方を，保育者を含めた参加者各々が持っていることに気づかせられることがある。グループでの対話や活動を，多面的な理解，公平で的確な相互理解につなげたい。

　保護者は，個別に，あるいはグループで培われた関係によって，子どもに向ける視点が変わり，子育てに関する視野が広がり，孤立を免れ（機関連携を含めて），心身共に癒され，見通しが立つ（具体的な支援が見つかる）ことで，疲弊した状況を乗り越える力を得る。これを「横のつながり」とすれば，「横のつながり」は，子どもの成長と共に引き継がれ，状況の変化に応じて組み立て直される必要がある。社会情勢の変化に応じた対策も必要である。地域子ども・子育て支援事業の具体的な内容も変化する可能性は常にある。だからこそ，育ちと支援経過を本人・保護者が把握し，プライバシーに配慮した方法で，必要に応じて，関係者との共通理解に役立てるシステムが必要になる。引継や共通理解に資する情報の蓄積とその活用システムを「縦のつながり」と呼ぶことにすると，個別の支援計画や個別の指導計画などの特別支援教育における一貫した支援体制が地域に構築されることが望まれる。保育支援システムの導入による業務の効率化が進んでいるが，ICTを活用し，データベース化を軸とした情報の利活用によって，「縦のつながり」が効果的に進む可能性がある[*1]。保育日誌などの記録や計画等をもとに発達や変容過程，相談経過を可視化し，可視化した資料をもとに保護者や関係機関との支援内容と方法を吟味しやすくなる。事実をもとにした対話は，先に触れた話し合いやグループ活動による支援同様の効果を参加者にもたらす。

　縦横に張り巡らされた必要に応じて「つながり・結び・ほどけ・つなぎなおす」支援網，いわばノットワーク（knot＝結び目）を構築すること[*2]，そして，それぞれの結び目で，計画や記録（保育記録・相談記録等），ドキュメンテーションなどをもとに，子どもの状態と保護者そして保育者の対応を吟味する関係を作りたい。そのような関係を築くことが，エンパワメント（自らが環境を改善する力を高め，自らの生活を自らの決定によってつくりあげていく過程を支援する）につながる。そして，本人・保護者が，「何とかなる」「何とかできる」と思えるようになること，現状を受け止めて前向きに挑戦する姿勢，「私にはできる」「これからも一緒に生きて行こう」という姿勢を培うことにつながると考える。

　【事例２】で紹介したＳ子の母の一言は，子どもと保護者，保護者と保育者，そして保護者と関係機関とが時間をかけて織り成した生地の模様を眺めて，それに要した汗と涙によって母自身の心が開かれ，出会った人々とのつながりのなかにいる自分とＳ子を慈しむ心情が伝わってくる言葉である。Ｓ子の母の姿は，支

＊1 菅原弘『自閉症指導・支援のための情報データ活用実践』明治図書，2010

＊2 田中康雄「発達障害の早期発見・早期療育」，『そだちの科学No.18』日本評論社，2012，p.14

援される者が同時に支援する者となり得ること，支援する側と支援される側が心の底から自然に「お互い様」といい合える社会を目指すことの大切さを示している。「お互い様」といい合う日常がある地域を作る地域の子育て家庭支援を目指したい。

【引用・参考文献】

厚生労働省「保育所保育指針」2017

内閣府「子ども・子育て支援新制度について」2021
　　https://www8.cao.go.jp/shoushi/shinseido/outline/pdf/setsumei_p1.pdf

厚生労働省「子育て世代包括支援センター実施箇所一覧（2020年4月1日時点）」
　　https://www.mhlw.go.jp/content/11900000/000662087.pdf

厚生労働省「保育を取り巻く状況について（2021年5月26日）
　　https://www.mhlw.go.jp/content/11907000/000784219.pdf

みずほ情報総研「子育て支援ネットワーク構築に向けた調査研究　報告書」2021

平松知子「保育の場からみる貧困へのまなざし」発達151，ミネルヴァ書房，2017

菅原弘『自閉症児とその家族の10年』明治図書，2002

姉尾正教，関山隆一，松本理寿，木村創，瀬沼幹太，三輪律江「特集2 地域に開かれた園へ」発達166，ミネルヴァ書房，2021

菅原弘『自閉症指導・支援のための情報データ活用実践』明治図書，2010

田中康雄「発達障害の早期発見・早期療育」，『そだちの科学 No.18』日本評論社，2012

第12章 要保護児童等と家庭に対する支援

学びのポイント
- 要保護児童と要保護児童対策地域協議会について理解する。
- 児童虐待の現状や虐待の種類，影響などについて学びを深める。
- 児童虐待における保育機関の適切な対応を知る。
- 社会的養護について保育者に求められる知識を得る。

　すべての子どもや保護者に対して，子育ての支援を行っていくことは保育機関にとって重要な機能・役割である。なかでも，児童虐待や不適切な養育などが認められる要保護児童等については，必要に応じて自治体と連携して対応していくことが求められている。本章では要保護児童等の支援を行うために必要な事項について学習をすすめる。

1　要保護児童とは

1）要保護児童等の定義

　児童福祉法では要保護児童は「保護者のない児童又は保護者に監護させることが不適当であると認められる児童」（第6条の3第8項）と規定され，虐待を受けた子どもに限らず非行児童なども含まれる。

　要保護児童は，各自治体の児童福祉担当部局や母子保健担当部局が事務部門として招集する要保護児童対策地域協議会において，支援対象児童等として認定されることになっている。

　要保護児童のほかに支援が必要とされる対象として，要支援児童と特定妊婦の存在がある。要支援児童とは，保護者の養育を支援することが特に必要と認められる児童で，かつ要保護児童以外の者であり，特定妊婦とは，出産後の養育について出産前において特に支援が必要と認められる妊婦である。特定妊婦は，若年の妊婦及び健康診査未受診や望まない妊娠等で，妊娠期からの継続的な支援を特に必要とする妊婦を対象としている。

　要保護児童対策地域協議会設置・運営指針に示される支援対象者を以下に記す[1]。

＊1 厚生労働省「要保護児童対策地域協議会設置・運営指針」2020〈令和2〉年3月31日子発0331第14号

支援対象者

①要保護児童（保護者のない児童又は保護者に監護させることが不適当である
と認められる児童）及びその保護者（児童福祉法第6条の3第8項に規定）

②要支援児童（保護者の養育を支援することが特に必要と認められる児童で①
以外の者）及びその保護者（児童福祉法第6条の3第5項に規定）

③特定妊婦（出産後の養育について出産前において支援を行うことが特に必要
と認められる妊婦）（児童福祉法第6条の3第5項に規定）

上記①，②，③を総称して「支援対象児童等」という。

2）要保護児童対策地域協議会─子どもを守る地域ネットワーク─

　市町村には，要保護児童に関する情報や要保護児童の適切な保護を図るために必要な情報の交換，要保護児童等に対する支援の内容に関する協議を行う要保護児童地域協議会（以下，要対協）の設置が求められている（児童福祉法第25条の2第2項）。

　要対協の運営は，各市町村の児童福祉担当部局や母子保健担当部局がその自治体の児童家庭相談体制の実情によって決められる。

3）要保護児童対策地域協議会の意義

　要対協は子どもを守るための地域ネットワークとも表現されるが，その目的は困難を抱える子どもや子どもの育つ家族を，地域の関係機関が協働し支援することで，子どもの最善の利益を守ることにある。要対協の意義について，先述の運営指針では**表12－1**のように示されている。

表12－1　要保護児童対策地域協議会の意義

① 支援対象児童等を早期に発見することができる。

② 支援対象児童等に対し，迅速に支援を開始することができる。

③ 各関係機関等が情報の共有を通し，課題を共有化が図られる。

④ 共有された情報に基づいて，アセスメントを協働で行い，共有することができる。

⑤ 情報アセスメントの共有化を通じて，それぞれの関係機関等の間で，それぞれの役割分担について共通の理解を得ることができる。

⑥ 関係機関等の役割分担を通じて，それぞれの機関が責任をもって支援を行う体制づくりができる。

⑦ 情報の共有化を通じて，関係機関等が同一の認識の下に，役割分担しながら支援を行うため，支援を受ける家庭にとってより良い支援が受けられやすくなる。

⑧ 関係機関等が分担をし合って個別の事例に関わることで，それぞれの機関の責任，限界や大変さを分かち合うことができる。

資料）厚生労働省「要保護児童対策地域協議会設置・運営指針」（令和2年3月31日子発0331第14号）

https://www.mhlw.go.jp/content/000640876.pdf

4）要保護児童対策地域協議会の構成員

要対協の構成員は，「関係機関，関係団体及び児童の福祉に関連する職務に従事する者，その他の関係者」であるが[*1]，これに限らず地域の実情に応じて幅広い者を参加させることが可能であるとされている。構成員の例を**表12-2**にまとめた。

＊1 児童福祉法第25条の2第1項

表12-2　要保護児童対策地域協議会の構成員の例

児童福祉関係	●市町村の児童福祉，母子保健，障害福祉等の担当部局　●児童相談所 ●福祉事務所（家庭児童相談室）　●保育所　●児童養護施設等の児童福祉施設 ●児童家庭支援センター　●里親会　●児童館　●放課後児童クラブ ●利用者支援事業所　●地域子育て支援拠点　●障害児相談支援事業所 ●障害児通所支援事業所　●民生委員児童委員協議会，民生委員 ●児童委員（主任児童委員）　●社会福祉士　●社会福祉協議会
保健医療関係	●市町村保健センター　●子育て世代包括支援センター　●保健所　●地区医師会、地区産科医会、地区小児科医会、地区歯科医師会、地区看護協会、助産師会 ●医療機関　●医師（産科医、小児科医等）、歯科医師、保健師、助産師、看護師 ●精神保健福祉士　●カウンセラー（臨床心理士等）
教育関係	●教育委員会　●幼稚園、小学校、中学校、高等学校、特別支援学校等の学校 ●PTA協議会
警察・司法・人権擁護関係	●警察（警視庁及び道府県警察本部・警察署）　●弁護士会，弁護士　●家庭裁判所 ●法務局　●人権擁護委員
配偶者からの暴力関係	●配偶者暴力相談センター等配偶者からの暴力に対応している機関
その他	●NPO　●ボランティア　●民間団体

資料）厚生労働省「要保護児童対策地域協議会設置・運営指針（令和2年改正）」2020

このように保育関連の機関も構成員となっており，各園では日ごろから要対協の構成員となることを想定しておくことが求められる。

5）要保護児童対策地域協議会における会議の進め方

要保護児童対策地域協議会設置・運営指針によれば，要対協の会議には，①代表者会議　②実務者会議　③個別ケース検討会議という3つのレベルがある。前項で述べたように保育機関も対象児童がいる場合には，会議メンバーとして参加することもある。調整機関はケース検討会議の進行のほかに当日の記録，役割分担の確認，記録の整理と配布，定期的な見守りや援助状況の確認などを行う（**表12－3**）。

表12－3　要保護児童対策地域協議会の会議の進め方

①代表者会議	地域協議会の構成員の代表者による会議。年に1～2回開催され，②の実務者会議が円滑に運営されるための環境整備を目的としている。関係機関が顔を合わせその後の円滑な連携ができるようにすることや，要保護児童の支援に関して関係機関が共通認識を持つことが必要である。実務者会議からの活動状況に関する報告や評価なども行われる。
②実務者会議	実際に要保護児童の対応にあたる実務者から構成される会議。要対協のいわば中枢といえる。ここではすべてのケースについて，定期的な状況をフォローし，担当機関の確認や援助方針の見直しなどが行われる。そのため定期的に情報交換や，個別ケース検討会議で課題となった点についての検討なども行われる。
③個別ケース検討会議	個別の要保護児童について具体的な支援の内容を検討することを目的として開催される。メンバーはケースの実情がわかっている担当者と判断にある程度責任が持てる係長レベルの参加が望ましいとされている。個別ケース検討会議では，対応している虐待事例についての危険度や緊急度の判断をはじめとして，要保護児童の支援の経過を報告することで，関係者が情報を共有し問題点を検討することや，援助の方針やスケジュール，役割分担など，具体的な支援に関わる内容を検討する。

2　児童虐待の予防と対応

要保護児童の定義にある「保護者に監護させることが不適当であると認められる場合」の多くは，児童虐待を受けている児童である。改めていうまでもなく，児童虐待は子どもの生命の維持や子どもの健やかな成長に大きな影響を及ぼす。

日本には「児童虐待の防止等に関する法律」（通称　児童虐待防止法）があり，児童虐待の定義をはじめ，児童に対する虐待の禁止や，国や地方公共団体の責務，児童虐待の早期発見や通告義務について記されている。

この法律は議員立法として提案され，2000（平成13）年6月に成立し，同11月に施行された。法律が施行された11月は現在でも児童虐待防止月間として全国

でオレンジリボンキャンペーンなどが行われている。

1）児童虐待の定義

児童虐待防止法では，児童虐待を以下のように定義している。

第2条　この法律において，「児童虐待」とは，保護者（親権を行う者，未成年後見人その他の者で，児童を現に監護するもの）がその監護する児童（18歳に満たない者）について行う次に掲げる行為をいう。

一　児童の身体に外傷が生じ，又は生じるおそれのある暴行を加えること。【身体的虐待】

二　児童にわいせつな行為をすること又は児童をしてわいせつな行為をさせること。【性的虐待】

三　児童の心身の正常な発達を妨げるような著しい減食又は長時間の放置，保護者以外の同居人による前2号又は次号に掲げる行為と同様の行為の放置その他の保護者としての監護を著しく怠ること。【ネグレクト】

四　児童に対する著しい暴言又は著しく拒絶的な対応，児童が同居する家庭における配偶者に対する暴力（配偶者（婚姻の届出をしていないが，事実上婚姻関係と同様の事情にある者を含む。）の身体に対する不法な攻撃であって生命又は身体に危害を及ぼすもの及びこれに準ずる心身に有害な影響を及ぼす言動をいう。第十六条において同じ。）その他の児童に著しい心理的外傷を与える言動を行うこと。【心理的虐待】

※【】カッコ内は筆者加筆

2）児童虐待の現状

2020（令和2）年度に全国の児童相談所が児童虐待相談として対応した件数は205,044件となり，はじめて20万件を超え，過去最多を更新している。2019（令和元）年度は193,780件で5.8%の増加である。

虐待の種別では，前年に続き心理的虐待が121,344件（59.2%）と全体の6割近くを占めている。ほかは身体的虐待が50,035件（24.4%），ネグレクトが31,430件（15.3%），性的虐待2,245件（1.1%）となっている（**表12-4**）

表 12 - 4　児童相談所での虐待相談の内容別件数と割合の推移

	身体的虐待	ネグレクト	性的虐待	心理的虐待	総　数
2011年度	21,942 (36.6%)	18,847 (31.5%)	1,460 (2.4%)	17,670 (29.5%)	59,919(100.0%)
2012年度	23,579 (35.4%)	19,250 (28.9%)	1,449 (2.2%)	22,423 (33.6%)	66,701(100.0%)
2013年度	24,245 (32.9%)	19,627 (26.6%)	1,582 (2.1%)	28,348 (38.4%)	73,802(100.0%)
2014年度	26,181 (29.4%)	22,455 (25.2%)	1,520 (1.7%)	38,775 (43.6%)	88,931(100.0%)
2015年度	28,621 (27.7%)	24,444 (23.7%)	1,521 (1.5%)	48,700 (47.2%)	103,286(100.0%)
2016年度	31,925 (26.0%)	25,842 (21.1%)	1,622 (1.3%)	63,186 (51.5%)	122,575(100.0%)
2017年度	33,223 (24.8%)	26,821 (20.0%)	1,537 (1.1%)	72,197 (54.0%)	133,778(100.0%)
2018年度	40,238 (25.2%)	29,479 (18.4%)	1,730 (1.1%)	88,391 (55.3%)	159,838(100.0%)
2019年度	49,240 (25.4%)	33,345 (17.2%)	2,077 (1.1%)	109,118 (56.3%)	193,780(100.0%)
2020年度	50,035 (24.4%)	31,430 (15.3%)	2,245 (1.1%)	121,334 (59.2%)	205,044(100.0%)

資料) 厚生労働省「令和2年度福祉行政報告例」2021

　虐待を受けた児童の年齢層では，0～3歳未満が19.3％，3歳から学齢前が19.5％，小学生40.2％，中学生が13.7％，高校生・その他が7.1％となっており，保育機関の対象となる児童は全体の4割近い。

　主な虐待者については，実母が47.4％，実父が41.3％と，9割近くが実の親である。実父以外の父母などその他は10.9％となっている。

3）虐待種別の特徴

　先に虐待種別では圧倒的に心理的虐待が多いことを述べた。心理的虐待が増加した要因には，2004（平成16）年の児童福祉法改正により面前DVが心理的虐待に分類されるようになり，2013（平成25）年より警察がドメスティックバイオレンス（DV）事案に積極的に介入することになったことが影響している。例えば内容別件数の推移を見ると，2013（平成25）年の心理的虐待は全体の38.4％だが，翌2014（平成26）年には，心理的虐待が43.6％と，全体の多くを占めるようになっている。現に2020（令和2）年の虐待通告先の半数（50.5％）が警察からの通告になっていることもそれを裏付けている。

4）虐待の重症度

　児童虐待の重症度は，それぞれのレベルに決まった境界があるわけではなく，

その子どもの虐待の種別や状態，置かれている環境によって総合的に判断される。一般的には以下のように判断されることが多い。

①健全育成

健全育成とは自立した育児が可能な，虐待のローリスクである。しかし虐待のリスクが低くても，不適切な養育に陥る場合もあり，児童虐待を未然に防ぐという意味でも，地域での子育て支援や子育てに関する啓発レベルが求められる。

②ハイリスク

虐待の早期発見や早期対応として養育方法の改善などによる育児負担の軽減や，保護者の抱える問題を改善するための支援などの対応が必要となる。

③軽度虐待

軽度の虐待は実際に子どもへの虐待があり周囲の者が虐待であると感じている。しかし，一定の制御があり，一時的なものと考えられ，重篤な病理は認められない場合である。

④中度虐待

中度以上の虐待では，今は入院を必要とする程の外傷や栄養障害はないが，長期的に見ると子どもの人格形成に思い問題を残すことが危惧される。自然過程での改善の可能性は低い。

⑤重度虐待

重度の虐待は今すぐには生命の危険はないと感じられるが，現に子どもの健康や成長発達に重要な影響が生じている，あるいは生じる可能性がある。子どもを保護するため，介入が必要である。

⑥最重度虐待

最重度は子どもの命に危険がある場合である。

児童虐待と認められたとしても，虐待の程度が軽度から中度の場合には，親子の分離は行わず，在宅での支援となる。中度以上の虐待では，子どもも情緒面の問題を抱えていることも多く，その場合には育児負担の軽減や保護者の抱える問題を改善する支援などに加え，子どもの情緒行動問題への支援や必要に応じた分離保護などがある。

重度の虐待と認められる場合は，保護者と分離し，保護が必要とされる。その後は施設入所や里親委託などの社会的養護を受けることとなる。分離後は保護者の来所や家庭訪問を通して，児童虐待の理解や子どもとの接し方，養育方法，生活の改善等に関する指導等を継続して行う（**図12-1**）。

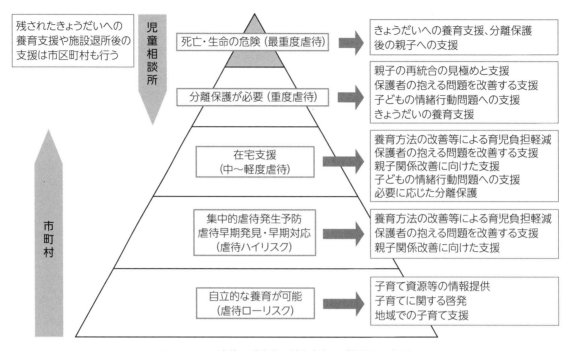

図 12 − 1　虐待の重症度と対応内容及び各機関の役割

資料）厚生労働省「子ども虐待対応の手引き（平成 25 年 8 月改正版）」2013, p.12

5）児童虐待が子どもに及ぼす影響

　児童虐待は最重度になれば生命の危険がある。厚生労働省による「子ども虐待における死亡事例等の検証結果等について（第 17 次報告）」の概要によれば，2019（平成 31）年 4 月から 2020（令和元）年 3 月までの 1 年間で，児童虐待によって死亡した児童は 78 人である[*1]。そのうち心中以外の虐待死 57 名の内訳から，各項目で人数が多いものを見ると，年齢層では 0 歳が 49.1%，虐待の種別では身体的虐待（29.8%），ネグレクト（22.8%）が多く，虐待者は実母が半数を超えている。

　このように見れば，児童虐待では何としても子どもの死亡に至るような状況を未然に防ぐことが求められる。だがその一方で，児童虐待では軽度であっても子どもの発達や生涯にわたる影響が生じることには注意が必要である。

　児童虐待が子どもに及ぼす影響として，身体的影響，知的発達への影響，行動面などへの影響がある（**表 12 − 5**）。これらのことから，乳幼児期の場合には今現在の子どもに対して生じている行動もあれば，その行動がその後の子どもの成長・発達にとってマイナスな影響を与えるなど深刻な問題となってしまう。

*1 厚生労働省「子ども虐待による死亡事例等の検証結果等について（第 17 次報告）」2021

表12 - 5　児童虐待が子どもに及ぼす影響

類別	主な影響
身体的影響	<ul><li>身体的虐待が重篤な場合には死に至る，</li><li>重い障がいが残る可能性がある</li><li>打撲，切創，熱傷など外から見てわかる傷，骨折，鼓膜穿孔，頭蓋内出血など外から見えない傷</li><li>栄養障がいや体重増加不良，低身長など</li></ul>
知的発達面への影響	<ul><li>認知機能の発達が阻害されることで，知的障がい・学習障がいのような様相を呈することがある。</li><li>子どもの発達に必要なやり取りを行わないことや，逆に年齢や発達レベルにそぐわない過大な要求によって知的発達を阻害してしまう。</li></ul>
心理的影響	<ul><li>対人関係の障がい：他人を信頼し愛着関係を形成することが困難となり，対人関係における問題を生じさせる</li><li>低い自己評価：自己に対する評価が低く，自己肯定感を持てない</li><li>行動コントロールの問題：攻撃的・衝動的な行動をとったり，欲求のままに行動する場合がある。</li><li>多動：虐待環境で養育されることにより，子どもを刺激に対して過敏にさせることがあり，落ち着きのない行動をとることがある</li><li>心的外傷後ストレス障がい：受けた心の傷は適切な治療をうけないまま放置されると将来にわたって心的外傷後ストレス障がい（PTSD）として残り，思春期等に至って問題行動として出現する場合がある。</li><li>偽成熟性：大人の欲求にしたがって先取りした行動をとるような場合がある。大人としての役割分担や大人びた行動をとることがある。</li><li>精神的症状：反復性のトラウマにより，記憶障がいや，解離などの発現など精神的に病的な症状を呈することがある。</li></ul>

資料）厚生労働省「子ども虐待の手引き（平成25年8月改正版）」2013より抜粋

6）虐待の発見

　児童虐待の対応のなかで，保育機関に期待されることとして，児童虐待や不適切な養育状況を早期に発見し，支援につなげることがある。**表12 - 6**は虐待が起こるリスク要因を，保護者，子ども，養育環境，その他の4つに分類したものである。

表12－6　虐待に至るおそれのある要因・虐待のリスクとして留意すべき点

【保護者側のリスク要因】

- 妊娠そのものを受容することが困難（望まない妊娠）
- 若年の妊娠
- 子どもへの愛着形成が十分に行われていない。（妊娠中に早産等何らかの問題が発生したことで胎児への受容に影響がある。子どもの長期入院など。）
- マタニティーブルーズや産後うつ病等精神的に不安定な状況
- 性格が攻撃的・衝動的，あるいはパーソナリティの障がい
- 精神障がい，知的障がい，慢性疾患，アルコール依存，薬物依存等
- 保護者の被虐待経験
- 育児に対する不安（保護者が未熟等），育児の知識や技術の不足
- 体罰容認などの暴力への親和性
- 特異な育児観，脅迫的な育児，子どもの発達を無視した過度な要求　等

【子ども側のリスク要因】

- 乳児期の子ども　・未熟児　・障がい児　・多胎児
- 保護者にとって何らかの育てにくさを持っている子ども　等

【養育環境のリスク要因】

- 経済的に不安定な家庭
- 親族や地域社会から孤立した家庭
- 未婚を含むひとり親家庭
- 内縁者や同居人がいる家庭
- 子連れの再婚家庭
- 転居を繰り返す家庭
- 保護者の不安定な就労や転職の繰り返し
- 夫婦間不和，配偶者からの暴力（ＤＶ）等不安定な状況にある家庭　など

【その他虐待リスクが高いと想定される場合】

- 妊娠の届出が遅い，母子健康手帳未交付，妊婦健康診査未受診，乳幼児健康診査未受診
- 飛び込み出産，医師や助産師の立ち会いがない自宅等での分娩
- きょうだいへの虐待歴
- 関係機関からの支援の拒否　等

資料）厚生労働省「子ども虐待対応の手引き（平成25年8月改正版）」2013

　児童虐待の予防は，保育機関に期待される役割のなかでも非常に大きい。子どもの養育者が虐待に至ってしまう要因にはさまざまなものがあるが，なかでも子どもの養育に関する基本的な知識・技術，具体的な関わり方などは，保育者が日々実践しているものである。その専門性を生かした支援が求められているといえよう。

7）児童虐待の予防　－子育て世代包括支援センターとの連携－

　子育て世代包括支援センターでは，妊娠初期から子育て期において，それぞれの段階に対応した問題に対して，ワンストップで対応している。

　この制度は2014（平成26）年度から実施されている妊娠・出産包括支援事業と，2015（平成27）年度から開始された子ども・子育て支援新制度の利用者支援や子育て支援等を包括的に運営する機能を担っている。保健師や保育士が専門知識を生かしながら，利用者の視点に立った妊娠・出産・子育てに関する支援を包括的に行うことが期待されている。これまで妊娠・出産・子育てには，さまざまな関係機関が関わることから，関係機関同士の十分な情報共有や連携が難しく，それぞれの問題を継続的・包括的に把握できていないことが課題であった。子育て世代包括支援センターではそれらの課題に対応するように，各地域の現状を踏まえ展開されている[*1]。

＊1 子育て世代包括支援センターによる各機関との連携と，各時期における支援体制は第8章，p.116を参照。

8）虐待への対応

　児童虐待を発見した場合や虐待が疑われた場合に，保育所としてどのような対応をすべきかが大変重要である。まず基本的なこととして児童虐待の対応は個人ではなく組織（園）として対応することである。各園が定める虐待防止・対応にそって進めていくが，ここでは一般的な例として虐待を発見してから通告するまでの留意点について述べる。

①虐待を疑うような兆候の認識・発見

　子どもや保護者，あるいは親子の関わりから，おかしさを感じた場合は，その事実を見落とさないことが大切である。

②同僚や上司への報告と現状の記録

　虐待の現状について，同僚や上司にその状況を伝え共有する。子どもに傷や痣などの状態が見られた場合は，すぐにその様子を写真やメモなどに記録する。これらのメモは通告の際に子どもの状況を説明する際の根拠資料となる。

③対応の協議

　②について，子どもの状況についてのアセスメントを行い，今後の対応を協議する。ただちに通告が必要なレベルであるのか，保護者にはどのような対応を行うのか。その後の役割分担についても決めておく。

④通告の必要が認められた場合の速やかな通告

　児童虐待防止法6条に規定されているように，関係機関は児童虐待の発見をした場合，通告しなければならない[*2]。虐待が疑われる場合，不適切な養育を発見

＊2 児童虐待防止法第6条：児童虐待を受けたと思われる児童を発見した者は，速やかに，これを市町村，都道府県の設置する福祉事務所若しくは児童相談所又は児童委員を介して市町村，都道府県の設置する福祉事務所若しくは児童相談所に通告しなければならない。（以下略）

した場合には，相談という形でもよいので通告することが必要である。虐待かどうかの最終的判断は市町村や児童相談所が行う。

⑤市区町村・児童相談所との連携

虐待の対応では児童相談所が主要な機関であると思われがちである。だが2004（平成16）年の児童福祉法改正から，児童家庭相談に応じるのは市区町村の業務であることが規定された。これによって児童虐待の通告や対応は，児童相談所と市区町村が連携して行うこととなっている。

実際には市区町村では，ケースの緊急度や困難度を判断するために情報収集を行った上で，立ち入り調査や一時保護者必要と思われるようなケースや，専門的な判定，分離が必要なケースなどについては，児童相談所に送致することとされている。つまり前述の重要度でいえば，ハイリスク及び軽度の虐待については，市町村がおこない，概ね中度以上の専門的な判断を必要とする場合には児童相談所が対応することとなっている。

3　要保護児童と家庭への支援

第1節で要保護児童対策地域協議会の対象となるのは，①要保護児童とその保護者，②要支援児童とその保護者，③特定妊婦であることを確認した。ではこれらの家庭や保護者が在宅の場合の支援はどのようにあるべきだろうか。

1）アセスメントと支援の計画

要保護児童への支援は要対協が中心となってそのあり方を検討することになっている。具体的には市町村の児童福祉部門や児童相談所が主たる機関と，対象児童の家庭を中心として，日常的に関係する機関が連携を取りながら対応する。

要対協の実務者会議や個別ケース検討会議において，子どもや家庭のアセスメントを行い，今，最も問題であることは何か，それを解決するためには，何をすべきか。日常的に利用できる社会資源は何か等，フォーマル，インフォーマルな機関を駆使して課題を解決していく。

2）保育機関に求められる支援内容

その場合，保育機関には何が求められるだろう。保育機関は子どもが毎日通う場であり，その特性から家庭の状況をいち早く把握できる。子どもの様子がいつもと異なる場合には，すぐに主たる機関に伝えることが大切である。

　要保護児童等の家庭は子育てに何らかの課題を抱えている。保育者は保育の専門職として，保護者の困難に耳を傾け，子どもへの具体的な対応のあり方についてのアドバイスや，実際に保育者の子どもへの関わり方を見てもらうなどの支援が必要である。

　保護者が親としての自信を失うことのないように，できないことを責めるのではなく，親が自らやってみよう，試してみたいと思うような伝え方をすることが望ましい。

4　社会的養護　ー乳児院・児童養護施設・里親ー

　子どもの家庭での養育が難しく，社会的養護が必要な場合には子どもの年齢や状態によって，施設入所や里親委託によって養育が行われる。

1）乳児院

　乳児院は保護者の養育を受けられない乳児を入院させて，これを養育し，あわせて退院した者について相談その他の援助を行うことを目的とする児童福祉施設である。乳幼児の基本的養育に加え，被虐待児・病児・障がい児などに対応できる専門的養育機能を持っている。主に0歳から2歳までの児童が養育される。2020（令和2）年3月末，全国144か所の乳児院には2,760人の児童が入所している。乳児院の在所期間は，1か月未満が6.5％，6か月未満を含むと25.7％とおよそ4分の1が短期での利用である。このように短期の利用や子育て支援として，ショートステイ等を受け入れていることや，児童相談所の一時保護委託を受け，実質的な一時保護機能を担っている。

2）児童養護施設

　児童養護施設は，保護者のいない児童や保護者に監護させることが適当でない児童に対し，安定した生活環境を整えるとともに，生活指導，学習指導，家庭環境の調整を行いつつ養育を行い，児童の心身の健やかな成長とその自立を支援する児童福祉施設である。ただしこれまでの児童養護施設はその多くが大舎制の施設形態であり，一般的な家庭養育とは異なる環境であった。今日ではできるだけ家庭的な環境での養育が望ましいとのことから，グループホームや小規模グループケアなど，より小規模で地域のなかで家庭的な環境で生活できるよう制度化されている。

3）里親

　里親とは，「要保護児童の養育を希望するものであって，都道府県知事が適当と認める者」と定義されている。日本においても社会的養護において家庭的な養育が求められるなかで，ますます里親の必要性が高まっている。厚生労働省によれば，日本の社会的養護において，里親やファミリーホームに委託されている児童は7,707人で委託率は22.8％（2020〈令和2〉年度末）と，けっして多くはない。諸外国のなかでも里親の比率が高いオーストラリアでは，90％が里親委託となっている。また，里親やファミリーホームの委託率は自治体によって異なっており，最も多い自治体ではその比率が5割を超える[1]。

*1 厚生労働省「里親制度(資料集)」2022

　里親には，要保護児童の養育を目的とした「養育里親」，要保護児童のなかでも特に支援が必要な児童を養育する「専門里親」，将来養子縁組を予定する「養子縁組里親」，委託される児童の親族が里親となる「親族里親」がある。

　里親を希望する場合，児童相談所に申請し，研修を受けるとともに，当道府県がその里親を認めるか否か審議したうえで，はじめて里親として認められる。その後は，子どもと里親のマッチングなどを踏まえて子どもが委託される。

4）ファミリーホーム（小規模住居型児童養育事業）

　ファミリーホームは，家庭養育を促進する目的で2009（平成21）年度に創設された制度である。里親と同じように養育者の住居において児童を養育するが，児童5～6人の養育を行うことができる。ファミリーホームは，全国に427か所あり委託児童数は1,688人（2020〈令和2〉年度末）である[2]。

*2 前掲資料

5　児童虐待予防に向けた支援の課題と展望

　本章では要保護児童についての理解と，具体的な支援の内容について述べた。要保護児童の問題は，子育て支援のなかで最も子育てが困難なケースである。本章では詳しくは触れていないが，多くの場合，児童虐待に至る背景として，保護者自身のこれまでの困難や，現状での困難，子ども自身の育てにくさなどが複合的に影響していることが多い。

　子どもの最善の利益を保証し，すべての子どもが健やかに育つ環境を保障するためには，それらの保護者自身の課題を踏まえてアプローチしなければ，問題を解決することが難しい。そのためには，保育機関も要保護児童を支援する機関の一つであることを意識し，他の機関と手を取り合い，日常的にも情報交換を密に

しながら対応することが求められる。子どもや家族の支援のために，他の機関との関係づくりを行うことが肝要である。

【引用・参考文献】

厚生労働省「新しい社会的養育ビジョン−新たな社会的養育の在り方に関する検討会−」2017

厚生労働省「要保護児童対策地域協議会設置・運営指針について」2020

厚生労働省「子ども虐待対応の手引き」2021　8月15日閲覧
　　https://www.mhlw.go.jp/bunya/kodomo/dv12/00.html

厚生労働省「子育て世代包括支援センターの全国展開」2021　8月15日閲覧
　　https://www.mext.go.jp/sports/content/20210219-spt_kensport02-000012895_3.pdf

厚生労働省「令和2年度福祉行政報告例の概況」2021

芝野松次郎編『子ども虐待ケース・マネジメント・マニュアル』2001，有斐閣

厚生労働省「里親制度（資料集）」2022

第**13**章　子ども家庭支援者を支える関係としくみ

学びのポイント

●子ども家庭支援を実践する難しさについて，事例を通じて考察する。

●保育者を支える保育所内の体制と職員間の人間関係を理解する。

●研修などの保育者の資質向上に向けた取り組みを学ぶ。

●関係機関との連携の意義を学び，連携における注意点を押さえる。

　急激な社会の変化のなかで保育や子育て支援の場には，多様な保育ニーズへの対応や，地域子育て支援の推進，児童虐待の早期発見などさまざまな役割が期待されている。その役割の一つに保護者への支援がある。

　2008（平成20）年に告示された保育所保育指針の第3次改定において，「保育所における保護者への支援は，保育士等の業務であり，その専門性を生かした子育て支援の役割は，特に重要なものである」と明記された。その後の2017（平成29）年に告示された最新改定版では，「保護者に対する支援」から「子育て支援（第4章）」に変更され，地域に開かれた支援などに関する記載が増えた。また，保育士養成課程において，2011（平成23）年度から「家庭支援論（現：子ども家庭支援論）」「保育相談支援（現：子育て支援）」科目が導入されるなど，子ども家庭支援に関するカリキュラムの充実が図られている。

　このように，現在保育者には子どもに対する保育・教育とは別に保護者に対する相談支援など，子ども家庭を支援するための専門性がより強く求められている。しかし一方で，実際に子ども家庭支援を進めていく難しさが，保育と子育て支援に従事する側から指摘されている。特に旧来の保育士養成課程で保護者支援について学ぶことが少なかった世代の保育者は，新たな専門性に戸惑いや難しさや不安を抱いている[*1]。一方で，養成課程のなかでそれらを修了した世代の保育者も，養成課程の段階では保護者と関わる実践的な体験が乏しいという現状があり，保育現場に入って初めてその専門性・役割を学ぶことが多いともいえる。

　全国保育士養成協議会の調査によると，保育者が

*1 由岐中佳代子，園山繁樹「保育所における子育て支援の状況と課題」西南女学院大学紀要 Vol.5, 2001, p.21—27

「仕事をやめたいと思った理由」において「保護者との関係が作れなかったとき」が全体の2割を占め，保護者との関係作りが保育者にとって難しい職務であることがわかる[*1]。

＊1 社団法人全国保育士養成協議会「指定保育士養成施設卒業生の卒後の動向及び業務の実態に関する調査」，『保育士養成資料集』50, 2009

1 家庭支援の難しさと保育者の心理的孤立感

本節では，保育士などの子ども家庭支援者（以下，保育者）が保護者支援のなかで困難に感じやすい状況をみていくことにする。

1）多岐にわたる相談内容への対応

保育・子育て支援の実践において，保護者から寄せられる相談内容は多岐にわたる。最も多い相談は，子どもの基本的生活習慣や子どもの発育発達に関する相談である。しかし一方で，相談のきっかけは子どもの生活習慣などの話題から始まるものの，その背後に母親自身が抱えている問題，家族関係の悩みが潜在するケースも少なくない。つまり保育者が応じる相談は子どもの発達や基本的生活習慣だけではなく，家庭，地域社会，子どもとの関係，発達的課題など多岐にわたるとともに，それらが複雑に絡み合っていることが多い。しかし夫婦関係や姑との関係，生活困難などの相談は，相手の生活に踏み込むことにもつながり，どこまで話を聞いてよいか，どのように助言したらよいか，保育者は対応に難しさを覚えることが多い。

【事例1】周囲への不満が止まらない保護者

個人面談の際，母親から「S男（4歳）の行動に落ち着きがない。発達障がいではないか。どう接してよいかわからない」と相談を受ける。特に最近家庭でも「話を最後まで聞けない，何度も同じミスを繰り返す，反抗する」などS男の気になる姿が増えてきたとのことであった。さらに母子関係についても「イライラする」「かわいいと思えない」「あの子は私に近寄らない」など，S男との関係がうまくいかない様子が語られた。母親の話は次第に同居する実母との関係に話が移っていった。「子育てにいつも口を出してくる」，さらに「自分自身，子どもの頃に母親に大事にされた記憶がない」など実母に対する不満が止まらなくなる。そして「先生，ひどいと思いませんか？」といわれたとき，どのように返答してよいかわからず言葉に詰まってしまった。

2）保育者と保護者の思いのズレ

　保護者が保育者に子育て相談をする際は，その問題をすぐにでも解決したいという思いが強く，即効性のある解決方法をたずねてくることが多い。しかし実際には，子どもの発達や生活習慣，また保護者自身の問題などの多くの相談で，助言がすぐに結果として表れることばかりではない。保育者は長期的視点や可能性としての助言を意図して支援を行うことが多いが，そうした思いが保護者の思いや気持ちとズレを起こしてしまうことがある。そうした場合，保育者は保護者の期待に応えられないことに対して不全感を抱いてしまうこともある。また逆に，保育者が使命感から前のめりになりすぎ，働きかけが一方的になることで，結果として保育者と保護者の関係が悪化することがある。

【事例2】加配保育者[*1]の支援が保護者に理解してもらえないケース

　2年目の加配保育者のAは，今年から発達的に遅れのあるB男（5歳）を担当している。B男は自閉症スペクトラムの診断を受けており，特別な支援が必要な男子であった。保育者Aは，就学を控えたB男に対して集団場面での適応を考えて，着席や活動の持続などを目標に，懸命に支援を行ってきた。3か月ほど経ち，支援への効果を少しずつ感じていたAは，ある時B男の保護者から相談された。「B男が園に行きたくないといっている」「家で疲れた姿を見ていると心配になる」など，Aが行っている支援方法を改めてくれないかという相談内容であった。Aは，自分がこれまで行ってきた支援と，その成果を感じていただけに，「お母さん，今，少しずつ身についてきているところです」「もう少し見守ってくれませんか」と説得した。すると保護者は怪訝（けげん）な表情を浮かべ，会話が途切れてしまった。

---

*1 **加配保育者**：障がいのある子どもを専任サポートする保育者で，規定の保育人員にプラスして配置される。

3）支援における関係性の難しさ

　保護者支援では，ときに保育者も感情が揺さぶられる。特に深刻な相談を受けたときほど，保護者が過度に保育者に依存するなどの心理的密着状態が生まれ，保育者がその関係性に「息がつまりそうになる」といった思いを抱えることがある。こうした場合，保育者はその保護者に対してネガティブな感情を抱くなど，支援に応じること自体が負担となるケースがある。また，保護者との馴れ合いになることで支援が上手くいかなくなるケースもある。支援されることが保護者に

とって当然の感覚になり，保育者まかせといった保護者の主体性のない支援関係性となってしまうのである。こうした関係が構築されてしまうと，その後に関係性を立て直すことが難しくなり支援が難しくなることがある。

【事例3】保護者の過度な依存と密着が負担となるケース

　保育者のS美は，家事や養育能力（放任や叱責）に難しさを抱える保護者から子育て相談を継続的に受けてきた。保護者との関係が深まったある時，S美は，その保護者から自身が親から虐待を受けてきた過去を告白された。その虐待を受けてきた話は，S美にとって衝撃的であり，同時にあまりに悲惨な過去の体験に胸が苦しくなり，保護者と一緒に涙を流しながらその話を聞いた。保護者はそれ以来，S美を頼ることが多くなってきた。S美も辛い過去を持つ保護者を「何とか助けたい」という気持ちが強く沸き，自身の連絡先を教え，仕事の時間以外でも保護者の相談に応じるようにした。しかし，初めは週に1度程度だった電話が，次第に毎日のようにかかるようになってきた。S美は徐々にその保護者の対応が負担になった。電話に出ることはもちろん，送迎の際に保護者と顔を合わせることも，保育園で子どもを見ているときも激しい負担感や嫌悪感に襲われた。そのような日々が続くなかで，S美はついに精神的なバランスを崩し休職することになった。

4）要求や不満の多い保護者への対応

　保育・子育て支援の場では，保護者からの要求やクレームを受けたり，保護者との人間関係がうまくできないなど保育者と保護者とのコミュニケーションに起因する難しさが多く報告されている[*1]。実際，支援を進めるなかでは，保護者が発する言葉がきつかったり，批判的であったり，攻撃的であったりすることもある。また，何を話したいのかはっきりしなかったり，遠回しであったり，話と気持ちにズレがあったりすることもある。このような関わりが難しい保護者との関係のなかで，それがトラブルに発展していくような場合も，保育者はかなり精神的に追い詰められてしまう。

＊1 中山智哉「地域子育て支援センターの相談活動に関する一考察　担当者の感じる困難性」家庭科教育, 78(10), 2004, p.52—57
中山智哉，杉岡品子「保育士の保育相談支援に関する質的研究：相談支援における困難性と専門性の深化のプロセス」九州女子大学紀要, 53(1), 2016, p.19—38

【事例4】担任の交代を要求する保護者

　数日幼稚園を欠席している子どもの保護者から，主任教諭に「担任を替えてほしい」との電話連絡があった。理由を尋ねると「〇〇ちゃんにいじわるをされている。担任の先生は何もしてくれない」と話す。

　これまでもこの保護者が同様の訴えをしてきたことがあったが，担任からは「子ども同士は楽しそうに遊んでいる」と聞いており，主任教諭自身も仲良く遊んでいる姿を確認していた。また，この保護者は子どもに対する関わりが過保護すぎるのではないかという印象を以前から持っていた。

　主任教諭が「担任を替えることは現実的に難しいです。子ども同士も関係は悪くないようです」と答えると，保護者は「それでは子どもを幼稚園に行かせません」といい電話を切ってしまった。

5）地域子育て支援拠点における保護者支援

　地域子育て支援拠点における保護者支援には，保育現場とはまた違う難しさがある。地域子育て支援拠点では，不特定多数の親子を同時にみていく必要がある。また，子育て支援拠点では，利用する親子も常に一定しているわけではなく，日替わりで利用者が変わる。すべての親子と等質に関わることや利用頻度が異なる親子と信頼関係を形成することは，保育者にとってとても難しい。また，地域子育て支援拠点では，電話による子育て相談を行っている施設もある。電話による相談は，相手の表情や様子がわからないなかで相談に応じることに難しさがある。対面による相談の場合は，相談中に子どもの様子を共に観察するなど，他の話題を交えつつ，徐々に保護者との関係を深め，話しやすい雰囲気を形成することができる。しかし，電話による相談の場合は，そうした状況を作ることができず，会話中に生じるわずかな「沈黙」でさえ怖いといった気持ちになりやすい。

【事例5】子育て支援センターでの電話対応に困窮する保育者

　保育所で働く保育者Bは，ある時，部署異動を命じられ，併設する子育て支援センターの担当となった。保護者対応への不安があったBは，特に突然かかってくる電話相談への対応に不安を抱いていた。毎回電話がなるたびに，緊張感が高まり相手の話を聞くというより，自分が何を答えるかに意識

が向かい，保護者とのやり取りに対する不全感が続いていた。そうしたなか
で，先輩保育者から「自分が何を答えるかより，まず相手が何を困っている
のか聞くことが大切だよ」と話された際に，これまで保護者の気持ちを理解
せず，自身の気持ちだけに視点が向いていた自分に気が付いた。

6）保育者の孤立化と支援の質

このように保護者支援にはさまざまな難しさがある。そして，支援がうまくい
かない状況は保育者の孤立化を招く要因になることがある。本来であれば管理職
や同僚に相談するなど，園内外での協力体制・連携が大切となる。保育所保育指
針においても，保育所における子育て支援に関する留意事項として，次のように
記している。

> **第4章　子育て支援　1 保育所における子育て支援に関する基本的事項**
> **（2）子育て支援に関して留意すべき事項**
> **ア**　保護者に対する子育て支援における地域の関係機関等との連携及び協働
> を図り，保育所全体の体制構築に努めること。

しかし，うまくいかない状況について職場内で話すことはときに難しいことも
ある。例えば，うまくいかない状況を管理職や同僚に話した結果，保育者として
の適性を欠いているとみなされるのではないか，自分に対する評価を下げてしま
うのではないか，批判を受けるのではないかといった不安や恐れから，自分のな
かで抱え込んでしまうことがある。また，職場内の人間関係によっては相談する
ことができない場合もある。さらに保育所併設型の地域子育て支援拠点では，そ
れぞれの役割の違いから，保育者間で保護者支援の捉え方や支援観が異なり，相
談することができない場合もある。

いずれにせよ，保育者が支援状況の不全感や無力感を一人で抱え続けることは，
「なぜ自分だけこんな思いをしなくてはいけないのか」「誰もわかってくれない」
という孤独感につながりやすい。さらに「いくら考えても結果は同じだ」「自分に
は手が負えない」と支援に対する意欲や主体性の低下，もしくは「あの親が悪い」
「他の先生が協力してくれないから仕方ない」と他責的な意識にもつながってし
まう。

子どもや保護者への対応を，どれほど“難しいと感じる”かは，その保育者に
どれほど余裕があるかによっても変わってくる。保育者が子どもや保護者を前に

して，自信をもってどのように対応すればよいかがわかると感じられるときには，子どもや保護者の姿をありのままに見つめることもでき，子どもや保護者からどのような感情を表現されても，どのような行動をみせられても共感しやすく感じるものである。このように保育者の心の余裕は，支援の質と大きく結びついている。

2 支援者を育て，支えるしくみ

　保育所保育指針は「職員の資質向上」に関して，職員の自己研鑽に関する努力とともに，園としての組織的な取り組みを一層強く求めるなど，改定前よりも厚みを増した内容となっている。専門職である保育者は資格取得後も日々の業務等を通じて専門性を向上させていく必要があること，それにあわせて研修確保の必要性に関しても明示されている[*1]。家庭・保護者支援の専門性の向上についても園内外での研修や連携が大切であるとともに，心に余裕をもった支援を行うための支援者を支えるしくみ作りが重要である。

*1 保育所保育指針，第5章　職員の資質向上参照。

1）職場内での支援体制

　子どもや保護者を支援していく際，保育者が一人で問題を抱え込んでしまう状況は，結果的に問題解決を遅らせること，問題を複雑にしてしまうことがある。問題の背景が複雑で対応が困難なケースほど，担当している保育者の精神的な負担が重くなり，適切な判断ができなくなることや，負担感から保護者との関係を絶ってしまうなどの事態に陥ることもある。こうした状況に陥らないためには，園内での情報共有やケースカンファレンス[*2]など保育者同士の連携が欠かすことができない。多数の保育者が関わることで，多面的な視点から子どもや家族の問題を捉え，より有効な支援方法をみつけることが可能になるとともに，保育者のバーンアウト[*3]を防ぐこともできる。

　また組織内の連携による情報交換，内容の共有をすることで，すべての職員が保護者に対して共通の対応が可能となり，園全体で保護者を受け入れる雰囲気を作り出すことができる。逆に，保育者間での対応のばらつきは，保護者への不信感へつながりやすい。

*2 ケースカンファレンス：支援ケースについて園内や関係機関のスタッフで情報を共有し，対応を検討するための会議や協議会。

*3 バーンアウト：積極的に仕事に打ち込んでいた人が，何らかのきっかけでやる気を失い，燃え尽きた状態になること。

2）相談しやすい職員関係

　管理職が主導して，職員同士のコミュニケーションの向上や風通しの良い職場

を実現することは，管理職とその他の職員との間で保育と子育て支援に関する認識の共有を図れるとともに，地域や保護者との対応についても，保育者が互いに相談しながら対応することが可能となる。

　また，地域に開かれた保育所となることで，地域等との意思疎通の改善が図られ，施設運営への協力が得られることにもつながると考えられる。園内・施設内研修において，職員が感じたことや疑問に思っていることを出せるような雰囲気づくりも必要である。

3）円滑なコミュニケーションとメンタルヘルス

　職場内において職員同士が普段から相談しやすい，日頃のコミュニケーションも活発になされ，保育者同士で協力しあって仕事をする雰囲気を醸成することは，メンタルヘルス対策の予防的な取り組みとしても，また，精神疾患による休職者が復職する際の対応としても重要である。このため，保育・子育て支援の場において，日頃から職場におけるメンタルヘルスについての啓発や研修等を行うなどして，明るい職場づくり，メンタルヘルスに理解のある職場づくりを心がけることが大切である。具体的には，園のクラス運営をはじめ，保育内容や保護者との関わりなど，保育者が困難に感じている場面を想定したグループワークやロールプレイングなどがある。

4）ケース会議と保育者の力量形成

　対応が困難なケースについては，園内でケース検討会議をもつことも大切である。これは，担当している保育者が一人で抱えこむ状況を防ぐ，つまり精神的なサポートとしての側面をもつとともに，保育者の力量形成にもつながる。ケース会議で支援の実践内容を共有することによって，当該の保育者だけでなく，それ以外の保育者の省察も促される。また，子どもや保護者の姿を共有することで，当該保育者として，他クラスの担任として，対象児や保護者への関わりを考えるようになるだけでなく，自分自身の保育や支援の振り返りにもつながる。さらに，参加者からの意見は，自分の保育や支援の実践に新たな視点をもたらすこともある。

　また，保育・子育て支援の場における支援は，すぐに結果がでるものばかりではなく，自分自身の支援が上手く進んでいるのか，その意味づけや確認が難しい場合も多い。そのようななかで，経験豊富な保育者からの助言や同僚との話し合いの場を持つことは，心理的な支えになるだけでなく，自らの支援を振り返る機

会にもなり，支援の方向性を確認することや，主体性（自信）を持った支援実践に結びつきやすい。

5）保育士等キャリアアップ研修

園外での学びの場としては，保育士等キャリアップ研修が挙げられる。保育士等キャリアアップ研修とは，保育士の待遇向上と専門性強化を目的として，2017（平成29）年にガイドラインが制定された制度である[1]。保育士としての経験年数や役職などの要件を満たしたうえで，所定の研修を受講し，技能を習得することで補助金（処遇改善）が受けられる。入職後3年と7年の節目を目途に新たな役職ができたことで，保育士を続けるモチベーションアップにつながり，離職率を下げる効果が期待されている[2]。保育士等キャリアアップ研修は，専門分野別研修，マネジメント研修及び保育実践研修の分野に分類されて原則，各都道府県の実施主体により実施されている。

専門分野研修のなかには，「保護者支援・子育て支援」の分野も含まれており，子育て支援者としての専門性の向上を図るための研修機会となっている。

6）子育て支援員の育成

子ども家庭支援領域では，新たな人材の育成もはじまっている。子育て支援員は，2015（平成27）年に国によって設けられた資格である。保育士不足問題を解消するための人材確保が課題となっている今日，保育士資格がなくても保育や子育て支援分野に従事するためのサポートを目的としてスタートした。対象は，保育や子育て支援の仕事に関心を持ち，育児経験や職業経験などの多様な経験を有する者であり，各自治体で定められた子育て支援員研修（「基本研修」及び「専門研修」）を修了することで取得できる。子育て支援員が従事可能な場所としては，小規模保育，家庭的保育，ファミリー・サポート・センター，一時預かり，放課後児童クラブ，地域子育て支援拠点などの事業や家庭的な養育環境が必要とされる社会的養護などが挙げられる（**表13-1**）。

*1 厚生労働省「保育士等キャリアアップ研修の実施について （別紙）保育士等キャリアアップ研修ガイドライン」2017 https://www.mhlw.go.jp/file/06-Seisakujouhou-11900000-Koyoukintoujidoukateikyoku/tuuti.pdf

*2 経験年数別に次の3職が設けられている。
職務分野別リーダー：約3年以上。分野別の職務リーダーとして他の保育士の指導やアドバイスにあたる。
副主任保育士：約7年以上。主任保育士の補佐として保育スタッフのマネジメントを担当。
専門リーダー：約7年以上。4分野以上のスペシャリストとして，他の保育士のサポートや指導にあたる。
資料）厚生労働省「保育士のキャリアアップの仕組みの構築と処遇改善について」2017 https://www.mhlw.go.jp/file/06-Seisakujouhou-11900000-Koyoukintoujidoukateikyoku/0000155997.pdf

表13−1　子育て支援員研修修了者が従事可能な保育・子育て現場

コース名		従事可能な保育・子育て現場	根拠
地域保育コース	地域型保育	小規模保育事業（保育従事者）	家庭的保育事業等の設備及び運営に関する基準（各市町条例等で規定）
		家庭的保育事業（家庭的保育補助者）	
		事業内保育事業（保育従事者）	
		企業主導型保育事業（保育従事者）	内閣府が定める職員配置基準
	地域型保育 一時預かり事業	認可保育所 ・朝夕等の児童が少数となる時間帯 ・利用定員の総数に応じて置かなければならない保育士の数を超えている場合	児童福祉施設の設備及び運営の基準に関する規則
		認定こども園（幼保連携型） ・朝夕等の児童が少数となる時間帯 ・利用定員の総数に応じて置かなければならない保育士の数を超えている場合	幼保連携型認定こども園の設備及び運営の基準に関する規則
		認定こども園（幼保連携型以外） ・朝夕等の児童が少数となる時間帯 ・利用定員の総数に応じて置かなければならない保育士の数を超えている場合	幼保連携型認定こども園以外の認定こども園の認定の要件に関する規則
	一時預かり事業	一時預かり事業（保育従事者）	児童福祉法施行規則
地域子育て支援コース	利用者支援事業（基本型）	利用者支援事業（基本型）（専任職員）	利用者支援事業実施要項
	地域子育て支援拠点事業	地域子育て支援拠点事業（専任職員） ※修了していることが望ましい	地域子育て支援拠点事業実施要項

3　関係機関・専門家との連携

　保育現場には，多様な支援ニーズをもつ子どもや保護者がいる。保育者ができる限り支援を行い，そうしたニーズに応えていくことは当然であるが，支援が可能な範囲を超える場合，例えば医学的診断が必要な場合や福祉的・法的措置が必要な場合などについては，関係機関と連携をすることで問題の解決に努めなければならない。関係機関と連携をすることによって，子どもや家庭の問題を多方面から捉えることができ，問題が早期に解決できたり解決の方向性が見いだせたりする場合が多い（**表13−2**）。

表13－2　関係機関の種類と連携のねらい

種類	具体的な機関・団体	連携のねらい
保健・医療機関	保健所，市町村保健センター，病院，診療所	病気や怪我等発生時の連携感染症対策に関する情報交換
母子保健サービス	市町村保健センター	乳幼児健診や訪問事業など，各種保健サービスから得られる子どもの健康状態，発育状態に関する情報交換
療育に関して	療育センター，児童発達支援センター，児童発達支援事業所（児童デイ），病院（小児科）	療育の専門職から対応や技術の助言子どもの様子について情報交換発達障がい等の診断
児童虐待に関して	児童相談所，児童家庭支援センター，市町村役場，福祉事務所，市町村保健センター，DV相談機関	保護者の子育て支援への連携虐待の予防・早期発見等 要保護児童対策地域協議会への参画

1）他機関との連携が必要なケース

　保育現場において他機関との連携が必要なケースには次のようなものがある。
〇家族内に問題（虐待など）があって，保育現場のみでの支援では解決が困難な場合。
〇子どもの発育・発達において心配な面があり，療育医療への連携が必要な場合。
〇家庭に経済的な問題があり，解決の道筋がみえない場合。
〇保護者が関係機関での相談を希望している場合。

2）子ども・保護者に関係機関での支援を勧める場合

　保育現場及び担任と保護者との信頼関係が崩れることのないよう，保護者との話し合いを通じて，連携することの意味やその必要性について時間をかけて伝え，保護者の気持ちを確かめながら紹介していくことが大切である。また，初めから特定の機関を決めるのではなく，それぞれの関係機関の特徴を説明し，決定は保護者に任せるような配慮も必要である。

3）専門家・関係機関での支援が継続している場合

　関係機関に全てを一任するのではなく，関係機関と定期的に連絡を取って，対応・支援の方向性を確認することが大切である。また，関係機関とプライバシーの保護や守秘義務の原則があることを十分に確認理解し，協力関係を築くことが

重要である。さらに保護者とも情報交換をまめに行い，支援の方向性を確認していくことが，信頼関係の構築につながっていく。

4）専門家・関係機関との相互理解・信頼関係

　関係機関の連携においては，まずは互いの専門性，支援目的等を理解し合うことが重要である。互いの専門性や役割をよく理解していないと，連携の目的について共通理解が得られず，相談内容に応じた適切な支援へとつながらない。例えば，子どもの発達に関する支援の場合，複数の支援者が異なった支援を進めていくことで，子どもを混乱させてしまう恐れがある。日頃から，事例検討や情報交換等を通して，担当者同士が関係を密にしておくことが重要である。

5）連携の際の注意点

　専門家との協働において，円滑で有意義な連携にするためのポイントについて述べていく。一番注意が必要なことは，専門家と関わるとき，保育者が依存的にならないということである。保育者が専門家のアセスメントや助言を無批判に受け入れ，保育者の主体性が失われると，それは有益な協働にはならないのと同時に，支援自体を阻害する場合がある。保育のなかでの子どもの姿，保護者の思いや状況を一番理解できる立場にいるのは保育者である。また，保育の場において，主となって支援を行うのは保育者である。現場の実情に応じて，どのような支援が現実的に可能なのかを，専門家の視点や専門性と擦り合わせながら，ともに考えていくことが，実際に意味のある有益な支援につながっていく。

　そのためには，保育者の実践のなかで感じている思いを言語化し，専門家の知見も吟味しながら，幅広い意見を出し合うことで，新たな支援実践への手掛かりを，保育者自らが見出せるような関係性を作ることが必要といえる。

【引用・参考文献】

厚生労働省「保育所保育指針」2017

由岐中佳代子，園山繁樹「保育所における子育て支援の状況と課題」，西南女学院大学紀要 Vol.5, 2001

社団法人全国保育士養成協議会「指定保育士養成施設卒業生の卒後の動向及び業務の実態に関する調査」，『保育士養成資料集』50, 2009

中山智哉「地域子育て支援センターの相談活動に関する一考察　担当者の感じる困難性」家庭科教育 78（10），2004

中山智哉，杉岡品子「保育士の保育相談支援に関する質的研究：相談支援における困難性と専門性の深化のプロセス」九州女子大学紀要 53（1），2016

第14章 保育の場における子ども家庭支援の現状と課題

学びのポイント

● 保育の長時間化・預かり保育の拡大と併存する，家庭での子育て時間の減少や長時間労働などの根本的課題について考える。

● メンタルヘルスに問題を抱える保護者や，異文化をルーツに持つ家庭の子ども支援の難しさを知る。

● 園の保育者同士の協働や，関係機関と連携することの重要性を把握する。

● 保護者とのコミュニケーションのあり方を見直して，保育を共有し「共育て」する意義について理解を深める。

　保育の場における子育て支援は一般化し，多くの子育て家庭が利用するものになっている。地域の親子を対象とする地域子育て支援からスタートした取り組みは，園を利用する親子にも向けられるようになり，子育て支援が保育所等の役割として定着してきたことは望ましいことといえる。また，子ども・子育て支援新制度のもとで展開されている地域子ども・子育て支援事業（いわゆる13事業）では，地域子育て支援拠点事業をはじめ，延長保育（時間外保育），一時預かり，病児・病後児保育などの保育の場だけでなく，小学生を対象とする学童保育（放課後児童健全育成事業）や妊産婦を対象とした母子保健，ショートステイやファミリーサポートなどの家庭の養育支援，経済的支援などへと広がってきている[*1]。

*1 地域子ども・子育て支援事業の内容は第11章，p.162参照。

　また，このような公的サービスの手が十分に届かない支援について，子育て経験者や支援者などによる社会的起業やNPO等が担う地域も増えるなど，支援やその社会資源も広がりと厚みを増している。

　しかし，こうした子育て支援が広がるなかでも，子育てに関わるさまざまな課題が明らかにされてきており，個別具体的な家庭の支援に関わるミクロな課題から，国の政策のあり方等に関するマクロな課題も少なくない。本章ではこれら今後の子ども家庭支援が取り組む課題について明らかにしておきたい。

1 保育の場における子ども家庭支援の現状と課題

1）保育の長時間化，預かり型支援の拡大にみる課題

　現在の保育，子育て支援施策は，保育標準時間11時間[*2]などに加え，前述し

*2 **保育標準時間**：第3章，p.33参照。

た地域子ども・子育て支援事業にも顕著なように，延長保育，一時預かり，病児・病後児保育，学童保育，ショートステイなど，保護者の共働きや勤務，子育て困難を支えるための預かり型支援に力が入れられている。

保育が長時間化し，その標準時間に加えて子どもを預かる事業の拡大という状況に対しては問題提起をしておかなければならない。これは，子どもや子育て家庭の支援についてマクロな観点から捉える必要がある課題である。

①家庭での子育ての時間

保育の長時間化や子どもを預かることに力を入れる政策は，家庭で親子がともに過ごす時間を減らすことになる。「3歳児神話」が否定され，施設保育が家庭保育と遜色ないことや，少なくなった親子で過ごす時間を質的に充実させることが大切であることもそのとおりである。しかし，家庭で過ごす時間が12時間あるいはそれ以下という状況は，果たして子育ちや子育てにふさわしいといえるのだろうか。また，子育て支援では，「親を子育ての主人公として育て，支援する」ことがその目的の一つであるが，ゆとりのない子育てのなかでこうしたことが可能であろうか。

家庭での子育ての時間，子どもと過ごす時間や育児休業等の期間は，「子どもを自らの手で育てたい」という子育ての権利にも関わる課題といえる[*1]。育休後1歳から預けたくとも待機児があり預けられないため，0歳から預けて働かざるを得ない実態や，育休をとって育てたくても経済的事情からそうできない家庭もある。さまざまな子育ての態様が考えられるなか，こうした権利を大切にする社会・経済的支援が求められる[*2]。

このような状況は，次に示す少子化の問題とも密接に関わっていると考えられ，その解決が早急に求められる。

②少子化の解決

子どもを長時間預けなくてはならない子育てと仕事の両立，子育ての経済的負担なども大きい現在の環境下では，「子どもを持たない」あるいは「子どもは1人」といった選択にならざるを得ない家庭も少なくない。労働力不足や生産性の低さに対応する子育て期間も含む長時間労働の状況は，子育て支援をいくら充実させても少子化の解消につながるものではないといえよう。預かることにばかり力を入れる支援は問題の解決につながらない。

子育て期の勤務時間の見直し，それにともなう保育時間の短縮，保育士1人あたりの担当児数の見直し，育児休業期間中の経済的支援などが検討される必要があると思われる。これらはまた，保育者の働き方の改善にもつながり[*3]，保育者不足の解決にもつながると期待される。

＊1 池本美香『失われる子育ての時間―少子化社会脱出への道』勁草書房, 2003
松居和『ママがいい! 母子分離に拍車をかける保育政策のゆくえ』グッドブックス, 2022

＊2 たとえば，フィンランドでは，家庭での子育てが母親に負担がかかるなどの理由から推奨されているわけではないということだが，家庭で3歳未満児の子育てをする場合，毎月日本円で5万円程度の手当を受けることができるという。

＊3 保育時間の長時間化により，保育者の勤務はシフト制をとる園が多くなり，勤務条件が厳しくなっており，保育者が自分の子育てと両立することが難しくなっている現状もある。

また，都市部への人口集中の改善，都市化による通勤時間の長時間化や子どもの遊びや子育て生活環境の改善なども少子化の解決には有効と考えられる。各都道府県や地域の合計特殊出生率を比較し，その内実を検討すれば，子育てがしやすい環境，QOL（Quality of Life＝生活の質）の改善を図る手がかりを得ることができる[*1]。

子育てがしやすい社会をつくるという観点から，矛盾を抱えている現在の少子化対策と子ども家庭支援のあり方を抜本的に見直す政策の転換が必要といえる。

2）困難なケースに対する支援体制のあり方の改善

保育の現場で行われている，園を利用している親子，地域の親子に対する支援は，日本社会の変化や親子の状況などから実に多様になっている。こうしたなかで，保育現場では子ども家庭支援に関して，相談援助の方法，障がいのある子どもや親の支援など，実践や研究の積み重ねによって，参考になる書籍や情報が多くなり，これまでさまざまな課題に向き合えるようになってきている。しかし，現在もなお保育現場が抱える課題は少なくない。ここでは，今後の改善や解決が求められる課題を明らかにしておきたい。

①メンタルヘルスに課題を抱える保護者と子どもの支援

子ども家庭支援において，支援者が最も困難を感じる課題の1つは，メンタルヘルスに課題を抱える保護者とその子どもの支援である。

メンタルヘルスに課題を抱える親や家庭への支援はまさに手探り状態である。こうした親の子育ては，生活リズムが不規則になる，子どもに対する関わりに一貫性がない，虐待的な子育てとなっているケースも少なくない[*2]。また，親に気分の波があるケースでは，支援する保育者に対する攻撃的な言葉や態度をともなうことも多く，支援者自身が強い困難感とストレスを感じることも少なくない。他方で，医療機関をはじめとする関係機関との連携や当該の親に対して直接的な支援を行うことが難しい。

こうした保護者の支援においては，親子ともに日常的にその様子を注意して見守り，記録し，変化や懸念が生じた場合に対応できる体制を整えておくことが必要である。こうした養育下にある子どもは，生活リズムが不安定で欠席が多い，親子関係を含む人間関係に不安定さが見られる，遊びや活動への集中力がないなどの行動特徴を示すことが少なくない。保育者自身がその対応に困難を抱え，向き合うことにもストレスが高く，親からの言葉で傷つけられたり自身を失うこともあることから，園内での協力支援体制をとっているケースが多いと思われる。したがって，こうした保護者支援の具体的な方法に関する知見を共有することや，

自治体や関係機関，医療機関等との連携をふまえた相談支援体制の構築等による手探り状態からの脱却が今後期待される。

②日本語を母語としないなど外国籍（異文化）の子ども家庭支援

　保育所等でも日本語を母語としない子どもが増えており，その言語や文化も多様になっている。こうした家庭の支援は，言語の違いによるコミュニケーションが難しいこと，文化の違いによる子育てや宗教，食習慣などの違いに起因する難しさがある[*1]。

＊1 外国にルーツを持つ家庭の課題は第3章，p.42も参照。

　給食についてはアレルギーと同様に，対応食が準備されたり，家庭に協力してもらうという対応が行われているが，子育ての習慣や考え方などについての共有は言語の壁もあり難しい。

　今後，園のなかで異文化の子どもたちがともに生活することがさらに広がっていくと考えられるが，こうした環境での保育のあり方にも変化が求められる可能性がある。「一人ひとりを大切にする保育」はもちろん変わらず大切であるが，集団のなかでの子どもの育ちあいなどの観点からも検討が求められる。保育者自身がグローバルな視野を持って保育を構想していくことが求められるのかもしれない。

2　保育者の協働

　子育て支援が一般化したことで，支援の基本的なことを理解しないままに，その場その場で親に対応する「保護者対応」になっていないだろうか。支援の基本的な考え方を園の全職員で再確認し，実践へとつなぐことが求められている。

1）保育者の共通理解

　子どもや保護者に対する支援においては，保育と同様に保育者をはじめとする職員の共通理解が欠かせない。子ども家庭支援について学び，園としての方針や具体的な関わり，方法について共有することが何より必要である。保育者によって方向性や支援が異なると，親も混乱してしまう。それは，保育における子どもへの関わりと同様である。また，保育者は言葉や態度，行動によってその考えを具体化して示すことが大切である。

　現在の保育所等の状況は，こうした共通理解を図るための時間すら十分に取れないほど忙しく，保育者が揃う時間がない。しかし，こうした理念や方法などについて共有するための具体的な手立てを工夫するのは管理職の役割である[*2]。組

＊2 p.206にも記載した通り，保育制度などの行政の責任ももちろんある。

織としての協働を図ることができる体制づくりや方法を創出していくことが求められる。

2) 支援の協働とコミュニケーション

支援の方針や方向性を共有することによって，その具体的な方法もまた共通のものになることが期待される。

支援を受ける親や子どもの側から，いま行っている支援を捉え直してみるのもよいだろう。また，実践した支援を振り返り，共有することで，より良い支援が可能になるだけでなく，特定の保育者が 1 人で抱えることなく，園内で協働で支えたり，園だけで抱えきれない課題を関係機関などと連携して対処することもできる。

子ども家庭支援が，子どもや子育て家庭を包括的に支援するためには，園内外のコミュニケーションと連携・協働を欠かすことができないということを念頭に置いて支援の実践に取り組むことが期待される。

3　保護者との協働，共育て

1) 子ども家庭支援の基盤としての保育の共有

子ども家庭支援はそれだけが独立して展開しているのではなく，保育で培われてきた知見や技術を基礎としている。また，在園の子どもやその家庭支援においては，子ども家庭支援と保育とはいわば車の両輪であり，相互に深い関わりを持って一体的に行われている。日々の保育は，子ども観や子どもの育ちにとって大切なこと，保育者の願いなどを具体的な形にしたものといえる。したがって，日常の保育を保護者と共有することが大切であり，それが子どもについての見方や関わり方，子どもにとって必要な体験の理解など，保護者の親としての育ちを支えることにもつながる。

近年の新型コロナウイルス感染症（COVID-19）の感染拡大や，保育所保育指針等の改定によって，行事や保育のあり方が見直されるようになった。たとえば，練習を重ねて成果を見せるような運動会ではなく，日常の遊びや生活と関連づけた運動会を行う園もあるが，保護者からの評判は概してあまり良くない[1]。保育者と保護者の子どもの見方や，それぞれが大切にしていることがずれているということであろう。

両者の共通理解は，保育者と今後の保育や子ども家庭支援を充実させていくた

*1 第35回全日本私立幼稚園連合会 関東地区教員研修 神奈川大会「園行事の取り組みと子どもの育ち」フォーラム6発表資料, 2022

めの大きな課題といえる。

2）保護者との保育の共有のためのコミュニケーション

　保育現場で起きているこうしたズレを解消していくために保育者は保護者に対して，手紙やドキュメンテーション，SNSなど，さまざまな方法で発信を続けてきたが奏功しなかった。保護者に園の思いが伝わらないのはなぜだろうか。COVID-19の感染状況が刻々と変化するなかで，それに応じて行事予定や保育計画を変更せざるを得なかった状況を振り返ると，園からの情報発信は頻繁に行われてきたが，一方的な面があったことがあげられる。

　保護者の立場からすると，園からの説明に疑問や不満を感じることもあったのではないだろうか。しかし，こうした親からの声に応えるゆとりが園の側になかったことが考えられる。筆者らは東日本大震災後，放射能被害を受けた地域の保育の変化について継続的に調査を行っているが[*1]，除染が進み，屋外での保育が徐々に再開されるプロセスにおいて，それぞれの親の希望や不安に保育者がていねいに応え，保育を取り戻していく実践を目の当たりにしてきた。

　こうした経験から，保育や子育てについて共有するためには，保護者に対して一方的な情報発信では十分ではなく，保護者の意見や疑問に耳を傾ける双方向のコミュニケーションが必要であると考えられる。情報過多，忙しいなかでのゆとりのない子育てといった社会にあって，こうしたコミュニケーションを重ね，園と家庭が子どもの姿や子どもへの願いを共有し，子どもを中心において一緒に子どもを育てる「共育て」が求められている。こうした信頼関係の構築は，保育や子ども家庭支援の普遍的な課題であるといえよう。

*1 太田光洋（研究代表者）「東日本大震災は保育に何をもたらしたのか：社会変動による保育の変化」科学研究費助成事業 基礎研究(B)，2019-2023年度

【参考・引用文献】

池本美香『失われる子育ての時間―少子化社会脱出への道』勁草書房，2003

松居和『ママがいい！　母子分離に拍車をかける保育政策のゆくえ』グッドブックス，2022

松宮透高監修・編集，黒田公美監修『メンタルヘルス問題のある親の子育てと暮らしへの支援　先駆的支援活動例にみるそのまなざしと機能』福村出版，2018

第35回全日本私立幼稚園連合会 関東地区教員研修 神奈川大会「園行事の取り組みと子どもの育ち」フォーラム6発表資料，2022

太田光洋（研究代表者）「東日本大震災は保育に何をもたらしたのか：社会変動による保育の変化」科学研究費助成事業基礎研究(B)，2019-2023年度

さくいん

保育ニュー・スタンダード
子ども家庭支援論
—保育を基礎とした子ども家庭支援—

2022年11月15日　第一版第1刷発行

編著者　太田光洋
著　者　佐藤純子・大元千種・小田進一
　　　　朝木 徹・金山美和子・滝澤真毅
　　　　菅原航平・春髙裕美・前田有秀
　　　　菅原 弘・品川ひろみ・中山智哉

装丁・本文デザイン　清原一隆（KIYO DESIGN）
ＤＴＰ　越海辰夫（越海編集デザイン）
挿　画　柿崎えま

発行者　宇野文博
発行所　株式会社 同文書院
　　　　〒112-0002
　　　　東京都文京区小石川5-24-3
　　　　TEL（03）3812-7777
　　　　FAX（03）3812-7792
　　　　振替　00100-4-1316

印刷・製本　中央精版印刷株式会社

©Mitsuhiro Oota et al., 2022
Printed in Japan　ISBN978-4-8103-1510-3
●落丁・乱丁本はお取り替えいたします